단일사례연구, 유식불교의 심리상담적 적용

우울증과 영상관법

초판 1쇄 발행 | 2015년 12월 4일
지은이 | 이영순

펴낸이 | 김형록
책임교정 | 김영미

펴낸곳 | 명상상담연구원
주소 | 서울시 보문로 35길 39(삼선동 4가) 5층
전화 | (02) 2236-5306
홈페이지 | http://medicoun.com
출판등록 | 제 211-90-28934호

가격   20,000원

ISBN 978-89-94906-21-8   94180
ISBN 978-89-94906-00-3(set)

단일사례연구, 유식불교의 심리상담적 적용

우울증과 영상관법

이영순 지음

 명상상담연구원

추천사

우울증과 영상관법,

이 연구서는 박사학위논문을 수정·보완하여 출간하는 이영순박사의 첫 번째의 책이다. 지도교수로서 일단 축하한다. 논문을 쓰고 책을 내는 일은 연구자에게는 필연적인 과정이고 동시에 책임 있는 중요한 작업이다.

영상관법은 유식불교의 심리학에 기초한 수행 방법을 심리상담에 적용할 수 있도록 현대적으로 풀어낸 새로운 명상 수행법이다. 우울증을 가진 중년 여성에게 상담상황에서 영상관법을 적용하여 그 효과성을 증명하려는 노력의 결실이 바로 이 책이 아닌가 한다.

사실 우울증에 관한 많은 기존 연구나 책들이 있다. 오늘날에는 외국에서 수입된 프로그램이 주류를 이루고 있는데, 학계에서 우울증의 치료로 대표적으로는 약물치료나 인지행동치료가 있다. 최근에는 명상과 인지치료를 통합한 MBCT(명상에 기반한 인지치료)와 같은 통합 프로그램이 개발되어서 우울증의 치료에 도움을 주고 있다. 그럼에도 불구하고 국내에서 순수하게 개발된 '유식 심리학'이라는 새로운 시각과 더불어서 '영상관법'이라는 새로운 접근을 시도한 점에서 의미가 있다고 생각한다.

새로운 접근방식이 나타나면 그것의 효과성을 증명하는 방식에는 여러 가지가 있다. 그 가운데 대표적으로는 집단 간 실험연구가 있다. 예를 들면 우울증을 약물치료의 집단과 인지치료의 집단을 구성하여 양자의 효과성을 비교 검증하는 방식이다. 다른 예로는 특정한 치료전략을 개별적인 사례에 적용하는 사례연구가 그것이다. 양적 연구는 집단을 구성하여 이루어지는 대규모 연구이기 때문에, 객관성을 증명하는데 설득력을 가진다. 그만큼 장점이 있다. 그런데 우울증 환자를 100명 이상을 모으기 위해서는 여러 연구자들과의 공동연구가 필요하고 재정적인 지원을 받아서 연구하는 것이 일반적인 흐름이다.

반면에 사례연구는 대규모 양적 연구의 어려운 점을 극복하기 위해서 나타난 질적 접근이다. 이것은 단일사례연구 혹은 단일대상연구로 알려져 있다. 이 방법은 대표적으로 ABAB 설계가 기본적인데, 첫 번째 단계에서는 특정한 프로그램을 진행하여 그 효과성을 입증하고, 다음 단계에서 일정한 기간 동안 적용한 프로그램을 철회한다. 세 번째 단계에서 철회했던 동일 프로그램을 다시 적용하여 그 효과성을 증명하는 것이다. 만약에 효과성이 증명된다면, 양적 집단에서 다른 집단과 상대적으로 비교하듯이 단일 사례에서 철회 이전과 이후의 비교를 통해서, 그 효과성은 바로 프로그램에 의한 개입 때문이라고 판단할 수 있다.

단일사례연구는 대상이 최소 1인도 가능하기에 손쉽게 연구를 진행할 수 있는 장점이 있다. 반면에 특정한 하나의 사례이기에 일반화하는 데는 약점이 있다. 따라서 일반화를 위해서는 좀 더 많은 사례연구가 진행되어야 한다는 조건이 뒤따른다. 이 점은 앞으로 보완되고, 다른 연구자들이 계속하여 연구하여 간다면 좀 더 타당한 결과에 도달할 것이다.

개인적으로도 여러 가지 열악한 상황에서 부단한 노력으로 이룬 이영순 박사의 노고를 이번 기회를 통해서 치하하면서, 영상관법을 활용하여 현대인들의 아픔을 치유하는 노력들이 앞으로도 계속적으로 이루어지길 기원한다.

성북구 연구실에서
인경 합장

머리말

유식불교 전통의 명상수행법인 영상관법!

영상관법은 명상심리학을 전공한 필자가 심리상담 현장에서 10년째 활용하는 가장 핵심적인 심리상담 전략이다. 현장에서 경험한 바는 단기간에, 스스로, 심리적인 고통의 증상과 원인을 통찰하고, 직면하며, 고통의 소멸까지 지켜볼 수 있게 하며, 재발률을 현저하게 낮춘다. 즉 '유식무경(唯識無境)'의 도리, 오직 '마음이 지은 바'라는 일체유심조(一體唯心造)의 도리를 깨달아 번뇌에서 벗어나 마음의 평정을 얻게 되는 것이다. 명상심리상담은 심리상담이 추구하는 심리적 장애 극복과 사회적 적응을 통한 자아실현에 그치지 않고, 자기에 대한 궁극적인 인식을 통해 자아초월과 영성의 체험으로 나아감을 확인할 수 있었다.

이 책은 현대사회에서 가장 흔한 심리적 문제이면서 유병률, 자살률, 재발률이 높은 우울증에 주목하여 제 2의 사춘기라고 하는 중년기의 심리적 위기를 맞게 된 여성에게 '영상관법 프로그램'을 적용한 단일사례연구이다. 우울증은 현장에서 가장 많이 접하는 심리적 문제이다. 불안 또는 화를 잘 다스리지 못해서든 대인관계나 삶의 문제에 적절하게 대처하지 못해서든 낙담하고 좌절하여 삶의 희망과 의욕을 잃은 상태라고 본다. 따라서 심리상담 과정에서 가장 시급하고 효과적으로 다루어야 할 주제라고 필자는 보았다. 유식불교는 마음의 작동이 심층의 경험 내용(종자)에서 비롯된다고 전제한다. 심리적인 문제는 어떤 인연을 따라 표출되는 개인적인 패턴이 있기에 상담현장에서는 임상적인 연구를 통해 그 개인의 고유한 특징을 보여주는 것이 중요하다고 본다. 이 책에서는 통계적 방식의 양적연구에서 보여주지 못하는 심층적인 접근을 단일사례연구의 내용을 통해 엿볼 수 있을 것이다. 그리고 한 연구 참여자가 겪고 있는 우울증의 고유한 특징과 내면세계와 삶을 맥락적으로 이해할 수 있으면서도 한국의 중년 여성이 겪고 있는 일반적인 우울증의 특성을 이해하는데도 도움이 되었으면 한다.

사실, 서양에서 유입된 명상치료 프로그램보다 유식불교의 명상전통으로부터 내려온 '영상관법 프로그램'은 상대적으로 널리 알려지지 않았다. 따라서 구체적인 사례연구를 과학적인 방법으로 입증하는 것이 필요하였다. 이 책은 단일사례연구에서 인과관계를 강력하게 입증할 수 있는 ABAB 설계의 반복연구로 중년 여성의 우울증에 '영상관법 프로그램'의 개입이 효과적이었음을 밝히고자 하였다. 이 책이 명상심리상담을 널리 보급하고 많은 사람들이 활용하여 고통에서 벗어나게 도움을 주는데 기여하기를 바란다.

본 사례연구는 2003년부터 유식불교와 심리치료의 효과적 통합을 주도하여 유식불교의 고유한 명상법으로 영상관법을 발굴하고 개발한 인경스님(김형록 교수)의 학문적 가르침과 임상적 지도로 가능했다. 이 자리를 통해 그간 이끌어주심에 깊이 감사드린다. 또한 많은 사람들이 더불어 행복해지기를 소망하며 흔쾌히 사례공개를 허락해 주신 연구 참여자께 고마움을 전하며 소중한 인연에 감사드린다. 한국명상심리상담학회의 많은 교수님, 선생님들의 격려와 지도가 많은 도움이 되었다. 마지막으로 마인드힐링 명상심리상담센터 지도자과정 선생님들의 물심양면 후원에 감사의 말씀을 드린다.

차 례

제4장 연구결과 및 해석

차 례

제1장

유식불교의
심리학적 접근

1. 중년 여성 우울증에 대한 관심

현대사회에서 경제성장에 따라 인간의 물리적 환경은 크게 향상되었지만 인간소외, 우울증과 같은 심리적 병리 현상은 더욱 심화되고 있다. 특히 우울증은 현대인에게 너무나 친숙하며 마음의 감기처럼 가장 흔한 정신장애이다. 이것은 현대인들이 과학기술과 문명의 발달 면에서 많은 성취를 이뤄내긴 했지만 고독과 '삶에 대한 의미 없음'으로 깊게 절망하고 있음을 시사한다.

서양에서의 인구학적 연구 보고서를 보면 지난 수십 년간 우울증의 유병률이 꾸준히 증가하여, 2020년이 되면 세계적으로 우울증이 심장질환에 이어 질병순위 2위가 될 것으로 예측하고 있다(Segal, 2002, p.28). 보건복지부의 2011년 정신질환 실태 보고서를 보면 우리나라에서 우울증을 앓은 적이 있는 성인은 271만 명으로, 10년 전인 2001년(166만 명)에 비해 63% 급증했다[1].

우울증이 사회적인 문제로 대두한 것은 자살로 이어지는 심각성 때문이다. 요즘 유명 연예인들의 연이은 자살이 우울증에서 비롯되었다고 하여 화제가 되기도 하였다. 연구보고에 의하면 우울한 사람의 25%와 우울증 환자의 50%가 자살에 대한 계획과 자살 시도를 한 것으로 알려졌다(Barnhofer et al., 2009, p.221). 통계에서 자살한 사람의 70%는 우울증을 앓고 있었으며, 우울증 환자는 정상인보다 46배나 많이 자살하는 것으로 나타났다(안도현, 2003). 위의 정신질환 실태 보고서를 보면 인구 10만 명 당 자살 사망자 수도 2000년 13.6명에서 2010년 31.2명으로 10년 동안 3배 가까이 꾸준히 늘고 있다. 사정이 이렇게 심각함에도 정신질환 경험자 중 정신과 전문의나 정신건강 전문가를 통해 상담이나 치료를 받은 비율은 15.3%에 불과했다. 미국 39.2%, 뉴질랜드 38.9% 등과 비교하면 절반에도 못 미치는 수치다[2].

---

[1] 『조선일보』, 박진영 기자, 2012.02.20

[2] 『노컷뉴스』, 안성용 기자, 2012.06.24

우울증은 치료 후, 재발률(relapse)이 매우 높다. 한 번 우울증을 겪은 사람의 50%가 재발하며, 두 번째 우울증을 겪은 사람은 70%가 재발하고, 세 번째 겪은 사람은 90%가 재발할 수 있다고 한다(Barnhofer et al., 2009, p.222). 우울증을 많이 겪을수록 재발의 위험이 커짐을 알 수 있다. 그러므로 우울증 치료는 현재의 증상뿐만 아니라 재발의 위험성을 감소시키는 것까지 고려해야 한다.

우울증은 여자가 남자보다 2배 정도 많이 발병한다. 여자는 평생 10~25%가, 남자는 평생 5~12%가 적어도 한번은 우울증에 걸린다(Coffmanet al, 2006, p.31). 여자가 남자보다 유병률이 높은 이유는 남성 중심적인 사회에서 여성들이 심리적인 스트레스와 좌절을 더 많이 경험하기 때문이다. 또한, 스트레스에 대한 여성의 대처방식이 제한되어 있고 비효율적이어서 우울증에 취약하다. 남자는 우울증 상태에서 일, 운동, 취미 등 다른 일들에도 분산적인 활동을 하지만, 여자는 우울 증상에 더 예민하게 집착하기 때문에 여성의 우울증 유병률이 높다(권석만, 2000, p.39). 이런 내용은 여성의 우울증 치료에 좀 더 관심과 연구가 필요함을 시사한다.

우울증은 기혼 여성이 미혼 여성보다 발생빈도가 더 높다(Gove, 2003). 여성에 대한 역할 기대의 상승이 기혼 여성들을 더욱더 무기력하게 만들기 때문이다. 가부장적 사회에서 만들어낸 슈퍼우먼 여성상은 주부, 아내, 어머니라는 전통적 여성상 위에 새롭게 부가된 능력 있는 여성상으로서 기혼 여성들에게 혼란과 갈등을 주고 있다.

특히 중년기의 여성은 인생에서 제2의 사춘기인 신체적, 사회적, 심리적 과도기를 맞아 누적된 스트레스나 갈등의 내외적인 문제를 부정적으로 받아들일 때 우울함이나 불안의 심리적 증상을 더 심각하게 겪는다. 우울증 환자 가운데 중년기 여성이 차지하는 비율이 28%나 되며, 신경정신과 입원 비율도 가장 높다(은옥주, 2000, p.2). 이처럼 중년 여성은 우울증에 취약한 대상이라고 볼 수 있다. 인생의 중년기에 특별히 관심을 둔 융(Jung)은 중년기를 35~40세 사이에 시작되며, 인생의 전반에서 후반으로 바뀌는 전환점인 시기에 있다고 하였다(최윤형, 2010, p.11).

중년 여성의 우울증 극복은 그 의미가 매우 크다. 왜냐하면 중년기는 생의 의미와 목적을 발견하고 실존에 대한 책임감과 자유를 깨닫는, 개별화의 과업을 잘 완수해야 하는 시기이기 때문이다. 이 시기에 겪는 심리적 위기를 잘 극복하면, 자기 삶에 대한 자각을 증대시켜 긍정적 변화를 일으키는 중요한 계기와 전환점이 될 수 있다. 그러므로 본 연구에서는 유병률이 높고 위험성이 크지만, 상대적으로 치료적 도움을 받는 사람이 적은 우울증의 심각성을 인식하면서, 그 중에서도 중년 여성의 우울증 극복의 중요성에 주목하였다. 따라서 본 사례연구는 주요 우울장애를 겪고 있는 중년 여성인 연구 참여자의 우울증에 유식불교 수행법인 '영상관법 프로그램'을 적용하여 어떤 영향을 미치는지에 관한 단일사례연구이다.

2. 영상관법 사례연구의 필요성

최근 명상을 우울증 등의 심리치료에 접근하는 시도와 성과가 다양하게 보고되고 있다. 남방 불교의 수행법을 심리치료에 적용하여 의미 있는 성과를 올린 것은 Jon Kabat-Zinn(1998)의 'Mindfulness-Based Stress Reduction (MBSR)'이다. 명상기법을 심장병, 고혈압, 만성 통증 등의 심각한 질환뿐만 아니라 스트레스 관리에 적용하여 심리치료의 효과를 보고하고 있다. 또한, 영국에서는 알아차림(sati) 명상을 심리치료에 통합한 MBSR에 자극을 받아 Teasdale과 그의 동료들(Segal & Williams, 2002)이 다른 많은 정신장애와 비교하여 상대적으로 재발률이 현저하게 높은 우울증의 재발방지를 목표로 기존의 인지치료와 명상을 통합한 'Mindfulness-Based Cognitive Therapy(MBCT)'를 제시하였다.

우울증에 대한 약물치료의 재발률이 90%에 육박한 수치를 나타내고 있으며, 인지치료는 30~50%의 재발률이 나타났지만, 불교 명상을 통합한 MBCT는 15~30%의 재발률이 발생하였다고 한다(인경, 2012, p17). 이런 명상치료의 과정과 절차들은 불교 쪽에서는 초기불교 염(念)과 지관(止觀) 수행법을 근거로 하고, 서구 심리학에서는 주로 인지치료 계열에서 동양의 명상법을 적극 수용하고 있다. 위에서 밝힌 바와 같이 명상은 우울 증상을 완화시키는 것뿐만 아니라 재발률을 낮추는 데에도 매우 효과적임을 알 수 있다.

국내에서도 불교명상을 명상심리치료의 임상 장면에서 적극 활용하도록 프로그램을 개발하고 지도자를 양성하는 곳이 생겼는데, 바로 2003년 개원한 '명상상담연구원'이다. 초기불교와 대승불교의 명상법을 통합한 명상치료에 관한 연구가 본격적으로 시도되어 '명상심리치료'의 새로운 비전을 제시하고 있다. 특히 현 추세인 불교명상과 서구심리치료의 통합과정에서는 북방불교를 대표하는 대승 유식불교 수행법에 대한 언급이나 적용 사례가 전혀 보고되지 않은 실정이어서 대승불교 중에서 유식불교의 심리학적인 성격을 강하게 띠고 있는 '영상유식관법'이 가장 중요한 명상법으로 개발되어 활용되고 있는 것은 매우 고무적이라고 할 수 있다(이후 영상관법으로 칭함).

유식불교에서는 마음의 작동이 심층의 경험 내용(종자)으로부터 비롯된다고 전제한다. 우울증의 근본적인 문제 해결과 재발 방지를 위해서는 명상을 통한 통찰을 유도하고, 어릴 적 경험까지 다루는 심층 심리로의 접근이 필요하다. 영상관법은 대승불교인 유식불교의 심리학적인 토대에서 마음작동모델을 자각하여 표층과 심층 심리까지 다루므로 심리적 변화가 잘 드러나는 탁월한 통찰 명상이다. 사고의 변화에 초점을 맞추는 인지 치료적 접근과 달리 심층의 경험 내용인 어린 시절, 과거의 경험을 영상으로 떠올려, 좌절된 갈망에 초점을 맞추어 근본 원인을 통찰함으로써 미해결 과제에서 벗어나게 이끌 수 있다. 그러므로 영상관법은 우울증 감소에 영향을 미칠 수 있는 효과적인 방법이라 볼 수 있다.

그러나 유식불교의 명상전통으로부터 내려온 '영상관법 프로그램'은 서양에서 유입된 명상치료 프로그램보다 상대적으로 널리 알려지지 않았다. 따라서 현대의 임상현장에서 우울증을 비롯한 심리적 문제해결에 '영상관법 프로그램'이 어떤 효과를 나타내는지 과학적인 방법으로 입증하기 위하여 본 연구를 하는 것은 동양 전통의 명상법을 널리 보급하는 일이며, 또한 많은 사람들에게 이로움을 주는, 의미 있고 필요한 작업이라고 본다.

임상현장에서 집단 간 비교연구를 하기란 낙타가 바늘구멍을 지나가는 것보다도 어려운 일이라고 한다. 동질적 특성이 있는 여러 환자를 모으기가 지극히 어렵고, 많은 환자를 평가해주고 치료해 줄 임상가를 확보하기가 쉽지 않기 때문이다. 단일사례연구는 이런 면에서 비교적 적은 자원으로 연구할 수 있고, 임상현장에서 수행하기에 무리가 없고, 과학적 연구로 연결될 수 있는 훌륭한 방법이라고 볼 수 있다(권정혜, 1991. p.42). 또한, 심리적인 문제는 어떤 인연을 따라 표출되는 개인적인 패턴이 있기에 상담 현장에서 임상적인 연구를 통해 고유의 특징을 보여주는 것이 절실히 필요한데 단일사례연구에서는 통계적 방식의 양적 연구에서 보여주지 못하는 심층적인 접근이 가능하다.

이에 연구자는 본 단일사례연구에서 인과관계를 강력하게 입증할 수 있는 ABAB 설계의 반복연구를 통해 목표한 효과가 '영상관법 프로그램'의 개입에 의한 것임을 분명히 밝히고자 한다. 또한 사례연구의 질적 분석방법을 적용해 연구 참여자에게 나타난 우울증의 고유한 특성과 '영상관법 프로그램'의 효과를 심도 있게 고찰하고자 한다.

3. 사례 개요

본 사례의 연구 참여자는 40대 중년 여성으로 5개월 전에 우울증 삽화를 겪고 주요 우울증의 약물치료를 3개월 받았으나 높은 불안 증상과 삶의 버거움 등 우울의 부정적 정서가 지속되어 연구자에게 의뢰해 상담을 받게 되었다. 이 연구 참여자는 신경증적 불안과 발달사적 취약성이 원인으로 작용하여 강박, 회피, 의존의 성격적 취약성과 '나는 부족해'라는 인지적 왜곡까지 내적요인에 해당하는 다양한 요소를 갖고 있었다. 신경증적 불안은 유전적 요인으로 보이는 집안내력과 아버지의 자살과 연관되었고, 발달사적 취약성은 정서결핍과 공감이 부족한 부모의 양육태도 및 유년기부터 드러난 운동능력 부족으로 말미암아 사회성 발달, 대인관계 기술, 현실 대처능력이 손상된 것이다. 최근의 우울증 삽화를 겪게 된 것은 결혼 후부터 20년 이상 시부모를 모시고, 세 딸을 양육하고, 교사로서 수퍼우먼 여성상의 역할을 강요당하는 환경적인 상황에서 가히 '쓰나미'라고 할 만큼의 엄청난 스트레스와도 관련되었다. 중년기에 직업적 위기와 사춘기 딸의 반항이 맞물려 찾아오면서 다양한 취약성을 가진 연구 참여자는 자신이 감당할 한계를 넘는 '버거움'으로 우울증을 겪게 되었다.

4. 연구 목적과 질문

본 연구의 목적은 중년 여성 연구 참여자의 우울증과 관련된 특성을 깊이 파악하고, '영상관법 프로그램'이 연구 참여자의 우울증에 어떤 영향을 미치는지를 탐색하는 데에 있다. 연구 질문은 다음과 같다.

첫째, 연구 참여자의 우울증과 관련된 특성은 무엇인가?
둘째, 영상관법 프로그램이 연구 참여자의 우울증에 어떤 영향을 미치는가?

제2장

명상상담
이론적 배경

1. 영상관법

1) 영상관법의 배경

현대사회에서 많은 사람들이 겪고 있는 정신적인 고통을 해결하기 위해 불교명상과 심리치료를 통합해 활용하는 방안이 서구의 심리학자들에 의해 연구되고 임상에서 그 효용성이 입증되고 있다. 즉 명상이 자신의 미해결 문제를 스스로 통찰하게 하거나 치료 이후 재발을 방지하는 결정적인 역할을 한다는 점이 입증되기 시작했다. 국내에서도 불교 명상법이 개발되었으며 명상심리치료 현장에서 가장 중요하게 활용되고 있는 것은 '영상관법'이다. 불교 자체가 심리학적인 성격을 가지고 있지만, 그 가운데에서도 유식불교가 가장 심리학적인 측면이 강하다. 인경(2008)은 유식불교의 실천성을 강조한 유가행파의 수행법 복원을 목적으로 「유가행파의 영상유식관법」이란 논문에서 유가행파의 명상 수행법을 '영상관법'이라 규정하고, 그것의 문헌적인 증거를 제시했다.[1] 또한 인경(2008)은 「영상관법의 심리치료적 함의」라는 논문에서 상담 및 심리치료와 관련해 영상관법의 실용성을 확보하는 연구 성과를 남겨 구체적으로 영상관법을 실행할 수 있는 과정과 절차를 밝혀 놓았다. 뿐만 아니라 명상상담연구원에서 발간한 '마음 바꾸기 명상클리닉 워크북 시리즈'에서는 구체적인 지침들이 개발되어 현장에서 활용되고 있다. 연구자는 위의 연구

---

[1] 이 '영상관법'의 문헌적 전거는 풍부하다. 단순하게 사물의 이미지를 뜻하는 용법도 있지만, 여기서 말하는 영상의 의미는 분명하게 요가의 실천으로서 관법과 관련된 내용이다. 이를테면 『해심밀경』의 「분별유가품」 뿐만 아니라, 『유가사지론』이 「본지분(本地分)」과 「십결택분(攝決擇分)」, 현장이 번역한 『섭대승론』의 「소지상분(所知相分)」에서 거의 동일한 내용이 발견되고, 또한 『현양성교론』의 「섭사품(攝事品)」, 그리고 『아비달마논집(阿毘達磨雜集論)』에서도 발견된다. 이들은 공통적으로 무착(無着)에게 귀속되는 논서 들이다. 미륵(彌勒)에게 귀속되는 『대승장엄경론』과 『중변분별론』, 또한 무착의 동생인 세친(世親)의 『유식삼십송』이나 이것을 주석한 호법의 『성유식론』 등에서는 '영상관법'의 내용을 전혀 찾아볼 수가 없다. 그런데 중국에서는 현장의 제자들에게서 특징적으로 발견된다. 이를테면 신라인이지만 나중에 티베트에서 활동한 원측의 『해심밀경소』와 원측과 동문인 규기의 『성유식론술기(成唯識論述記)』에서도 집중적으로 나타난다(인경, 2008a, p.194).

성과에 기반하고, 현장에서 적용한 것을 토대로 논고를 전개해 나가고자 한다.

'영상관법'은 마음을 관찰하는 명상법이다. 인경(2008)은 유가행파 혹은 유식불교의 명상수행법을 영상을 통해 유식을 관찰한다는 의미로 '영상유식관법'이라 부르고, 약칭으로 '영상관법'이라고 하였다(인경, 2008, p.193).

여기서 유식(唯識)이란 유식무경(唯識無境)의 준말로 '오직 의식만이 존재하고 외계에 실재하는 대상은 존재하지 않는다.'는 의미이다(인경, 2012, p.163). 이와 관련해서 세친의 〈유식삼십송(唯識三十頌)〉의 첫 번째 게송 일부를 인용하면 다음과 같다.

자아와 세계는 실재하지 않는 가설로서 갖가지의 양상으로 전개되지만,
실제로는 의식에 의한 전변의 결과이다.[2]

위의 인용문의 요점은 '오직 유식만이 존재하고, 자아와 법은 실제로는 존재하지 않는다. 그것들은 다만 의식에 의한 전변(轉變, Parināma)일 뿐이다.'라는 것이다. 이때 유식(唯識, Vijñapti-mātra)[3]의 정확한 번역은 자아와 세계는 오직 의식의 '표상'으로서 존재할 뿐이다.'는 의미가 된다. 이때 '표상'이란 내적인 이미지, 곧 영상을 의미한다. 이것은 외계의 존재를 인정하는 유부학파(有部學派)와 일체가 공(空)하다는 중관학파(中觀學派)의 입장을 모두 비판하는 유식학파의 관점이다(인경, 2008, p.64). 따라서 영상관법은 달리 표현하면 일체가 유식임을 관찰하는 것을 말한다.

임상적인 상황에서 영상관법은 마음 속의 미해결된 과제와 관련된 특정한 영상을 의도적으로 떠올려서 그것을 그대로 관찰하고 선정(禪定)과 지혜(知慧)를 닦는 수행법으로 정의할 수가 있다. 이때 영상은 실제를 반영한(影, reflected) 이미지(像, image)이기 때문에 본질과 닮은 이미지이며, 동시에 마음에 저장된 경험적 이미지로서 제 8식의 종자를 반

---

2 『성유식론』由假說我法 有種種相轉 彼依識所變

3 유식(唯識)이란 말은 'vijñapti-mātra'의 번역어이다. vijñapti'라는 말은 한역에서 '의식'으로 번역되었지만, 일반적으로 의식을 말하는 것은 'vijñana'를 말하고, vijñapti'는 '표상'으로 번역된다(인경, 2008a, p.65).

영하고 있다.[4] 미해결된 과제와 관련된 영상은 내담자의 상처와 아픔을 담고 있어서 감정, 생각, 갈망과 같은 미해결된 심리현상의 경험 내용이 압축된 파일로 사진과 같은 영상으로 저장되는 것이다. 이런 경험 내용으로서의 영상이 현재의 어떤 상황에서 촉발되어 저장된 감정, 생각, 갈망의 마음현상들이 드러날 때, 그것을 나와 동일시하고 융합하여 나인 것으로 착각하면 다시 신체적, 심리적 고통을 겪게 된다. 그러나 영상관법으로 문제가 된 영상을 재경험하여 영상을 불러일으킨 마음현상을 알아차리고 머물러 지켜보는 과정에서 '나'라고 믿었던 마음현상들이 본래는 실재하지 않았음을 통찰하게 되면 고통에서 벗어나는 경험을 하게 된다.

결국 영상관법의 목적은 '유식무경(唯識無境)'의 도리, 오직 '마음이 지은 바'라는 일체유심조(一體唯心造)의 도리를 깨닫고 마음의 현상이 저장된 표상으로서의 영상도 존재하지 않음을 깨달아 '내가 보고 있다고 여기는 그것(境)'이 실제로 없다는 것을 알게 되어 영상을 초월하게 되고 번뇌에서 벗어나 마음의 편안을 얻게 되는 것이다.

2) 마음작동모델

(1) 마음작동이론

마음작동이란 '마음이 어떻게 작동하는가?'하는 기본적인 원리를 뜻하며, '인간을 어떻게 이해하는가?'하는 인간관의 문제로서, 본 연구에서는 유식불교의 입장을 따라 마음작동모델을 정의한 인경(2012)의 저술을 참고로 설명하고자 한다.

마음작동모델이란 마음이 작동하는 패턴으로서 마음의 발생과 소멸을 설명하는 모형을 말한다(인경, 2012, p.30). 불교에서 마음작동을 설명하는 가장 널리 알려진 모델은 오온(五蘊)이다. 오온은 초기불교 이래로 집착과 같은 번뇌의 본질을 설명하거나 자아의 존

---

[4] '영상관법'에서 영상의 어원을 살펴보면, 범어로는 'pratibimba'이다. prati는 '~에 관한' 이란 의미이고, bimba는 '본질'이란 뜻으로 그래서 pratibimba는 '본질에 관한 것'으로 한역에서는 '影像', '鏡像' 등으로 번역되었다. 예를 들면 자기 얼굴이 거울에 비칠 때, 자기 얼굴은 본질(bimba)이고, 거울에 비친 자기 얼굴의 이미지는 영상(pratibimba)이다(인경, 2008, p.193~194).

재를 부정할 목적으로 교설되었지만 대체로 인간의 마음을 구성하는 요소나 구조를 설명하는 모형으로 알려져 있다. 오온이란 마음을 구성하는 몸[色], 감정[受], 생각[想], 갈망[行], 의식[識] 다섯 가지의 요소를 의미한다. 이것은 마음을 분석적이고 구조주의적인 입장에서 이해하는 경향이 있다. 몸은 물질적인 요소이지만, 생리적인 측면과 동작을 포괄한다. 반면에 감정, 생각, 갈망은 의식 활동에 속하는 부수적인 마음현상[心所法]으로 이해한다. 마지막 의식은 외적, 내적인 자극을 알아차리고 인식하는 활동 자체를 말한다.

마음의 변화와 그 역동을 설명하는 불교의 교설로는 '연기법(緣起法)'이 있다. 연기법은 사물과 마음은 어떤 원인과 조건[緣]에 의해서 발생한다[起]는 이론이다. 대승의 유식불교에서는 오온과 연기법의 관점을 통합하여 마음을 보다 역동적이고 체계적인 모형으로 이해하려고 하였다. 이때 오온은 반드시 어떤 상황이나 맥락, 혹은 인연에서 발생한다고 보고, 특히 의식은 잠재의식으로 이해하였다. 오온은 별개의 요소가 아니라 전체적인 역동적 모형을 이룬다고 보았다.

(2) 아뢰야식과 마음작동모델

마음이 어떻게 작용하는지 이해하는데 있어, 즉 오온을 역동적으로 이해하는데 있어 가장 중요한 개념이 다섯 번째 '식(識)'이다. 인경은 "세친이 心·意·識을 구별하고 있는데 '識'은 인연된 대상을 요별(了別)하는 것으로, '意'는 사량하는 의미로, 마지막으로 '心'은 아뢰야식으로 구별하고 가장 중요한 의미를 부여한다."라고 하였다(인경, 2012, p.34). 유식학파적인 관점에서 의식은 단순하게 인연이 된 외적인 대상을 포착하는 표층적 의미보다는, 오히려 경험된 내용을 모아서 저장하고 나중에 그것을 표출하는 심층적인 의미로서 이해하였다.

마음의 세 계층 가운데 가장 깊은 심층에 존재하는 것으로 상정되는 아뢰야식의 성격을 성유식론(玄裝, 1973, pp.104-106)에 기술되어 있는 것을 중심으로 살펴보겠다.

첫째로 아뢰야식(心)은 저장한다는 의미이다. 아뢰야(阿賴耶, Ālaya)라고 이름이 붙여졌는데 능히 변하는 식(識)으로 어떤 대상에 '집착한다'는 것과 경험 내용을 '저장한다'는 두 가지 의미를 지닌다. 저장하는 것은 적극적으로 끌어당겨 저장하는 것과 수동적으로 이끌려 저장한다는 뜻을 담고 있다. 집착의 대상을 마음에 담는다는 점에서 두 가지 의미는 다르지 않고, 유식학파에서는 저장의 의미로 부각이 되었다.

둘째는 아뢰야식의 기능을 이숙(異熟, vipāka)으로 정의하고 있는데, 이숙이란 시간에 따라서[異] 과일처럼 익어간다[熟]는 뜻이다. 집착되어 저장된 경험 내용들은 어떤 잠재적인 힘을 가진 씨앗처럼, 시간의 경과에 따라서 점차로 익어가서 행동으로 표출됨을 함축한다.

셋째는 손실되지 않고 지니고 유지되는 잠재적인 힘을 '종자(種子, bīja)'라고 부른다. 종자는 새로운 행위의 싹을 키울 수 있는 잠재적인 힘으로써 마음작동의 핵심적인 원인이자 그 결과라고 이해할 수 있다.

아뢰야식에 상응하는 마음작용이 무엇인지는 〈유식삼십송〉[5] 3번째 게송의 두 번째 구절에서 언급하고 있다. 이 구절은 아뢰야식과 항상 상응하는 접촉(觸), 작의(作意), 감정(受), 생각(想), 갈망(思, 行) 등의 표층적 마음현상을 설명하고 있다. 이때 접촉(觸, sparsa)은 눈이나 귀와 같은 감각기관[根], 색깔이나 소리와 같은 대상[境], 그리고 감각기관에 상응하는 의식[識] 등이 화합(和合)하는 것을 말한다. 작의(作意, manaskara)는 접촉으로 말미암아 발생되는 마음의 기울어짐이다. 마음이 대상을 향하는 것을 뜻한다. 이렇게 접촉과 작의가 일어나면 느낌[受], 생각[想], 갈망[思, 行]이라는 마음현상 3요소가 발생된다. 이것은 모든 마음(6식, 7식, 8식)에서 반드시 함께 일어나는 마음현상인 까닭에, 보편적으로 두루 발생되는 마음현상이란 의미로 '변행심소(遍行心所)'[6]라 한다. 이것을 정리하면 다음 〈그림 1〉과 같다.

---

[5] 成有識論 上券 (1973, p.102) 不可知執受 處了常與觸 作意受想思 相應唯捨受

[6] 成有識論 上券 (1973, p.cxxⅦ) 此心所徧行

```
                    ⇔ 느낌[受]
접촉(觸) ⇔ 작의(作意)   ⇔ 생각[想] ⇔ (행위[業])
                    ⇔ 갈망[思]
```

〈그림 1〉 표층수준의 마음현상

위에서 마음현상 3요소를 좀 더 설명하면 느낌[受, vedana]은 접촉에서 오는 즐겁거나 불쾌하거나 혹은 어느 쪽에도 속하지 않는 감각적 경험을 말한다. 느낌은 감각기관과의 접촉에서 오는 것과 마음의 대상과의 접촉에서 오는 것이 있다. 전자는 신체적인 몸의 느낌이고 후자는 정신적으로 느끼는 감정들이다. 즐거운 느낌에 대해서 탐착이 일어나고 불쾌한 느낌에 대해서 혐오가 발생된다(인경, 2005, p16). 생각[想, samjna]이란 대상에 대한 표상작용으로 대상을 분별하고 판단하여 대상을 언어적인 개념으로 사유하는 일체의 작용을 말한다. 갈망[思, cetana]은 바로 무엇을 하고자 하는 바램이나 욕구를 의미한다. 아뢰야식은 직접 관찰할 수는 없지만, 이에 상응하는 보편적 마음현상[遍行心所 변행심소]을 탐색함으로써 인식할 수가 있다.

심층의 아뢰야식은 '작의(作意)'를 통해 표층수준과 관계를 맺는다. 작의는 『성유식론』의 해석에 따르면, '종자가 놀라서 깨어나는 마음현상'으로, 종자의 잠재적인 힘이 활성화되어 대상에게로 경험 내용이 투사된다는 것을 말한다. 표출된 종자의 습기가 감정, 생각, 갈망의 형태로 전개되어 마음작용에 의해 마침내 행위로 열매를 맺고, 이 행위는 점차 익어서 다시 종자로 되돌아간다. 이렇게 표층수준의 경험 내용은 심층수준으로 저장되고, 저장된 경험은 다시 표층으로 표출되는 상호작용의 과정이 마음의 작용이고, 이러한 전체적인 순환의 과정을 '마음작동모델'이라고 부른다(인경, 2012, p35). 이것은 다음의 〈그림 2〉와 같이 나타낼 수 있다.

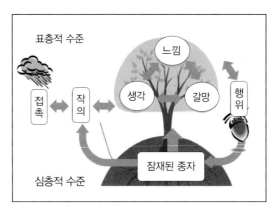

〈그림 2〉 유식불교의 마음작동모델

(3) 인지모델(인지행동치료, 도식치료)과 마음작동모델의 비교

마음작동모델의 이론적 토대가 되는 유식불교의 유식학파에서는 자아와 세계는 오직 의식의 '표상'으로서 존재할 뿐이라며 인식작용, 사유작용에 초점을 두었고, 인지치료의 인지모델에서도 외적인 사건의 자극보다 내적인 사유의 작용이 심리적 장애 발생에 결정적인 영향력을 미친다고 본 점에서 둘은 유사점이 매우 크다. 따라서 인지모델과의 유사점과 차이점을 비교하는 것은 유식불교의 마음작동모델과 이를 토대로 실행되는 영상관법에 대한 깊이 있는 이해와 실행에서 꼭 필요한 부분이다. 인경(2012)이 유식 심리학에 기초한 마음작동모델과 인지행동치료, 인지행동치료를 확장한 도식치료에서 서로의 유사점과 차이점을 비교한 연구를 참고하여 논하고자 한다.

인지행동치료의 인지모델은 사건이 어떻게 발생하였는지에 대한 상황, 곧 인연을 중시하는 점에서 불교의 연기법과 오온에 기초한 마음작동모델과 유사하다. 또한, 인지모델은 몸[色], 감정[受], 생각[想], 갈망[行], 잠재의식[識]으로 구성된 오온체계와 비슷하며, 다만 심층적 측면에 해당하는 갈망과 잠재의식이 빠져있다. 몸, 감정, 생각 등과 함께 내담자의 대처행동을 탐색한다는 점에서 인지모델은 표층적 접근방식으로 평가된다. 인지행동 치료자들도 심층 수준의 사유작용을 인정한다. 자동 사고는 심층 수준의 신념과 연결되어 있고, 외부 자극에 의해 신념이 활성화되면서 순간적으로 밖으로 표출되는 것으로 본다. 이 핵심신념(Core belief)은 '도식(Schema)[7]'이라고도 하는데, 이것은 자동사고보다 더 일반적이며, 절대적이고 확고한 믿음이다. 이것들은 특히 심리 장애를 가진 사람들에게 평소에는 잠재되어 있다가 일단 활성화되면 정보 처리의 처음부터 끝까지 관여하여 결과적으로 인지과정을 왜곡시킨다. 사고의 틀, 즉 도식을 바꾸지 않고 적절하지 않은 다른 상황에서도 여전히 그 도식을 완고하게 고집하게 하는 것이다. 자동 사고를 통한 인지왜곡은 바로 이런 도식에서 비롯된 것으로 본다. 치료자는 부정적 도식을 '제거' 또는 '수정'하거나 '재해석'하여 새로운 도식을 발달시키는 방법 등을 고안할 수 있다. 인지행동치료에서 자주 거론되는 도식은 유식 심리학에 기초한 마음작동모델에서 종자와 같은 개념이다. 심층수준의 종자가 특정한 상황에서 활성화되면, 표층수준의 감정, 생각, 갈망과 같은 마음현상을 지배하게 된다. 이런 점에서 불교심리학은 인지행동치료와 차이점이 있으면서도 매우 유사한 마음작동모델을 가지고 있음을 볼 수 있다.

Young의 도식치료(Schema Therapy)[8]는 어린 시절의 과거로부터 학습된 부적응적인 도식의 변화에 노력한다는 점에서 심층적 접근방식이라고 볼 수 있고, 인지행동치료보다 도식치료가 마음작동모델과 더 유사점이 많다. 도식치료는 급성 증상보다는 장기적이고 만성적인 성격적 부분을 고치기 위해 고안되었고, 특히 아동기나 청소년기에 형성된 부적응적 도식을 찾아내고 이것과 맞서 싸우는 전략을 선택한다. Young은 도식을 초기의 부정적 경험과 관련하여 다음과 같이 더욱 정밀하게 정의하고 있다(Young et al., 2005b, p.22).

---

7 Beck(1967)은 "도식이란 유기체에 영향을 미치는 자극들을 검사하고 부호화하며 평가하기 위한 인지적 구조이다."라고 하였고, Segal(1988)은 "도식이란 과거 반응 및 경험을 조직화해 놓은 것으로서, 후속적 지각과 평가에 영향을 줄 수 있는 꽤 응집력 있고 지속성 있는 지식체이다."라고 정의하였다 (Young, 2005a, p.19). Young(2005)은 "인지발달 분야에서 도식은 현실이나 경험에 부여된 어떤 패턴이다.", 또 "인지적 일관성에 대한 요구로 자기 자신과 세상을 바라보는 안정된 시각이 실제로는 부정확하거나 왜곡된 것이라고 하더라도 이를 지속적으로 유지하려는 현상을 말한다."고 했다(Young et al., 2005b, pp.21−22).

8 권석만은 'Schema'라는 용어가 국내의 심리학계에서 흔히 '인지도식'이라고 번역하는데, 그 이상의 의미로서 정서적·행동적 요소까지 포함되어 있어 '심리도식'이라 번역한다고 밝혔다(Young et al., 2005b, p.4).

- 도식은 광범위하게 널리 퍼진 패턴으로,

- 기억 · 감정 · 인지 · 신체적인 느낌들로 구성되고,

- 자기 자신과 다른 사람과의 관계에 대한 평가이며,

- 아동기와 청소년기에 발달하였고,

- 전 생애에 걸쳐 계속해서 정교하게 만들어지며,

- 상당한 수준으로 역기능적이다.

이것은 도식의 성격, 형성과정, 기능에 대한 매우 포괄적인 정의이다. 다시 말하면, 어린 시절과 청소년기의 대인관계에서 반복된 부정적 경험들이 축적되고 합쳐져서 부적응적인 도식을 만들어낸다고 본다. 무엇보다도 그의 공헌은 치료 상황의 초기 평가 단계에서 도식을 중심으로 사례를 개념화하고, 내담자가 정확하게 어떤 부적응적인 도식을 가졌는지 발견하는 도구인 'Young 도식질문지'[9]를 개발한 점이다.

인지행동치료와 도식치료의 '도식'과 유식 심리학의 '종자'를 비교하면 다음과 같은 공통점을 가진다(인경, 2012, p83).

- 반복된 경험에 의해 학습되고,

- 언어적 개념과 밀접하게 연결되어 있으며,

- 자아와 세계에 대한 인지구조이며, 그에 대한 평가와 관련되고,

- 전 생애에 걸쳐 유지, 발전되며,

- 역기능적으로 고통을 발생시킨다.

이런 공통점도 있지만, 도식은 경험 과학적으로 도출된 것이고, 종자는 명상수행에서 발견된 것으로 가장 큰 차이점은 도식, 혹은 종자를 다루는 방식이나 태도에 있다. 인지행동치료자들은 도식을 발견하여 그것과 싸우고 수정하고 통제하려는 입장에서 접근하는 반면 유식 심리학은 종자를 제거하거나 통제하는 대상으로 보는 것이 아니라, 명상수행을 통해 그것을 통찰하여 지혜의 힘으로 전환하는 데 관심을 둔다.

---

9 성격장애의 인지치료(Young, 2005a, pp.97-116)에 205개 항목의 질문지가 공개되어 있고, 75개 항목으로 줄인 단축형도 있다. 이것은 http://www.schematherapy.com에 공개되어 있다.

유식불교의 수행법인 영상관법과 유사한 인지행동치료의 심상 작업을 비교해 그 차이를 좀 더 살펴보겠다.

Aaron Beck의 심상 작업은 환자가 가지고 있는 외상적 사건의 심상을 떠올려서 그대로 다시 체험하고, 그것에 대한 이해나 해석을 재구조화하는 것이다. 인지적 오류를 시범을 통해 보여주고, 환자가 성인으로서 반응할 것을 강조한다. Young의 도식치료도 초기의 부적응적 도식을 활성화해서 그 정서를 체험하고, 내담자의 충족하지 못한 아동기 욕구를 충족시키는 재양육의 과정을 진행한다. Beck이 보다 인지적인 측면에 강조를 둔다면 Young은 당시에 충족되지 못한 욕구를 탐색하여 충족시키는데 초점을 둔 점이 다르다. 둘 다 치료자와 내담자간의 협력적인 관계 속에서 내담자가 자기 패배적인 도식에 직면하여 도피하지 않고 새로운 행동으로 싸우도록 돕는 치료자의 역할과 태도는 같다. 반면에 영상관법은 알아야 할 현상의 영상을 재경험하는 것은 유사하지만, 영상이 불러일으킨 마음현상을 수용하고 거리를 두고 통찰하는 점에서 위의 둘과 상당히 다르다. 실제 임상상황에서 제거하고 수정하려는 노력은 오히려 역효과를 내는 경우가 있다. 불안장애치료를 위해 불교명상에 인지행동치료를 통합해 개발한 수용전념치료 ACT(Acceptance and Commitment Therapy)에서는 불안을 통제하고 제거하려 하면 문제가 더 증폭되기 때문에 실제의 고통이 더 증가한다고 지적한다(Hayes et al., 2010, p.88).

3) 영상관법의 과정과 절차

영상관법은 내담자에게 적용될 때 명상상담의 한 과정으로 실시된다. 영상관법을 적용한 명상상담 과정은 공감과 지지단계, 명료화 단계, 영상관법을 개입한 체험적 단계, 행동적 단계로 운영한다.[10]

인경(2008)은 상담이나 심리치료 상황에서 영상관법을 적용하는 과정을 2가지 측면에서 기술하였다. 첫째는 떠오른 영상의 내용과 관련 있는 대상적 측면으로 유식 심리학의

---

[10] 인경(2012), 「명상심리치료: 불교명상과 심리치료의 통합적 연구」, pp. 260-282에서 요약 정리하였다.

보편적인 마음현상(偏行心所)인 접촉, 작의, 감정, 생각, 갈망 등을 말하고, 둘째는 대상 영상을 관찰하는 기술적인 측면으로 보편적 마음현상을 탐색하는 특별한 마음현상[別境心所]인 의욕, 승해, 염·지·관을 말한다. 이들은 씨줄과 날줄처럼 서로 작용하여 영상이 바로 유식이며, 본래 존재하지 않음을 통찰하게 하여, 끝내는 번뇌에서 벗어나게 돕는다.[11]

(1) 운영방식

영상관법을 적용한 명상상담의 운영방식은 4단계로 이루어진다. 한 회기 상담에서 순차적으로 적용할 수도 있고, 내담자의 증상에 따라 융통성 있게 적용할 수도 있다. 4단계의 세부내용을 살펴보면 다음과 같다.

첫째, 1단계는 공감과 지지단계이다. 이 단계에서는 내담자의 고통을 경청하여 공감과 수용을 하고, 내담자와의 신뢰관계를 구축하는 단계이다. 내담자와의 신뢰관계를 통해 내담자의 주호소와 연결된 미해결 과제인 고통의 구체적 내용을 탐색한다.

둘째, 2단계는 명료화 단계이다. 고통의 원인을 탐색하는 단계로 자아집착의 개념화인 감정, 생각, 갈망의 마음현상을 명료화하고, 고통의 원인인 습관적 패턴으로서의 도식을 파악하는 것이다.

셋째, 3단계는 체험적 단계이다. 영상관법의 개입에 의한 치료적 처치단계로 문제가 되는 과거의 상황을 재경험함으로써, 억압된 감정과 왜곡된 사고방식이나 좌절된 욕구를 다시 체험하여 개선 또는 소멸시키는 역할을 하고, 문제가 어디에 있는지에 대한 심리적 자기통찰을 가능하게 한다.

넷째, 4단계는 행동적 단계이다. 문제가 된 상황에서 내담자가 했던 행동을 정확하게 평가한다. 당시 했던 행동과 행동을 하면서 가졌던 기대나 소망이 무엇이었는지 파악하고, 했던 행동에 대한 손익계산서를 작성하여 그 행동의 효과성을 객관적으로 평가한다. 새로운 행동선택이 필요할 때 대처 행동계획을 세우고, 그에 대한 행동 계약서를 상담자

---

[11] ibid. pp. 192-203에서 요약 정리하였다.

와 같이 작성한다. 위에서 설명한 내용은 다음의 〈그림 3〉과 같다.

〈그림 3〉 영상관법을 적용한 명상상담 운영방식

(2) 대상적 측면

대상적인 측면은 관찰하는 대상이 무엇인지를 알려주며, 관찰 대상의 이동은 다음과 같다. 먼저 '경청'과 '주제선택'을 하고 '영상 떠올리기'를 한 후에 느낌 관찰과 호흡으로 돌아오는 과정으로 실행된다. 간략히 표현하면 〈그림 4〉와 같다.

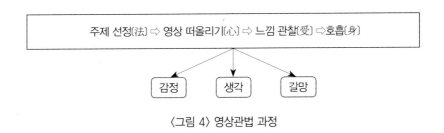

〈그림 4〉 영상관법 과정

영상관법 과정의 대상을 『염처경』의 사념처(四念處)와 연관시켜보면 주제 선정(法)은 일상생활에서 불편한 마음을 일으키는 현상들과 관련되고, 영상은 감정, 생각, 갈망과 같은 마음(心)현상들과 연결되며, 느낌(受)은 통증과 같은 몸의 감각느낌, 호흡은 몸(身)의 움직임과 연결될 수 있다. 이 과정은 상호 연관되어 순차적이고 체계적인 구조로 이해할 수 있다. 각각에 대해 구체적인 내용을 〈표 1〉로 정리해보면 다음과 같다.

<표 1> 영상관법 과정: 대상적인 측면

과 정	세 부 내 용
주제선정 (法)	내담자의 주호소 또는 미해결 과제 경청
	핵심문제와 연결된 사건 장면이나 영상 선택
영상 떠올리기 (心)	주제와 관련된 영상을 눈을 감고 떠올리게 한다.
	여러 장면 가운데 가장 힘들었던 장면에 머물러서 충분하게 그것에 접촉하도록 돕는다.
	접촉(接觸): 내적인 심리적인 접촉, 이미지 노출
	작의(作意): 심층에 보관된 과거의 경험정보로서의 종자가 활성화됨.
	감정[受], 생각[想], 갈망[行, 思]의 3 쌍둥이의 마음현상으로 전개됨.
느낌관찰 (受)	영상을 지우고 몸느낌을 관찰한다(영상이 자연스럽게 소멸되지 않으면 영상관법을 다시 하거나 역할극 같은 방식을 선택할 수도 있다).
	가장 강하게 느끼는 신체의 감각느낌이 어디인지를 살펴보게 하여 그곳에 머물러 사라질 때까지 지켜본다.
호흡관찰 (身)	처음에 호흡에서 시작하며 마지막에도 호흡으로 되돌아오게 한다.
	〈호흡 관찰의 목적〉 첫째, 고요한 선정 상태 유지, 존재하는 그대로 장애를 수용하게 한다. 둘째, 압도적인 영상에 내담자가 힘들어할 때 마음의 안정을 취하게 하여 안전한 공간이 되게 한다. 셋째, 내담자가 마음의 폭류를 관찰할 수 있는 든든한 대지의 역할을 한다.

특히 영상을 관찰할 때에 탐색하는 내용은 다음 〈표 2〉와 같이 감정, 생각(사고), 갈망을 따로 분류하여 실행할 수도 있지만, 순차적으로 실시할 수도 있다.

〈표 2〉 영상관법의 유형에 따른 실시 방법

유형	실시 방법
감정형	• **감정**에 접촉하여 감정에 이름 붙이기(감정 재경험하기, 감정 충분히 느끼기) → **몸느낌** 지켜보기(오감명상) → **호흡**으로 돌아오기의 3 과정 • 현재의 경험과 과거의 경험을 연결하는 장면에서 핵심감정과 연결되도록 하기 → 공통된 생각을 찾게 하고 → 그 감정을 충분하게 느끼고 호흡으로 돌아오기 • 감정을 불러일으키는 직접적인 자극이 무엇인지 인식하기 → 직접적인 느낌을 관찰하고 그 느낌에 집중하기
사고형	• 감정에 접촉해 **감정에 이름 붙이기** → **생각 탐색하기**(감정을 불러일으킨 생각 찾기, 감정과 생각과의 관계 명료화하기, 중심생각 찾기) → **생각 지켜 보기**(집착된 생각을 그 자체로 지켜보기, 감각자료와 주관적인 의견을 구분하기, 판단의 근거인 감각자료를 그대로 바라보기, 집착된 갈망 파악하기) → **몸느낌** 관찰하기→ **호흡**으로 돌아오기 ※ 생각을 다루기 전에 감정을 충분히 다루어주어야 한다.
갈망형	• 감정 → 생각/갈망 → 개입/표현 → 지켜보기 → 몸느낌 → 호흡 • **갈망(바람/두려움)을 발견**하고 몸으로 느끼기 → **하고 싶은 말이나 행동 표현하기** • 핵심신념을 통해 핵심갈망 찾기 → 갈망 조절하기(현실적인 것/ 비현실적인 것 구분) → 원하는 새로운 행동 모색하기 → 역할극으로 표현하기 • 아동기 도식 영상과 현재의 경험 연결하기(재양육기법, 내면 아이 치유 기법을 접목할 수도 있다.) • 어린 시절과 현재, 미래의 관련성 탐색, 영상관법으로 새로운 행동 모색하기 ※ 갈망을 보면 감정과 생각이 사라진다. 갈망을 바꾸지 않고 그 자체로 보면 되지만, 억압적인 내담자일 경우 억압된 갈망을 표현하도록 유도하는 것이 하나의 접근법이다.

(3) 기술적인 측면

대상을 '어떻게 관찰할 것인지'에 대한 관점을 의미한다. 여기서는 명상수행과 관련된 의욕(欲), 승해(勝解), 염·지·관(念止觀)의 특별한 마음현상(別境心所)을 가리킨다. 염(念)·지(止)·관(觀)은 별개의 수행이론으로 분리되어서 논의되거나 각각 개별적으로 수행되기도 하지만, 본 연구에서는 유식 심리학에 기초해서 유기적이고 순차적인 과정으로 이해하고 실행한다. 〈표 3〉로 정리해보면 다음과 같다.

의욕(欲) → **승해(勝解)** → **염(念)** → **지(止)** → **관(觀)**

〈표 3〉 영상관법 과정: 기술적인 측면

과정	세부내용
의욕(欲)	내담자가 자신의 문제를 해결하고자 하는 의지를 말한다.
	치료관계를 공고히 하고, 힘든 상황에 직면하게 하는 힘이 된다.
승해(勝解)	경험으로 명료하게 아는 것을 말한다.
	내담자가 치료자의 도움을 받아 자신의 증상에 대해 확고한 이해를 하게 됨을 말한다.
염(念)	알아차림(念)은 파악해야 할 과제를 적극적으로 영상으로 떠올려 알아차리는 것을 말한다.
지(止)	머물기(止)는 주의가 대상에 집중된 상태로 혐오적인 노출에서 감정적인 회피를 방지하고 직면하는 것이다.
관(觀)	지켜보기(觀)는 '거리를 두고 본다' 는 뜻으로, 영상을 통해 드러난 감정, 생각, 갈망의 심리적인 동일시에서 벗어나 객관적으로 자기문제를 바라보는 것을 말한다.

2. 우울증

1) 우울증의 일반적인 정의 및 특징

우울증은 넓은 의미에서 기분의 장애이다. 우울증은 단일한 특징이 아닌 여러 가지 요소들의 조합으로 이루어진 임상장애의 '증후군적인(syndromal)' 특성으로 파악할 수 있다. 우울증의 진단기준은 정신의학회의 진단교본인『정신장애진단 및 통계편람 제4권』(DSM-Ⅳ)을 참조한다(APA, 1995). 이 진단에 따르면 주요 우울증은 다음의 증상 ①, ②는 반드시 포함해서 5개 이상의 증상을 나타내며 거의 매일 연속적으로 2주 이상 고통을 호소하고, 또 그런 증상으로 사회적, 직업적, 기타 중요한 기능영역에서 심각한 고통과 장애를 경험한다고 한다. 이럴 때 주요 우울장애로 진단될 수 있다. 여러 증상을 소개하면 다음과 같다.

① 하루의 대부분 그리고 거의 매일 우울한 기분이 주관적 보고나 객관적 관찰을 통해 나타난다.

② 거의 모든 일상 활동에 대한 흥미나 즐거움이 하루의 대부분 또는 거의 매일같이 뚜렷하게 저하되어 있다.

③ 의도적으로 체중조절을 하고 있지 않은 상태에서 현저한 체중감소 또는 체중증가가 나타난다. 또는 식욕의 현저한 감소나 증가가 거의 매일 나타난다.

④ 거의 매일 불면이나 과다수면이 나타난다.

⑤ 거의 매일 나타나는 정신운동성 초조나 지체를 나타낸다. 주관적인 좌불안석감이나 타인에 의해서 처진 느낌이 관찰될 수 있다.

⑥ 거의 매일 피로감이나 활력의 상실이 나타난다.

⑦ 거의 매일 무가치감 또는 과도하고 부적절한 죄책감을 느낀다.

⑧ 거의 매일 사고력이나 집중력의 감소 또는 우유부단함이 주관적인 호소나 관찰에

서 나타난다.

⑨ 죽음에 대한 반복적인 생각이나 특정한 계획 없이 반복적으로 자살에 대한 생각을 하고, 자살기도를 하거나 자살하기 위한 구체적인 계획을 세운다.

우울증의 다른 유형인 기분부전장애(dysthymic disorder)는 주요 우울장애보다 가벼운 증상이 2년 이상 장기간 나타나는 경우를 말한다. 지속적인 우울한 기분을 비롯하여 ① 식욕부진이나 과식 ② 불면이나 과다수면 ③ 활력의 저하나 피로감 ④ 자존감의 저하 ⑤집중력의 감소나 결정의 곤란 ⑥ 절망감 중 2가지 이상의 증상이 나타나면 기분부전장애로 진단될 수 있다.

권석만(2003)은 우울증의 주요증상을 네 가지로 나누어 설명했다.

첫째, 우울증은 신체·생리적 증상을 동반한다. 우울한 사람은 흔히 수면장애를 겪게 되는데 불면증으로 잠을 이루지 못하거나 이른 새벽에 깨어나서 다시 잠들지 못하기도 한다. 반대로 훨씬 많은 시간을 자거나 졸음을 자주 느끼고 아침에 일어나지 못하는 경우도 있다. 또한, 식욕과 체중에 변화가 나타날 수 있다. 흔히 식욕이 저하되어 체중이 현저하게 감소하는 경우가 많다. 그러나 때로는 식욕이 증가하여 많이 먹게 되어서 살이 찌기도 한다. 아울러 우울한 사람들은 피곤함을 많이 느끼고 활력이 저하되며 성적인 욕구나 성에 대한 흥미가 감소한다. 또한, 소화불량이나 두통과 같은 신체적 증상을 나타내고 이러한 증상에 집착하는 경우도 있다. 그리고 면역력이 저하되어 감기와 같은 전염성 질환에 약하고 한번 감기에 걸리면 오래 가는 경향이 있다.

둘째, 우울증은 정서적 증상을 동반한다. 불행감, 우울감, 슬픔, 고독감, 공허감, 절망감, 무의미함, 죄책감이 있다. 흔히 슬픔을 가누기 어려워 치료적 대화 중에 계속 우는 경우도 있다. 또한, 이전에는 즐거움을 느꼈던 일이었지만 즐거움이나 흥미를 느끼지 못하고, 만족이 없다(정채기, 2003).

셋째, 우울증은 인지적 증상을 동반한다. 우울증 상태에서는 부정적이고 비관적인 생각이 증폭된다. 자신이 무능하고 열등하며 무가치한 존재로 여겨지는 자기비하적인 생각을 떨치기 어렵다. 또한 타인과 세상은 비정하고 적대적이며 냉혹하다고 생각된다. 따라서 산다는 것이 참으로 힘겹고 버거운 일로 여겨지며, 미래가 비관적이고 절망적으로 보인다. 아울러 인생에 대해 허무주의적인 생각이 증가되어 죽음과 자살에 대한 생각을 자주 하는 경향이 있다. 또 인지적 기능도 저하되는데, 주의집중이 잘되지 않고 기억력이 저하되며 판단에도 어려움을 겪게 되어 어떤 일에 결정을 내리지 못하고 우유부단한 모습을 보이게 된다. 이러한 사고력의 저하 때문에 자신의 능력을 발휘하지 못하고 학업이나 직업 활동에 어려움을 겪게 된다(권석만, 2003).

넷째, 우울증은 행동적 증상을 동반한다. 우울한 사람은 어떤 일을 시작하는 데에 어려움을 겪는다. 해야 할 일을 자꾸 미루고 지연시키는 일이 반복된다. 활력과 생기가 저하되어 아침에 잘 일어나지 못하고 쉽게 지치며 자주 피곤함을 느끼게 된다. 이전에 흥미를 느꼈던 일이나 사회 활동과 대인관계를 멀리하며, 생활전반에 걸쳐 의욕이 상실되고 말이나 행동이 느려지면서 활력이 떨어지는 경우가 흔하다. 죽음에 대한 생각과 자살 시도가 비교적 자주 나타난다. 우울증 환자의 약 2/3는 자살을 생각하고, 그 가운데 10~15%는 실제로 자살을 시도하는 것으로 알려졌다. 우울증에서 자살 시도는 오히려 회복기에 흔한 것으로 알려졌다(이민수, 2005).

여성 우울증은 미혼 여성보다 기혼 여성들에게 발생빈도가 더 높고, 더욱 심각하게 나타나고 있다. 1996년 전 세계 여성을 대상으로 한 WHO(세계보건기구)의 연구는 아이가 있는 여성이 아이가 없는 기혼 여성이나 독신녀, 독신남, 결혼한 남성에 비해 우울증에 걸릴 위험성이 높다고 보고했다(Kwame Mckenzie, 2005). 남성중심의 가부장적인 사회에서 여성의 이해와 관계없이 진행되고 있는 주부, 아내, 어머니, 능력 있는 직업인 등의 슈퍼우먼 여성상 이미지 창출은 현실과 이상과의 괴리 속에서 여성들을 더욱 더 우울하게 만드는 계기가 된다.

'중년기'는 일반적으로 청년기 다음에 오는 시기이고, 노년기에는 아직 이르지 않은 중간 단계를 지칭한다. 중년기에 대한 견해는 학자마다 다르지만, 생활연령 면에서는 40~60세에 속하면서 사회적 연령으로는 큰 자녀가 중학교 재학 이상부터 취업이나 학업, 결혼 등으로 부모 곁을 떠나는 시기(박진경, 2007)를 중년기로 보기도 한다.

에릭슨(Erikson)은 이 시기가 일종의 제2의 사춘기로 발달적 위기를 다시 겪게 되는데, 생산성을 담보해야 할 역할전환의 과정이 중년기 여성으로 하여금 자신의 존재 자체에 대한 의문을 증폭시켜 심리·정서적으로 많은 갈등을 겪게 된다고 한다(은옥주, 2000). 자아정체성 확립, 직업적인 성취나 자녀양육에서의 역할 등 생산성을 담보하는 발달적 위기에서 자신이 침체되어 있다고 생각하면 인생이 공허하고 무의미하게 느껴져 정서적 위기로 우울증에 빠져들기도 한다.

2) 우울증에 대한 치료적 접근 모델

(1) 우울증의 인지적 모델

사고과정을 우울증의 요인으로 간주하는 Beck의 인지치료는 인지모델을 근거로 한다. 인지모델에서는 사람들의 감정이나 행동이 어떤 사건에 대한 그들의 지각 때문에 영향을 받는다고 가정한다. 즉 사람들의 느낌이나 감정을 결정하는 것은 그 상황 자체가 아니고 그들이 그 상황을 해석하는 방식에 달려 있다(Beck, 1997, p.26).

Ellis에 의해서 강조된 ABC 모델은 장애가 발생하는 과정을 〈사건-사고-감정〉으로 가정한다. 사건에 대한 지각과 해석에서 장애가 발생한다고 보는 까닭에 그 사고나 지각의 재구조화를 통해 감정과 행동의 변화를 시도한다. 이때 A는 'Activating event'의 약자로 행동치료의 선행자극을 더욱 폭넓게 해석한 '선행된 유발사건'을 말한다. 이 사건 때문에 경험하게 되는 '감정적인 결과'는 'emotion as a Consequence'의 약자 C로, 이들 사이에 개입된 내용을 '신념과 생각' 즉, 'Belief or thought'의 약자 B로 나타내 A-B-C 모델로 표시한다. 이 모델은 자극과 반응을 매개하는 생각이나 믿음을 장애발생의 중요한 핵심요인으로 간주한다(인경, 2004, pp.29-30). 이것을 정리하면 다음과 같다.

```
선행된 유발사건(A)    ⇒    감정적인 결과(C)
                    ⇑
         인지적 측면, 신념과 생각 (B)
```

심리장애를 가진 사람은 공통으로 왜곡된 역기능적 사고가 존재하며, 이러한 역기능적 사고는 감정과 행동에 영향을 미친다고 가정한다. Beck은 왜곡된 인지 과정을 자동적 사고(automatic thinking), 중간신념(intermediate beliefs), 핵심신념(core beliefs) 등으로 구분하고 있다(Beck, 1997, pp.26-28).

첫째, 자동적 사고는 기분이 바뀌는 동안 사람의 마음 속에 스쳐 지나가는 생각으로, 상황에 따라 달라지는 매우 구체적인 의식의 흐름 혹은 심상을 말한다(Robert, 2007, p.5). 자동적 사고는 자꾸 반복되면 습관화되어 의식적 자각 없이 자동으로 진행되어 흘러가게 된다. 우울증을 경험하는 사람들은 흔히 실패, 상실, 손실, 무능함 등의 주제와 관련된 부정적이고 비관적인 내용의 자동적 사고를 가진다. 이렇게 일상생활 속에서 반복되는 부정적인 자동사고가 우울증을 유발하는 일차적 요인이 된다(권석만, 2000, p.84).

둘째, 중간신념은 태도(attitude)나 규칙(rule) 및 가정(assumption)들로 구성되어 있으며, 핵심신념과 자동사고 사이를 매개하는 신념이다. 태도에 해당하는 중간신념을 예로 들면 "무능력하다는 것은 끔찍한 일이다."로 표현할 수 있다.

셋째, 핵심신념은 가장 중심적인 생각이지만, 전혀 의식하지 못하고 살아가고 있으며, 이 핵심신념에 의해 부정적인 자동사고가 형성된다. 핵심신념에 의해서 부정적인 자동사고가 만들어지는 과정이 인지왜곡이다. 핵심신념은 도식(schema)이라고 부르기도 한다. Beck은 도식을 마음 속에 있는 인지 구조로, 핵심신념은 그 구조의 구체적인 내용으로 보아 둘을 구분하였다. 또한 그는 핵심신념을 두 가지로 분류하였는데, 하나는 '자신이 무능하다.'는 핵심신념이고, 다른 하나는 '사랑받을 수 없다.'고 하는 핵심신념이다(Beck, 1997, p.183). 위에서 지금까지 설명한 인지모델은 우울증의 사례를 들어 다음 〈그림 5〉와 같이 요약할 수 있다.

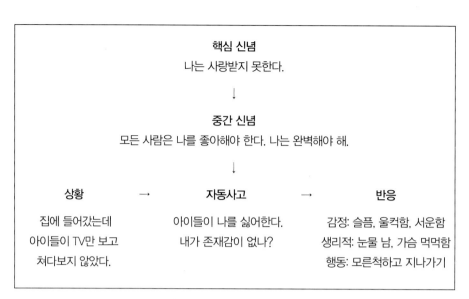

핵심 신념

나는 사랑받지 못한다.

↓

중간 신념

모든 사람은 나를 좋아해야 한다. 나는 완벽해야 해.

↓

상황	→	자동사고	→	반응
집에 들어갔는데 아이들이 TV만 보고 쳐다보지 않았다.		아이들이 나를 싫어한다. 내가 존재감이 없나?		감정: 슬픔, 울컥함, 서운함 생리적: 눈물 남, 가슴 먹먹함 행동: 모른척하고 지나가기

〈그림 5〉 우울증의 인지모델

Beck은 심리장애는 인지왜곡에서 발생한 것으로 보고, 인지왜곡을 역기능적 인지도식(dysfunctional schema)의 개념으로 설명한다. 인지도식은 한 개인이 주위 환경이나 사건을 주관적으로 해석하고 체계화하는 인지적인 틀을 의미한다. 인지이론은 우울증의 근본 원인을 우울한 사람들이 지니는 독특한 인지도식에서 찾는다. 인지도식은 과거 경험에 의해 생겨난 것인데 인지이론은 과거 속의 원인을 추적하기보다 현재 시점에서 발견할 수 있고 치료적으로 변화시킬 수 있는 심리적 요인에서 근본원인을 찾고자 한다. 다음은 Beck의 역기능적 신념에 대한 내용을 권석만(2008)의 고찰을 토대로 살펴본 것이다.

우울한 사람들이 지니는 인지도식의 내용은 자신과 세상에 대한 역기능적 신념으로 구성되어 있다. 우울한 사람들은 자신과 세상에 대해서 절대적이고 당위적이며 강요적이고 융통성이 없는 경직된 신념을 지니고 있다. 이것은 '~ 해야 한다.' 또는 '~ 해서는 안된다.'라는 당위적 명제의 형태를 지니게 된다. 이들이 지닌 신념은 이상주의적이고 완벽주의적이라 현실적인 삶 속에서 실현되기 어려운 것들이며, 결과적으로 좌절과 실패를 가져오는 역기능성을 지니고 있다. Beck에 따르면 역기능적 신념의 주된 내용은 크게 사회적 의존성과 자율성이라는 두 가지 주제의 신념으로 구성된다. 사회적 의존성은 타인의 인정과 애정을 얻으려 하고, 친밀한 대인관계를 유지하기 위한 노력이다. 반면에 자율성은 타인으로부터의 독립을 원하고, 일과 성취를 중시하며, 혼자만의 활동을 좋아하는 경향성을 말한다. Beck은 이것에 기초하여 우울증이 발생하는 과정을 특수 상호작용모델로 다음과 같이 설명한다. 사회적 의존성이 높은 사람은 대인관계와 관련된 부정적 사건(예: 사랑하는 사람의 죽음, 이혼, 별거, 실연 등)에 의해 우울증을 유발할 수 있지만, 자율성 욕구가 높은 사람은 독립성과 목표 지향적 행동이 위협받는 생활사건(예: 실직, 신체적 질병, 업적부진)에 의해 우울증을 발생시킨다고 설명한다.

우울은 부정적 사고 내용의 3요소, 즉 인지삼제(negative cognitive triad)로 특징지어진다(Robert, 2007, p.7). 우울한 사람들은 좋지 않은 사건이 발생했을 때 자신에 대한 비판적 관점에서 ("나는 바보야."), 자신의 경험/ 다른 사람에 대한 부정적 관점에서 ("모든 것을 망쳤어. 이젠 아무도 나를 좋아하지 않을 거야."), 미래에 대한 비관적 관점에서 ("나는 앞으로도 계속, 영원히 이럴 거야.") 라고 해석하는 경향이 있다. 우울한 사람의 생각은 과거-지향적이며 상실(loss)과 관련된 주제가 담겨있는 것이 특징이다. 다음 〈그림 6〉에 Beck이 우울증의 저변에 깔렸다고 믿고 있는 세 가지 수준의 인지 활동이 제시되어 있다(Davidson et al., 2005). Beck에 따르면 우울한 사람들은 부정적인 인지도식, 즉 세계를 부정적으로 보는 경향성을 소아청소년기에 획득한다고 한다. 우울한 사람들의 부정적인 인지도식은 현실을 왜곡하게 하는 어떤 인지적 편향을 일으키고, 인지적 편향은 도식을 일으킨다. 우울증에 걸린 사람들은 비논리적인 사고의 오류 때문에 우울한 상태에 빠져있다고 보는 것이다.

부정적인 인지 3요소

자기 자신, 세상 및 미래에 대한 비관적 견해

↑ ↓

부정적 생활사건에 의해 촉발되는 부정적 도식이나 신념

(예: 나는 완벽해야 한다는 신념)

↑ ↓

인지적 편향(예: 인위적 추론)

↓

우울증

〈그림 6〉 각기 다른 인지간의 상호작용

Beck의 인지치료는 증상으로 드러난 심리장애에서 출발하여 그것을 일으키는 자동 사고와 중간신념, 인지왜곡을 일으키는 핵심신념을 역으로 찾는 것이다. 치료자와의 대화를 통해 자신의 사유과정을 들여다 본 후에 인지적 오류를 오류로 알아차리고, 자신의 핵심신념을 찾아내 그것이 부정적이고 역기능적이라는 것을 발견하는 것이다. 결국, 고통은 상황 때문이 아니고 그 상황에 대한 나의 해석과 생각이 원인임을 깨닫고, 역기능적 핵심신념을 보다 긍정적이고 순기능적으로 바꾸는 데 있다. '나는 무능하다.'라는 신념 대신 '나는 할 수 있다.'라는 신념을 지니고 세계를 바라보면, 나의 경험이 달라지고 또한 느낌도 달라져 우울한 감정도 극복될 수 있다는 것이다(한자경, 2009, p.82). 인지치료는 부정적인 사고와 역기능적 신념을 찾아내고 변화시키기 위해 A-B-C 기법, 소크라테스식 대화법, 하향 화살표 기법, 행동 실험법, 일일 기록지등을 사용하고 있다. 인지의 변화뿐만 아니라 내담자의 부적응적 행동을 변화시키기 위한 여러 가지 행동치료 기법이 같이 적용되기도 한다.

(2) MBCT 모델

Segal, Williams, Teasdale은 약물치료든 심리치료든 치료가 완료된 환자들이 일정 기간이 지나면 다시 우울증의 재발에 시달리게 된다는 것을 발견하고 '우울증 재발방지를 위한 새로운 치료법'을 모색하게 된다. 인지치료로 출발한 이들은 존카밧진의 '명상에 기반을 둔 스트레스 완화(MBSR)'프로그램에 참여하여 그 핵심을 터득한 후 그 둘을 결합하여 '명상에 기반을 둔 인지치료' 즉 MBCT(Mindfulness-based cognitive therapy) 프로그램을 내놓게 되었다. 이 프로그램은 MBSR프로그램에서 개조된 8주 간의 그룹치료이며, 명상과 인지행동치료가 통합된 형태로 만성 우울증의 재발방지를 목적으로 개발된 심리치료 프로그램이지만 우울과 불안 증상을 개신하는데도 효과적인 것으로 나타났다 (Morgan, 2005, p.132).

MBCT가 기초하는 이론에 의하면 한번 혹은 그 이상의 우울증 삽화를 가진 사람들은 슬픈 기분상태가 부정적 사고패턴 간의 연관성을 강화하기 때문에, 삶의 일부분으로서 피할 수 없는 일상적인 슬픈 감정들에 의해 유발되는 부정적 사고패턴이 우울증 미경험자의 경우와는 다르다. 우울증 경험자들에게 슬픈 기분은 우울증 삽화 당시에 일어났던 것과 유사한 사고패턴을 일으킨다. 슬픈 기분을 겪는 동안, 우울증 경험자의 사고는 우울증 미경험자에 비해 훨씬 부정적이고 자기 비판적이다.

우울증 경험자들에게 슬픔 또는 불쾌감은 반추적 사고양식을 재활성화시킨다. 반추적 사고양식은 왜 자신이 슬픔을 느끼는지, 그 감정의 원인과 의미, 결과에 대해서 반복적으로 생각하는 것을 의미한다. 끊임없이 어떤 일에 골몰하는 것이 자신의 고통을 감소시켜 주는 방법이라 믿고 있지만, 경험적 연구는 반추적 사고양식이 오히려 우울한 기분을 지속하게 한다는 것을 보여준다(Coffmanet al., 2006, pp.32-33). 왜냐하면, 반추하는 마음상태는 자신 혹은 문제가 되는 상황의 부정적인 측면을 반복적으로 '생각하게' 함으로써 우울감을 해결하기보다는 오히려 지속시키는 경향이 있다. 반추의 핵심에는 소위 '불일치 모니터(discrepancy monitor)'라고 부르는 것, 즉 원하고, 요구하고, 기대하고 혹은 두려워하는 것에 대한 정신적 모델이나 기준에 반하는 자기 상태와 현재 상황을 지속적으로 통제하고 평가하는 과정이 있다. 불일치 모니터가 가동하면 현재 상태와 바람직한 상태 간에 불일치를 찾게 된다. 불일치를 감소시키려는 노력이 동기화되기도 하지만 이와 동시에 부정적인 기분이 증폭되기도 한다. 문제를 해결하려고 시도할수록 결국 자신이 빠져나오려고 하는 상태 안으로 자신을 가두게 될 뿐이다(Segal et al, 2006. p.96). MBCT 모델에 따르면 우울증 경험자들은 일상적인 슬픈 감정을 느낄 때 우울한 사고 내용과 반추적 사고양식이 재활성화되기 쉬우며, 나아가 슬픈 기분이 우울증 삽화로 확산되는 악순환을 이끈다.

기존의 인지치료는 우울한 느낌의 기저에서 우울을 유발하는 역기능적 신념을 발견한 후 그 신념을 긍정적이고 순기능적인 핵심신념으로 바꿈으로써 우울증을 치료하는 것이다. 그러나 MBCT에서는 생각이나 신념을 교정한다고 해서 곧 느낌이 바뀌지는 않는다고 말한다. 의식차원에서 신념을 바꾸어도 그런 신념을 일으켰던 느낌들이 마음 깊이 박혀 있다면 그 느낌이 다시 부정적인 신념을 불러들여 결국 신념과 느낌의 악순환을 벗어나기 어렵게 만들기 때문이다. 따라서 MBCT의 핵심은 의식차원에서 생각이나 신념을 발견하거나 교정하려고 애쓰기보다는 오히려 평상시 알아차리지 못한 몸느낌이나 감정 및 심신의 느낌에 주목하고, 그것을 알아차려 있는 그대로 받아들이는 수용적 태도를 강조한다. 우울 재발에 이바지하는 부정적인 생각과 감정 및 신체감각에 대한 관점을 근본적으로 변화시키는 것이라고 할 수 있다. MBCT는 우울한 환자들이 자신들의 생각과 느낌을 거리를 두고 알아차리도록 분명하게 훈련한다. 이를 '탈중심화(decentering)'라고 한다(Segal et al., 2006. p.59). 탈중심화 개념은 탈동일시라는 개념과 일치한다. 중심화는 '내가 있다.'는 생각이다. 우울한 느낌을 '나' 혹은, '나의 것'이라고 집착하거나 동일시하는 태도이다. 탈중심화, 탈동일시는 거리 두기를 하면서 부정적 생각이나 느낌이 올라올 때 단지 그것을 확인하고 그 내용과 멀찍이 떨어져서 그저 마음 속에 지나가는 사건으로 볼 수 있도록 자각하는 명상기법이다. 탈중심화 과정을 통해서 환자는 그들의 생각과 느낌에 대해 덜 회피하고 덜 반응하게 된다. 이 변화된 관점은 생각과 감정이란 것을 왔다가 가는 정신적 사건으로 보게 하여 생각과 느낌의 힘으로부터 자유로워지고, 점차 생각과 느낌의 순환에서 벗어나게 되는 것을 알게 한다.

MBCT에서는 경험과의 근본적인 관계변화를 위해 몇 가지 측면에서 알아차림(Mindfulness)이 핵심기술로 활용된다. 첫째, 알아차림은 생각이나 감정에 대한 회피, 부인, 억압 없이 생각에서 탈중심화하는데 직접 관여한다. 이것은 현재에 더 충실하게 자신의 생각과 감정, 신체감각을 잘 자각하게 하여 반추적 사고 양식이 줄어든다고 한다.

둘째, 의도적으로 주의의 초점을 바꾸는 것은 마음의 양식을 행동양식(doing mode)에서 존재양식(being mode)으로 전환하는 것을 도와준다. 시걸 등(Segal et al., 2002)은 마음을 행동양식과 존재양식으로 구분한다(Coffman et al., 2006, p.34). 행동양식(doing mode)은 마음이 원치 않는 어떤 일들이 발생하는 것을 보았을 때 일어난다. 상황이 어떻게 될 것이라 예상하는 것과 어떻게 되기를 바라는 것 혹은 어떻게 되어야만 한다고 생각하고 있는 것 사이의 불일치를 감지했을 때 마음은 행동양식에 들어가게 된다. 이것은 부정적 감정과 모순을 줄이는 방법을 찾고자 하는 사고방식을 유발하고 건설적인 행위들로 충족될 때, 행동양식은 받아들여지고 다수의 목적이 성취될 수 있다. 그러나 문제 상황이 변화되지 않는 경우(예를 들어 배우자의 죽음 등)에는 행동양식은 비생산적이고 반추하게 되어 우울을 유발할 수 있다. 시걸 등은 알아차림(Mindfulness)을 행동양식과 반대인 존재양식(being mode)이라고 말한다. 존재양식은 현재 일어나고 있는 것이 무엇이든 그것을 '수용(accepting)'하고 '받아들이는(allowing)' 것이다. 변화시키고자 하는 다른 목적이나 노력이 없다. 존재양식의 주의 깊고 비판단적인 태도를 배양하는 것은 재발의 신호(피로 또는 흥분과 같은)들을 알아차리게 해주며, 재발 초기 증후들에 기술적이고 의도적으로 대처하게 되며, 재발을 막기 위한 단계들에 잘 적응하게 된다. MBCT의 목적은 우울을 느낄 때 습관적 사고나 행동방식을 멈추고, 그런 감정들을 완화하고, 잠시 머물게 하면서 더 심각하게 확대하지 않도록 하는 방법을 가르치는 데 있다.

Segal 등(2002)의 저술에서 MBCT 프로그램을 정리하면 다음과 같다. MBCT는 집단프로그램으로 구성되어 초기 평가 면접을 개별로 1시간 정도 하고, 전체로 8회기 프로그램을 갖고, 프로그램 종료 후 그 해 안에 4번의 추가 수업을 마련해 놓았다. 1~4회기까지는 주의집중 방법을 배우는 데에 초점을 둔다. MBCT는 판단하지 않고 매 순간에 의도적으로 주의를 집중하는 것을 배우는 것을 중시한다. 5~8회기에서는 기분변화를 다루는데, 부정적인 생각과 감정을 알아차리고, 그것이 떠오를 때마다 호흡과 몸느낌에 집중하도록 해 그냥 거기에 있게끔 허용하는 것을 배우게 한다. 마지막으로 우울증 재발의 자신만의 독특한 경고 증후를 알아차리고 구체적인 행동계획을 개발시킨다.

3) 우울과 불안과의 관계

우울과 불안은 그것이 정상적인 정서 상태이든 부적응적인 심리상태이든, 서로 매우 밀접한 관계가 있다는 점이 많은 경험적 연구와 임상적 관찰을 통해 보고되었다. 임상 장면에서도 한 환자가 우울 증상과 불안 증상을 함께 나타내는 경우가 흔하며, 불안장애 환자가 불안 증상을 나타내기도 하고 불안장애 환자에게서 우울 증상이 발견되기도 한다. 우울장애와 불안장애는 공존율이 매우 높아서 감별신난이 어려운 심리적 장애로 알려졌다(권석만, 1996). 이와 같은 보고에 의하면 우울증을 겪고 있는 사람들은 불안을 매우 많이 호소하고 있다. Zinbarg 등(1994)의 "불안과 우울 혼합에 대한 DSM-IV 분야실험" 연구보고서 95쪽을 참고해 보면 '이 내담자의 몇 %가 단지 우울 증상만을 보이고, 단지 %가 불안 증상만을 보이고 둘 다 혼합된 것은 몇 %인가?'의 질문을 통해서도 우울과 불안이 혼합된 것에 관한 관심이 높음을 알 수 있다. 또한, 정신장애의 진단 및 통계 편람 제4판(APA, 1995, p.922)에 우울증의 부록으로 혼재성 불안-우울 장애(Mixed Anxiety-Depression Disorder)라는 내용이 첨가된 것을 통해서도 확인할 수 있다. 여기서는 주요 우울증 삽화가 없어야 하고, 기분부전장애의 진단 기준에 맞지 않아야 하는 조항을 달아 놓았다. 우울증에서 자주 나타나는 불안은 우울과 어떤 관계가 있고, 어떻게 구별되는지 권석만(1996), 김남재(2005)의 연구논문을 참조해 다음과 같이 고찰하였다.

우울정서는 슬픔, 좌절감, 실망감, 침체감 등을 포함한 정동의 복합체로서 주요한 행복요소의 상실에 대한 정서적 반응이다. 일반적으로 생리적 기능수준이 저하되며, 행동적으로 위축되고 소극적인 반응을 나타낸다. 반면 불안정서는 흥분감, 불안정감, 두려움, 공포 등을 포함한 정동의 복합체로서 주요한 행복요소의 위협에 대한 반응이다. 자율신경계의 활성화와 관련된 생리적 반응이 유발되고, 행동적으로는 긴장되거나 경계적인 반응을 나타내게 된다.

우울장애와 불안장애에 대해 Eysenck(1970)는 둘 다 '내향적' 신경증으로 통합될 수 있으며, 신경증 및 내향성의 두 차원 속에서 여러 정신장애를 위치시킬 때 이 두 장애는 유사한 위치에 자리 잡게 된다고 주장하였다(권석만, 1996.p.19)

Beck(1979)은 인지이론에서 우울이나 불안과 같은 특정한 정서는 자동적 사고의 내용에 의해서 결정된다고 주장했다. 우울은 상실, 실패, 개인적 무가치, 무능력, 비관주의와 관련된 사고내용에 의해 유발되는 반면 불안은 위협, 위험, 불예측성, 불확실성과 관련된 사고내용에 의해 유발된다고 보았다.

불안과 우울의 관계를 설명하는 모형 중에서 가장 크게 이바지한 이론은 Clark와 Watson(1991)의 구조적 모형으로(김남재, 2005, p.53), 우울과 불안 정서를 설명하기 위한 3 요인 모델을 제안했다.

첫째, 불안과 우울의 공통적 요소로 '부적 정서'를 가정함으로써 불안과 우울의 높은 상관, 또는 동시 발병성을 비교적 명확히 설명했다. '부적 정서'는 일반적 불쾌 또는 불쾌 정동요인으로 공통으로 경험되는 불특정적인 증상들이다. 이것은 불쾌 기분과 불면, 불안정함, 과민성, 주의 집중곤란 등이다.

둘째, 우울에만 특유한 증상으로 '낮은 정적 정서', 또는 '쾌락 결여'는 우울증의 일반적 특징을 잘 나타낸다고 볼 수 있다. 무쾌락증과 긍정 정동의 결여 때문에 매사에 관심과 흥미를 잃음, 생활 속에서 재미를 느끼지 못함, 아무것도 즐길 것이 없다는 느낌 등이 포함된다.

셋째 요소는 불안에만 특유한 증상으로 신체적 긴장과 과도한 각성이다. 어지러움, 호흡이 짧아짐, 입술이 마름, 손발이 떨림, 근육이 긴장됨 등이 포함된다. 불안염려는 본질적으로 부적 정서를 나타낸다.

역시 Beck 등(1991)도 걱정과 높은 부적 정서가 불안과 우울의 공통적 특징이며, 절망감과 낮은 정적 정서가 불안으로부터 우울을 구별하게 하는 특징이라고 결론지었다. Beck 등(2003)이 대학생 환자집단을 대상으로 한 연구에서도 걱정은 불안과 우울에 공통적이며, 정서적 불편감 및 부적 정서와 관련되는 것으로 나타났다(김남재, 2005, p.49). 이상에서 살펴본 바와 같이 우울증은 자기비판, 절망감 등의 자동적 사고와 관련된 쾌락 결여, 낮은 부적 정서 때문에 불안과 구별되었다. 부적 정서의 저하, 정적 정서의 증가를 우울증의 호전으로 관찰할 수 있는 이론적 근거가 되는 대목이다. 불안은 높은 신체적 긴장과 각성상태로 특징지을 수 있어 신체화를 관찰하는 것이 유용하겠다.

3. 선행연구

1) 명상이 우울증에 미친 효과에 관한 연구

우울증에 대한 명상의 심리치료 효과를 입증한 국내의 선행연구로 석사논문은 정동하(2003), 박인숙(2003), 유승연(2010), 김지영(2011)이 보고하였다.

정동하(2003)는 여고 1학년 학생 36명(실험집단 36명과 통제집단 36명)을 대상으로 통찰명상을 하루 20분씩 5주간(주 4회) 총 20회에 걸쳐 실시하였다. 호흡명상, 걷기명상, 느낌관찰, 무상에 대한 관찰의 수행법을 통해 우울수준이 감소하였음을 보고하였다. 통찰명상을 통해 배운 것을 일상생활에서도 단지 자신에 대한 관심과 주의 집중만으로 언제어디서나 실천하게 안내하여 학생들에게 긍정적인 우울정서의 변화를 밝힌 점은 긍정적이었다. 그러나 반 전체의 정상적인 학생들을 대상으로 결과를 산출한 것은 임상적인 집단이나 개인들에게 그 결과를 일반화하는데 한계가 있다.

박인숙(2003)은 중학생에게 수식관 명상을 실시하여 우울과 불안 수준의 변화를 가져오는지 알아보기 위하여 중학교 2학년 남 13명, 여 17명의 학생을 대상으로 7주 동안 주 6회, 매 20분씩 총 30회를 실시한 결과 아무런 처치를 하지 않은 통제집단에 비해 우울과 불안 수준이 감소하였음을 보고하였다. 학교현장에서 명상의 실천 가능성을 제공한점에 의미가 크다고 할 수 있다. 그리고 통계적인 양적분석을 하였지만 질적인 심리변화를 알아보고자 명상 소감록을 기록하게 한 점은 학생들의 심리를 이해하고자 하는 연구자의 의지가 높게 보였다. 그러나 질적인 분석을 과학적으로 접근하는 데는 한계가 있었다.

유승연(2010)은 마음챙김 명상 집단과 대기-통제 집단에 각각 9명씩의 중년 여성을 배치하여 마음챙김 명상 프로그램을 주 1회씩 8회기로 진행하여 우울 완화에 효과가 있음을 보고하였다. 이 연구에서 참여자들이 고통스러운 경험들에 얽매여 있고, 이 사건들로 파생되는 2차적인 사고들로 인해 즉 부정적인 생각들을 반추함으로 인해 더 고통을 받는 데 마음챙김 명상을 함으로써 판단하지 않고 경험을 받아들이게 되면서, 또 자신의 고통을 과거와 다른 시각으로 보게 되면서 우울감소의 효과가 일어난 점을 보고한 것은 명상을 통한 심리적 고통의 변화요인을 밝힌 점에서 의의가 있다. 그러나 8주 동안의 마음챙김 명상 실시는 비교적 짧은 기간이라 할 수 있어 추후 검사를 통하여 프로그램의 효과가 장기적으로 지속되는지 확인해 보지 못한 것은 후속연구에서 보완되었으면 하는 점이다.

김지영(2011)은 대학생 집단을 우울수준이 가벼운 집단과 중한 집단으로 분류하고, 각 집단에 대해 실험집단과 통제집단으로 나누어 실험집단에 대해 자애명상을 실시한 결과 우울함이 경감되는 효과를 보고하였다. 이 연구의 의의는 우울의 수준에 따라 우울을 경감시키는 기제에서 차이가 있음을 확인한 점이다. 긍정적 인지와 부정적 인지의 인지적 균형을 회복하여 우울을 경감하는데 있어서 경우울 집단은 긍정적 인지의 보완이 우선적으로 중시되며, 중우울 집단은 부정적 인지 및 부정 정서의 경감이 우울 치료의 핵심적인 기제로써 제안된 점이다. 반면에 이 연구의 한계점을 살펴보면 1회기의 단기 자애명상 실시 직후 사후 검사만을 자료로 수집하여 결과를 확인한 점이다. 아주 부정적이거나 긍정적인 사건도 몇 주간 지속된 후에는 기저선 수준으로 되돌아갈 수 있기 때문에 연구 결과의 설득력이 떨어진다. 회기 중 과제로 내 주고 일정기간 후 추후검사를 해서 결과를 보완했으면 좀 더 결과해석이 유의미할 것이라 생각된다.

4사례 모두 중학생, 고등학생, 대학생, 중년 여성 대상의 집단을 통해 명상이 우울 수준을 감소시켰음을 보고하였다. 그러나 이러한 양적 연구는, 명상이 어떻게 심리 정서장애 극복에 영향을 미치는지에 대한 내적 변화과정을 보여주지 못하는 제한점을 지니고 있다.

또한, 이 선행연구들의 공통적인 특징은 자애명상을 제외하고 초기불교의 불교명상법에 토대를 두고 호흡이나 몸느낌, 농작 등 몸 중심의 명상법을 직용한 데 있었다. 국내의 선행연구를 살펴본 바에 의하면 우울증에 대한 명상적 접근이나 심리치료와의 통합방식은 초기 불교나 인지치료가 중심을 이룬 결과로 마음의 심층적인 측면보다 현재에 드러난 표층적인 마음현상에 보다 초점이 맞추어져 있었다. 그래서 본 연구에서의 대승불교의 유식 심리학에 기초한 영상관법 프로그램이 우울증의 극복에 시도되는 것은 학계에 보고된 바가 없어 그 의미가 크다고 할 수 있겠다.

2) MBCT와 관련된 연구

명상에 기반을 둔 인지치료인 MBCT가 우울감소에 대한 효과를 보고 한 연구는 기혼 여성, 전문계 여고생, 대상의 양적 연구로 석사논문 2편과 임상군 환자에 대한 질적 연구로 박사논문 1편을 살펴보았다.

오다해(2008)는 기혼 여성(명상집단 8명과 통제집단 8명)을 대상으로 8회기 MBCT 프로그램을 개입하여 명상집단의 우울이 유의미하게 감소한 것으로 나타난 것을 보고했다. 이 연구는 기혼 여성을 대상으로 우울감소의 효과를 검증했다는 것에 의미가 있는 반면 참가자 수가 적고 추수검사를 하지 못해 장기적인 효과를 확인하는 것에 어려움이 있어 일반화시키기에 한계가 있다.

권영주(2008)는 전문계 여고 1학년 학생(실험집단 11명과 통제집단 14명)을 대상으로 6회기 MBCT 프로그램을 개입한 명상집단의 우울이 유의미하게 감소되었음을 발견할 수 있었다. 이 연구결과는 MBCT가 성인 비임상 집단뿐만 아니라 청소년의 심리적 증상의 개선, 특히 정서조절곤란과 우울을 개선하는데 도움이 된다는 것을 보여주었다. 그러나 6회기의 짧은 회기와 추후 검사결과도 2주 후에 한 것이라서 프로그램의 장기적 효과성을 평가하는 것에 한계가 있다. 앞에 기술한 집단대상의 양적연구인 2사례는 공통적으로 우울감소의 유의미한 효과를 보이긴 했지만 집단수가 적거나 개입기간이 짧은 단점 때문에 충분히 효과성을 주장하여 일반화시키기에는 한계가 있다.

박사논문을 쓴 전미애(2010)는 정서조절을 위한 MBCT의 효과를 임상환자집단을 대상으로 통계적 방법으로 검증하고, 참여자가 경험하는 MBCT의 치료적 과정을 근거이론으로 분석하였다. 연구결과의 종합을 통해 정서조절 MBCT는 마음챙김의 핵심적인 기술(주의집중, 자각, 거리두기 등)을 통해 우울과 같은 심리적 장애를 극복하는데 효과를 보여주었다. 또한 MBCT의 치료적 과정을 그게 내 가지로 나누어 ① 참여사가 오게 된 과정 ② 마음챙김 기술을 익히는 과정 ③ 통찰과 문제해결 과정 ④ 성장경험 과정으로 살펴본 것이다. 이 연구의 의의는 첫째, 일반인들에게 개발된 정서조절 MBCT의 효과를 임상집단에서 반복적으로 확인했다는 것이고, 둘째는 치료적 과정에서 나타나는 내용을 범주로 도출하여 비교하고, 핵심범주와 각 범주의 상호작용에 대한 과정을 살펴보았다는 점이다. 다만 연구의 치료적 과정의 모델이 다른 대상에서도 적용되는 지 다양한 임상 장면의 대상을 통해 반복 검증할 필요가 있다. 이상을 살펴본 결과 명상을 활용한 MBCT 프로그램이 우울감소에 효과가 있다는 것을 확인했다. 그러나 우울증을 겪고 있는 중년 여성의 단일사례연구에 대해서는 보고된 바가 없었다.

3) 영상관법과 관련된 연구

영상관법과 관련된 연구는 이론적인 연구와 임상적용 연구 2가지로 나누어 볼 수 있다. 이론적인 연구 3편은 모두 인경스님에 의한 저술이다. 「유가행파의 영상유식관법」은 2008년도 2월에 발간되어 '영상유식관법'의 정의와 문헌적 근거, 유식관법의 성격과 과정을 밝혔다. 「영상관법의 심리 치료적 함의」는 2008년 12월에 발간되어 '영상관법'이란 무엇인지 정의하고, 영상관법의 절차와 과정을 심리치료 관점에서 설명하였다. 또한, 서구 심리치료에서의 심상작업과 비교하여 영상관법이 가지는 심리치료적인 의의를 고찰하였다. 2012년에 저술된 「명상심리치료: 불교명상과 심리치료의 통합적 연구」에서는 영상관법의 정의와 영상관법의 절차와 과정, 임상사례의 예시로 앞의 두 논문을 수정하고 보완하였다.

임상적으로 적용한 논문들은 모두 학회지를 통해 발표된 것으로 개인 심리치료에 적용한 논문 이영순(2010), 김길영(2011), 김인희(2012), 한경옥(2012), 혜타(2012)의 5편과 집단 명상상담에 적용한 이한상(2010)의 논문 1편으로 나눌 수 있다.

본 연구자 이영순(2010)은 불안한 중년 여성을 대상으로 8회기 영상관법에 의한 명상상담 개인사례연구를 통해 불안과 분노정서의 감소와 대인관계의 긍정적 변화를 보고하였다. 영상관법의 빠른 효과를 직접적으로 관찰할 수 있었던 사례라는 점과 상담자에 대한 내담자의 신뢰, 체계적인 프로그램 구성 및 실행, 상담자의 집중적인 노력 그리고 훌륭한 교육감독이 있었기에 영상관법의 상담효과가 더욱 높아졌다는 것을 알 수 있었던 점에서 의미가 있었다. 도식에 대한 언급이 있지만 도식을 중심으로 상담을 진행하도록 체계화 되지 못한 부분이 미흡한 부분이다.

이한상(2010)은 전업주부들을 대상으로 8회기 집단 명상상담을 통해 영상관법이 심리 도식에 미치는 영향을 살펴보고, 긍정적 정서반응과 스트레스 수준의 감소를 보고하였다. 심층 심리와 연관된 도식과 연결해서 영상관법의 효과를 점검한 점은 임상현장에서 의미있는 도구로 영상관법을 상용할 수 있는 가능성을 제기한 점에서 의미가 있고, 영상관법이 집단 명상상담의 형태로 시도될 때 구체적인 사례가 예시되어 추후 연구에 시사점을 주었다. 반면에 영상관법의 구체적인 개입의 사례가 제시되지 않았고, 또한 어떤 요인이 영향을 미쳤는지 드러나지 않아 영상관법의 효과를 신뢰하는데 한계가 있었다.

김길영(2011)은 '비밀입양모의 양육 스트레스'에 관한 상담사례 23회기를 진행하였고, 그 결과 부모교육과 함께 영상관법을 적용하여 친생자 상실 애도문제와 같은 심층 심리를 다루는데 효과적이었다는 보고를 하였다. 이 연구의 의의는 현재문제의 씨앗으로 내재되어 있는 과거문제에 대한 깊은 통찰과 수용이 함께 이루어질 때 현재문제를 최소화시킬 수 있다는 것과 현재문제의 근본적인 해결은 부모교육만으로는 어렵고 영상관법을 통한 명상상담으로 심층 심리문제를 충분히 다루어주어야 하는 점을 밝힌 점이다. 다만 영상관법과 서구심상작업을 혼용하여 사용하다보니 영상관법의 고유의 특징이 잘 드러나지 않은 점이 한계로 보였다.

김인희(2012)는 불안 정서를 가진 여성을 대상으로 8회기 영상관법에 의한 명상상담을 통해 불안정서 완화에 효과가 있음을 보고하였다. 이 연구는 구체적인 행동목표를 설정해 관찰 측정한 결과와 측정도구를 통한 사전사후 검사로 내담자의 변화를 잘 표현한 점이 잘 되었다. 아쉬운 점은 변화요인이 구체적으로 드러나지 않아 단지 영상관법의 효과만으로 내담자의 변화가 있었는지 명확하지 않은 것이 아쉬운 점이다.

한경옥(2012)은 감정억압이 심한 내담자의 정서적 반응과 신체증상과의 연관성을 10회기의 영상관법에 의한 명상상담을 통해 보고하였다. 내담자의 발달과정을 구체적으로 진술하여 내담자이 삶을 이해하고 공감하는데 도움이 되었으며, 영상관법의 핵심적인 이론적 진술이 영상관법 개입의 타당성을 이해시키는데 역시 효과적이었다. 아쉬운 점은 상담 목표로 설정한 것이 회기가 끝난 후 얼마나 도달했는지 명확하고 구체적으로 정리가 안 된 점이다. 특히 영상관법이 신체반응에 미치는 영향에 대한 분석이 미흡하였다.

혜타(2012)는 사회공포증 증상을 가진 20대 여성에 대한 명상상담 8회기를 통해 영상관법 프로그램의 영향력과 효과성을 보고하였다. 직장에 복귀해 직장생활에 적응할 수 있게 되었고, 불편한 사람과의 관계에서 관계를 긍정적으로 유도하려는 적극적인 행동이 드러났으며, 두려움과 긴장감을 극복하게 되었다. 짧은 시간에 명상상담의 효과를 보여준 좋은 사례이며, 축어록을 통해 연구자가 노련하게 내담자에게 영상관법을 개입하는 것에서 연구자의 높은 역량을 엿볼 수 있었다. 또한 평가가 다각도에서 이루어진 점은 강점으로 보였다. 추후검사를 통해 내담자의 상담효과가 지속되는지 확인이 된다면 좋을 것이다.

위 사례들을 살펴본 결과 다양한 대상과 과제로 영상관법의 효과를 보고한 점은 의미가 있었다. 다만 임상사례연구 수준에서 보고 되어서 연구의 객관성과 과학성이 충분히 담보되지 못한 한계가 있었다.

4) 우울증과 관련된 단일사례연구

우울에 관한 단일사례연구로 보고된 선행연구로 석사논문으로 이영순(2009)과 신은진(2011)의 연구를 살펴보고자 한다.

연구자 이영순(2009)은 석사논문에서 주요 우울증을 겪고 있는 기혼 여성의 우울과 분노정서에 염지관명상을 ABAB 실험설계의 단일사례연구로 시행하여 우울과 분노의 감정을 다스리는데 긍정적 효과가 있음을 보여주었다. 연구 참여자는 34세의 기혼 여성으로 7년 전의 산후우울증이 이어져 온 것으로 개입 전 제 1 기저선 단계에서 우울 척도(BDI)가 49점으로 심한 우울상태였고, 분노표출이 강한 분노정서를 동반한 것이 특징이었다. 2차 개입이 끝난 후 우울 척도(BDI)가 1점으로 현저하게 낮아짐을 알 수 있었다. 그러나 호흡과 느낌명상 등 몸을 위주로 관찰한 초기불교 명상이 기초가 된 염지관명상이 정서적인 부분의 변화는 현저하게 나타났지만 우울증의 원인이 되는 좀 더 심층적인 마음 현상 관찰에는 접근하지 못한 한계가 있었다.

신유진(2011)은 공격성 우울증이라는 병원진단을 받은 17세의 가출 여자 청소년의 우울과 자살사고의 완화를 위해 정신역동적 미술치료의 접근방식으로 연구를 진행하였다.

우울에 관한 심리적 변화를 살펴보기 위해 작품·언어의 반응을 회기별로 분석한 결과 치료 초반에 어두웠던 색과 우울을 의미하는 상징들이 점차 치료 후반에 갈수록 밝은 계통의 색 사용과 긍정적인 색 표현의 상징으로 변화되었다. 이는 연구 참여자의 무기력하고 적대적인 분노가 내포된 우울의 감정이 어느 정도 완화되어 정서적 안정을 찾아가고 있는 긍정적 결과를 보여주었다. 그러나 34회로 계획했던 상담이 19회로 조기 종료되어 완전한 우울감소의 효과를 보이지는 못했다.

두 사례 모두 임상적인 환자이고, 분노를 동반한 우울증의 특성을 지닌 점에서 공통점을 지녔다. 그러나 단일사례연구를 통해 그 사례의 고유성을 보여주려 노력한 점은 있지만 본격적인 질적 연구로서 연구가 진행되지 못한 한계가 있었다.

명상기반 심리치료 분야에서는 장금주(2011)가 박사학위논문에서 인지행동치료와 수용전념치료를 통합해 개발한 리다명상[12]을 상세불명의 불안장애를 가진 연구 참여자에게 적용하여 단일사례연구로 ABA 설계[13]와 질적 사례연구방법을 병행하여 보고하였다. 우울증을 주제로 다룬 것은 아니지만 명상에 기반을 둔 심리치료 연구에서 현장의 구체적인 사례연구에 양적, 질적 방법을 통합해 연구 참여자의 내면세계를 심층적으로 탐색한 것은 효과적인 접근태도라고 시사되었다.

---

[12] 리다(LIDA) 명상은 인경(2007)이 개발하였는데, 고통 발생의 심리적 기초는 인지행동치료의 방식을 채택하고, 증상에 대한 치료적 접근방법은 수용전념치료의 입장과 불교명상의 수행법을 결합한 형태를 말한다.

[13] ABA 설계는 인과관계를 입증할 수 있는 가상 단순한 단일사례연구 체계이다. 기초선(A_1) 및 중재(B)가 실시되고 중재기간 중 종속변인이 안정세를 보인 후 다시 기초선(A_2)조건으로 되돌아가는 방법이다. 목표행동이 중재기간 중 바람직한 방향으로 향상되었다가 중재가 제거된 후 다시 기초선 수준으로 변화해간다면, 목표행동의 향상을 중재 때문인 것으로 결론을 내릴 수 있다. 제 2기 초초선(A_2)때 목표행동의 변화가 없다면 기능적 관계를 입증할 수가 없다. 기초선 상태에서 종료하는 것에 대한 현실적이고 윤리적인 문제가 존재하는 데 이러한 문제를 해결하기 위해서는 가능한 중재를 재도입한 후에 실험을 종료하는 ABAB 설계로 확장시키는 것이 바람직하다(김계현, 2000, p.78).

제3장

연구방법

1. 단일사례연구

1) 단일사례연구의 배경과 특성

(1) 단일사례연구의 배경

이소현(2000)은 단일사례(single subject)연구[1]가 1900년대 초반의 조작적 조건화를 통해 동물실험을 한 Skinner의 연구에서 기원을 찾아볼 수 있다며, 최근에 개발된 연구 방법론이라는 오해에 대해 오랜 역사적 배경을 지니고 있음을 주장하였다. '단일사례(single subject)' 혹은 1인 연구(n=1 혹은 n-of-1 study)는 상담 및 심리치료 분야 내에서 가장 중요한 접근법 가운데 하나이다. 여기서 쓰는 용어('n=1'과 '단일사례')는 그것이 실험적 방법론에 뿌리를 두고 있음을 의미하며, 단일사례(참여자) 혹은 표본 크기(n)가 1이라는 점만 제외하면 다른 모든 실험연구와 유사하다. 이 연구방법에서는 프로그램이나 치료계획이 내담자의 문제행동이나 증상을 완화하는 데 효과가 있다는 것, 혹은 개입의 특정 요인이 효과가 있었다는 것을 가정한다. 그래서 처음에는 '순수과학'의 맥락에서 개발된 방법론을 치료 임상(therapy practice)영역에 적용한 것이라고 볼 수 있다. 단일사례연구에는 상담 및 심리치료의 체계적인 연구방법의 강력한 역할을 하는 세 가지 원리가 포함되어 있는데 첫째는 변화를 평가하는 시계열 분석, 둘째는 치료를 시작하기 전 문제의 확고함을 설정하는 기저선 측정의 사용, 셋째는 훈련으로 쉽게 통합될 수 있는 방법론이 그것이다. 그런 까닭에 단일사례연구는 상담 및 심리치료뿐 아니라 다양한 응용 심리학 분야(교육심리학, 재활심리학, 스포츠심리학, 신경심리학)에서 사용되어 왔다(Mcleod, 2010, p.117).

---

[1] 학자들에 따라 단일대상연구, 단일사례연구, 단일사례 실험연구 등 용어를 다양하게 쓰고 있다.

(2) 단일사례연구의 특성

권정혜(1991)는 단일사례연구는 양적 연구이지만 집단 간 비교연구와는 그 접근방법이 매우 다르다고 지적했다. 첫째, 집단 간 비교연구에서는 특정집단에 속한 환자들이 '평균적으로 어떤 반응을 나타내는가?'가 연구의 관심이라 평균치로 표현된 집단 간 비교연구의 결과를 개별 환자를 다루는 임상가가 임상 장면에 적용하기가 쉽지 않은데, 단일사례연구에서는 '이런 저런 특징을 가진 한 사람의 환자 혹은 연구 참여자가 어떠한 반응을 보이는가?'가 관심이므로 연구대상이 제한되어 있지만, 임상가가 실제 환자를 치료하는 데 필요한 많은 정보가 제시되어 있어 연구결과가 임상으로 쉽게 연결된다는 장점이 있다. 둘째, 단일사례연구는 집단 간 비교연구에 비해 연구 참여자가 보이는 반응에 따라 연구의 진행을 융통성 있게 바꾸어 나갈 수 있다. 셋째, 집단 간 비교연구에서는 치료 전과 치료 후에 연구 참여자들의 반응이 어떻게 변화했는지에만 주목하는 데 비해, 단일사례연구에서는 연구 참여자의 반응이 어떻게 변화해 가는지에 대한 자료를 제공하므로 임상현장에서 실제적인 도움을 줄 수 있다.

단일사례연구를 실제 수행하는 데 있어 가장 필수적인 특성을 살펴보면 시간이 지남에 따른 행동의 지속적 평가를 기초로 중재 효과에 대한 결론을 유추하는 점과 중재 효과가 시간이 지남에 따라 동일한 대상에게 반복적으로 나타나는 점이다. 이것은 연구 참여자 자신이 스스로 통제집단의 역할을 하게 된다는 점이다. 그 외에 일반적으로 나타나는 특성으로는 단일사례연구가 명백한 행동에 대한 평가를 중심으로 이루어지기에 개인 행동에 대한 직접적인 관찰을 통해 이루어지곤 하지만 필수적인 요소라고 볼 수 없고, 자기보고나 심리 생리적 측정을 적용하기도 한다. 다른 하나는 자료의 분석은 일반적으로 통계적인 방법이 아닌 시각적 방법을 통해 이루어진다(이소현 등, 2000, p.21). 단일사례연구 방법은 새로운 유형의 치료적 개입의 효과성을 평가하는 임상 친화적 방법(practice-friendly method)으로서 우리에게 제공할 것이 많다고 볼 수 있다(Mcleod, 2010, p.134).

2) 질적 사례연구

(1) 질적 연구와 양적 연구의 혼합

질적 연구는 양적 연구와 대비를 이루며, 양적 연구의 한계를 비판하면서 대안적 접근으로 모색된 것이다. 흔히 양적 연구는 실증주의를 철학적 배경으로 하므로 개인의 주관적인 심적 상태와 관계없이 사회현상의 사실과 원인을 탐구하고 인과관계를 증명하고자 한다. 반면에, 질적 연구는 현상학적 접근을 철학적 배경으로 하므로 인간의 행동을 행위자 자신의 준거틀(frame of reference)에서부터 이해하려고 한다(조용환, 1999, p.16). 마치 어린 왕자에게 소혹성의 장미가 모든 장미와 다르게 고유한 존재로서 의미가 있듯이 객체의 고유성을 드러내고자 하는 것이 질적 연구라면, 모든 장미의 일반적인 특성을 찾고자 하는 것이 양적 연구라고 볼 수 있다.

모든 연구 과정은 어느 정도 질적 과정과 양적 과정을 포함한다. 양적 사고나 분석이 전적으로 배제된 질적 연구는 존재할 수가 없다. 조용환(1999)은 두 연구 방법의 공존이 가능하다는 견해를 밝혔는데 연구자는 두 접근을 자유롭게 혼합적으로 활용하는 태도를 취한다. 왜냐하면, 양적 연구와 질적 연구는 서로 부족한 영역을 보충해 가면서 학문적 발전에 이바지할 수 있고, 질적 연구가 발견적인 성격을 지니고 있으므로 양적 연구에서 탐색이 필요한 영역에서 크게 도움을 줄 수 있으리라 본다.

(2) 사례연구

사례연구는 5가지 질적 연구 접근 방법[2]의 하나이다. 사례연구는 단일 사례의 독특성과 복잡성에 대한 연구이며, 중요한 상황들 속에서 사례가 전개되는 방식에 대해 이해하고자 하는 것이다(Stake, 2000, p.13). 사례연구방법은 경계를 지닌 체계[3], 즉 하나의

---

[2] 질적 연구방법론을 네러티브-전기, 현상학, 근거이론, 문화기술지, 사례연구의 5가지 접근으로 구분한다(Creswell, 2010).

[3] 이 말은 Smith(1978)의 저서에서 인용한 것으로 경계가 있기 때문에 이것과 저것이 구분되고, 이 사례와 저 사례가 구별되며 그 사례 안에는 다른 사례와 구별되게 작동하고 있는 특별한 부분들이

현장이나 맥락 내에서 하나 이상의 사례를 통해 탐색된 이슈에 대한 연구를 포함한다. Creswell(2010)은 사례연구를 연구의 산물일 뿐만 아니라 하나의 방법론 또는 질적 연구에서 설계의 한 유형, 연구대상으로 보았다. 사례연구에서 연구자는 시간 경과에 따라 하나의 경계를 가진 체계(사례) 또는 경계를 가진 여러 체계들(사례들)을 탐색하고, 다양한 정보 원천(관찰, 면접, 시청각 자료, 문서와 보고서 등)을 포함하여 상세하고 심층적인 자료를 수집하며, 사례기술과 사례에 기반을 둔 주제들을 보고한다. 연구를 위해 여러 가지 프로그램이나 단일한 프로그램을 선택할 수 있다.

사례연구의 목적은 질적인 평가 외에 현상에서의 발견 혹은 해석에 관심을 둘 때 시행되는 연구형태이다. 사례연구는 "왜"와 "어떻게"라는 질문에 답하기 위해 연구한다고 하는 데, 그 말에 대해 Merriam은 '맥락 안에서 시행되는 해석을 찾으려는 것이다.'라고 해설하였다(고미영, 2009, p.24).

Stake(1995)는 사례분석에 따라 사례연구를 본질적 사례연구와 도구적 사례연구로 나누었다. 본질적 사례연구는 사례 자체에 관심을 두고 시행하는 연구로, 본 연구자의 연구도 여기에 해당하며, 사례에 대해 더욱 깊이 알고자 하는 목적으로 사례연구를 하고자 한다. 도구적 사례연구는 그 사례를 통해 어떤 다른 것을 알고자 하는 연구이므로, 사례 자체가 목적이 아니고 다른 어떤 것의 '예'가 되어주기에 도구로 이용하려는 것이다.

사례연구의 수행 절차 중에 자료수집과 자료 분석에 대해 Stake(1995)와 Yin(2003)의 입장을 참고해 살펴보겠다. 사례연구의 자료 수집은 관찰, 면접, 문서, 시청각 자료와 같은 광범위한 정보 원천을 활용한다. 그다음으로 하는 자료 분석은 우리가 보고 들은 모든 것들을 이해하고 의미를 부여하는 작업이다. 이런 질적 연구의 분석과정은 귀납적으로 이루어진다. 자료에 근거해 자료를 분해하고, 의미를 담아 합리적으로 해석을 얻는 방향으로 분석하고 재구성한다. 고미영(2009)은 자료 분석에 대해 매우 순차적으로 사례를 들어 설명해 주고 있다. 이를 참조해 자료 분석 과정을 정리해본다.

자료 분석에 있어 우선 메모하면서 자료와 상호작용을 한다. 자료들에 의문을 제기하고, 혹은 자료의 의미를 해석하고, 또는 관찰된 내용과의 연결을 찾아 최초의 자료에서

있다. 예를 들어 한 명의 교사, 일개 학교, 하나의 혁신적 프로그램 등과 같이 그 경계들이 상식적일 만큼 명백한 것들이다(Adelman, Jenkins, & Kemmis, 1983; 고미영, 2009, p.22)

가장 인상적인 부분들을 찾아낸다. 그다음 분석에서 범주를 찾는데, 처음 자료를 정리하고 분류하는 데 쓰인 범주들은 단지 의미 단위들의 묶음일 수 있지만, 더 나아가 개념화, 추상화 작업으로 발전한다.

Stake(1995, p.76)는 특성을 범주화한 다음에 '범주합산'을 하라고 한다. 본질적으로 서로 비슷하거나 어울리는 내용을 지닌 단위들을 직관적으로 판단하여 묶어간다. 더 이상 소속시킬 수 없는 자료가 최소한이고 분류하기가 명확해질 때 범주 만들기를 그칠 수 있다. 범주의 효용성은 연구목적과 일치하는 것들인지 판단하는 데에서 결정된다.

또 직접해석의 방법이 있는데 연구자가 어떤 경우를 분해했다가 더욱 의미 있게 재결합하면서 직접 해석을 내리는 것이다. 그다음은 자료에서 추상화 작업을 진행하면서 유형을 찾는 것으로 발전한다. 범주합산이나 직접 해석한 경우들을 중심으로 유형을 만들고, 그들 간에 어떠한 관계가 존재하는지 주제와 관련해 살펴본다. 분석의 마지막은 이런 유형들을 사용하여 연구 질문에 답하기 위한 통찰과 추론을 하는 추상화를 진행하는 것이다. 이러한 추상화 작업은 자료에 일관성과 의미를 부여하면서 새로운 유형이나 이론을 구축해나가는 과정을 말한다.

단일사례연구에서는 일반화를 시도하지는 않는다. 그러나 사람들은 단일사례로부터 일반적인 많은 것을 배울 수 있다. 이것을 해설된 일반화와 다른 것으로 여겨 Stake는 '자연주의적 일반화'라고 명명하였다. 자연주의적 일반화는 일상사에의 개인적 관여 또는 사람들이 마치 자신에게 일어난 것처럼 느끼도록 잘 구성된 대리경험을 통해서 이르게 되는 결론들이다(Stake, 2000, p.133).

연구자는 독자에게 대리경험의 기회를 제공하기 위해 사항들을 감각적 경험으로 묘사하고, 개인적 호기심이 지시하는 문제들에 주의를 기울이면서 설명을 개인적인 것으로 만들 필요가 있다. 이야기체의 설명, 이야기, 개인적 묘사, 시간과 장소에 대한 강조는 대리경험을 위한 풍부한 재료들 제공한다(ibid, p.134). 본 연구는 위에서 설명한 Stake의 방법에 따라 자료 분석을 하고자 한다.

1) 연구 참여자의 기본정보

(1) 기본적인 인적사항

본 연구 참여자는 40대 후반의 중년 여성으로 직업은 교사이고, 가족은 남편과 세 딸, 결혼하고부터 같이 사는 시부모가 있어 7명의 대가족을 이루고 산다.

(2) 가계도 분석을 통해 본 가족관계

가족관계를 알아보기 위한 가계도는 McGoldrick(2005)의 『Assessment and Intervention GENOGRAMS』를 기준으로 그렸다[4]

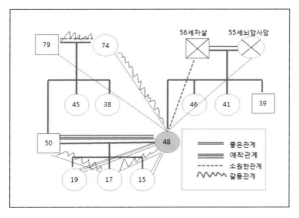

〈그림 7〉 가계도

연구 참여자의 친정아버지는 20대에 아버지를 잃고 자수성가한 분인데, 연구 참여자는 아버지로부터는 친밀감을 느끼지 못했고, 어머니와는 친밀감이 있지만, 친할머니와

---

4 가계도에서 □는 남자, ○는 여자, 숫자는 나이를 의미한다.

좀 더 애착 관계가 형성되었다. 20대 초반 아버지의 자살, 5년 후 뇌암으로 투병하던 어머니의 죽음은 갑자기 울타리를 잃어버린 느낌이 들게 했고, 울타리를 찾는 안전망으로 결혼을 서둘러 하게 되었다. 현 가족에서 시아버지에 대해서는 무시하면서 냉담한 관계이고, 시어머니, 둘째 딸과 갈등관계에 있다.

(3) 과거력

연구 참여자는 연구 참여 5개월 전에 우울증 삽화가 발생하여 일상생활의 어려움을 느껴 ○○ 상담연구소에서 심리검사를 받고 약물의 도움과 심리상담 병행을 권고받았다. '책임'을 강조하며 "부모로서 도리를 생각해 보라." "더 강해져야 한다."라고 하는 상담가의 말이 와 닿았지만 무기력한 연구 참여자로서는 3회기에 더 하고 싶은 마음이 없어 그만두었다.

이후 신경정신과를 3개월 동안 10회 정도 다녔고, 주요 우울증의 약물처방을 받았다. 초조, 불안이 완화되고 불면증이 호전되었지만, 아침에 특히 심하게 나타나는 저조한 기분상태와 가슴이 허한 증상은 쉽게 사라지지 않았다. 이곳에서의 상담시간은 10분 정도였는데 많이 밀려있는 환자들을 보며 '오늘은 얼마나 하고 싶은 얘기를 할 수 있을까!'라고 불안해하였다. 같은 얘기를 기억 못 하시고 또 물어보고, 얘길 해도 연구 참여자의 직장 분위기를 공감 못하며 상담가로서 얘기를 들어주는 것이 아니라 약 처방을 위해 필요하니까 물어보는 것 같은 인상을 받았다고 한다.

(4) 연구 참여자의 우울증

연구 참여자는 5개월 전에 우울증 삽화를 최초로 경험하고, 『정신장애진단 및 통계편람 제4권』(DSM-Ⅳ)의 진단기준[5]에 모두 해당할 정도의 심각한 상태로 주요 우울증 진단을 받았다[6] 직장생활을 계속하기 어려운 상태였지만, 심리검사와 심리상담, 정신과 약물

---

[5] APA(1995)을 참조해 본 논문 2.2.1 우울증의 정의 및 특징에 진단기준을 기술하였다.

[6] ○○정신과의원에서 1. 주요 우울증, 2. 불안신경증의 병명으로 진단받았다.

치료, 집단 명상상담 워크숍 등을 통해 우울증 증세는 약간 완화된 상태다. 그러나 연구 참여자가 지속적으로 불편해하고 힘들어 하는 것은 불안, 초조, 불안정감의 상대적으로 높은 불안 증상과 가라앉는 느낌, 울컥함, 답답함, 기분저조, 버거움 등 우울의 부정적인 정서가 지속된다는 점이다.

연구 참여자가 되어 다시 한 심리검사 **MMPI-2**(다면적 인성검사)(2011년 7월 27일)를 처음 우울증 삽화가 발생했을 때 받은 검사결과(2011년 2월 22일)와 비교한 내용은 다음의 〈표 4〉와 〈그림 8〉과 같다.

〈표 4〉 MMPI-2(다면적 인성검사)결과 비교

검사일	L	F	K	Hs	D	Hy	Pd	Mf	Pa	Pt	Sc	Ma	Si
2. 22	70	57	67	74	89	74	56	41	52	77	64	34	69
7. 27	47	50	61	69	75	74	50	30	58	78	59	36	69

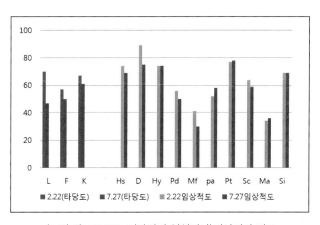

〈그림 8〉 MMPI-2(다면적 인성검사)검사결과 비교

연구 참여자에 대한 4회기의 사전면담 결과를 첨부하고 재진단한 심리검사결과에 대한 임상심리사[7]의 소견은 다음과 같다.

내담자의 경우 우울 척도가 상승하여, 신경증 프로파일(1-2-3)이 동반 상승하며, 불안과 내향성(introversion)이 높게 나타나 있음. 따라서 우울로 인한 부정적 사고(특히, 역기능적 사고)에 초점을 맞추어 치료가 이루어져야 하고, 사고를 전환하기 위한 알아차림 방법이 집중적으로 이루어지지 않으면 지속적인 정서가 발현될 소지가 있음. 민감하고 예민하며, 자기 개방성이 낮은 내담자의 특성은 성격적인 특성이 현저히 작용하고 있을 가능성이 큼. 또한, 자아강도가 낮아 사회적 상황(특히, 스트레스 상황)에 대한 민감성을 보임. 이는 반응성 우울을 측정하는 대표적 지표임. 2번 척도가 상승하는데 영향을 줄 것임. 비록 사건이 사라진다 해도 성격적 특성 내 억제(supression)하는 특성이 있어 이를 효율적으로 처리할 수 있게 하는 것이 중요함.

내담자의 경우, 주요 우울장애(MDD)에 해당하는 것으로 나타남. 과거 우울 삽화 경험이 있고 신경증적인 경향으로 인해 신체 증상까지 나타나고 있어 심리적 문제에 대한 통찰이 부족할 수 있으며 억압하는 방식을 사용하여 삶의 스트레스를 효율적으로 처리하는데 곤란을 보일 가능성이 큼. 또한, 우울과 불안으로 인해 자기 만족도가 낮으며, 타인에 대한 자기 개방성이 저하되어 있어 대인관계에서 수용과 지지를 경험할 기회를 충족하지 못할 가능성이 있으며, 우울과 관련된 인지적 편향으로 부정적인 자기상과 삶의 태도를 형성하고 있는바 치료적 중재가 필요해 보임.

연구에 참여할 시점에서 연구 참여자의 근무 환경은 우울증 때문에 학급을 담임하지 않고 교과전담을 맡아 예전보다 직업적인 스트레스가 적은 안정기이기에, 일 문제보다 자신감 부족과 대처기술 미흡으로 말미암은 대인관계 문제로 더 힘들어했다. 그래서 연구 참여자는 일상의 삶을 버겁지 않게 잘 대처해나가면서 긍정적인 정서를 많이 느끼고 우울증의 감소와 완치를 위한 효과적인 도움을 받고자 하였다.

(5) 명상경험

연구 참여자는 주요 우울증 발병 후 2개월이 지난 시점에서 지인의 소개로 연구지의 집단 명상상담 워크숍에 3단계 프로그램까지 참석하였다. 각 단계는 월 1회, 이틀간 20시간으로 진행되었다.

1단계 '호흡과 느낌 명상'에서는 공허감을 자주 느끼며, 감정을 특별히 못 느껴 무감각하다고 보고하면서 감정표현을 통해 오랜만에 기분 좋게 웃어보았다고 한다. 호흡명상에서는 안정감을 느낄 수 있었고, 느낌명상을 통해 머리 저림과 두통, 가슴의 무겁고 답답한 느낌, 명치 뒤 등의 통증, 어깨와 목의 뻐근함 등 몸의 신체화[8]가 많이 되었음을 자각했다. 얘기 중에 자주 눈물을 보였다.

2단계 '리다(LIDA)명상'에서는 영상관법을 할 때 두통과 어지럼증이 심해 포기하고 누워서 쉬었다. 그동안 힘든 문제를 직면하지 않고 회피해왔는데 적극적으로 직면해야 한다는 피드백을 받으면서 개인 상담을 받고 싶다고 표현하였다. 2단계 워크숍 이후 1주일간 신체화가 드러나 아프고 힘들었지만, 몸의 통증이 서서히 옅어지면서 가슴의 허한 증상이 사라졌다. 이를 신기해하면서 정신과 약을 스스로 끊는 계기가 되었다.

3단계 '영상관법' 워크숍에서는 다시 가슴 통증이 나타나고 잡생각이 많아졌다고 보고하였다. 매스컴의 여교사 사건[9]을 접하면서 마치 자기 일처럼 부정적인 생각이 올라오고 자존감이 낮게 느껴졌으며 해병대 총기 사건[10]을 접하면서 자살과 연관된 것이 자꾸 연상되었다고 말했다. 워크숍에서 2단계와 비교해서 영상관법은 가능했지만 건강한 어른으로 내면아이를 위로하고 치유해 주는 작업이 안 되었다. 어른인 자신의 모습이 너무 약해 보여 갑갑함과 슬픔을 느껴 개인 상담의 필요성을 다시 느끼고, 연구 참여자가 되는 계기가 되었다.

2) 사례개념화

(1) 발달사적 주요 단계를 중심으로 본 사례개념화

연구 참여자의 문제를 에릭슨의 심리사회적 발달이론에 근거해 발달사적 주요 단계

---

[8] 신체화(somatization)라는 용어는 의학적으로 원인을 알기 어려운 신체적 불편감과 증상을 경험하고 이를 다른 사람에게 호소하는 동시에 질병이 있다고 생각하여 치료를 받으려는 경향을 의미한다(권석만, 2003;Lipowski, 1988).

[9] 중앙일보. 2011.07.08 여교사, 속옷 차림 학생 훈계

[10] 연합뉴스. 2011.07.04 해병대 총기 난사사건. 해병대 김 모 상병이 K-2 소총을 탈취해 동료 해병들을 향해 사격하고 수류탄을 터뜨려 자살을 기도한 사건이다.

를 중심으로 심리·사회적 발달측면에서 살펴보았다. 에릭슨은 그의 이론[11]에서 일생에 걸쳐서 전개되는 심리사회적 발달이 8단계를 거치고, 각 단계마다 개인과 그를 둘러싼 사회 환경 간의 상호작용이 빚어내는 심리·사회적 위기가 있다고 주장하였다. 각 단계에서 주어지는 심리·사회적 위기를 개인이 적절하게 해결할 때 가장 완전한 기능을 하는 성격이 형성된다고 보았다(김윤주, 2011). 그러나 갈등과 위기가 제대로 해결이 안 되면 자아발달은 손상을 받고 불신, 수치심, 역할혼미 등이 자아 속에 통합된다고 하였다. 연구 참여자에게 특히 초등학교 시절 또래들과 어울리지 못한 경험과 성인기 초반 아버지의 자살 사건은 결정적인 영향을 끼친 것으로 보인다.

① 1단계(신뢰 대 불신감 : 0~1세)

1단계에서 유아기의 주요 과업은 적당한 비율로 신뢰와 불신감을 획득하는 것으로 신뢰감이 불신감보다 많아야 위기에 잘 대처할 수 있다. 이때 유아와 어머니(양육자) 간의 상호작용에서 중요한 것은 양육의 양적인 측면보다 질적인 측면, 즉 유아가 양육자의 행동에서 어떤 일관성과 신뢰성을 발견하는 것이다. 양육자를 통한 외부세계에 대한 신뢰와 자신에 대한 믿음이 획득되면 아이는 지나친 불안을 보이지 않는다고 한다.

• 연구 참여자 진술
친밀감 없는 아버지와 삶이 버거운 어머니 밑에서 성장했다.
아버지와는 대화했다는 느낌이 안 들고, 때리거나 욕하지는 않았지만 스킨십이 없고, 친밀감이 없어 단절감이 느껴졌다. 친밀감이 없는 아빠와 삶의 무게가 버거운 엄마 모두 정서적으로 따뜻한 공감과 수용을 주지 못해, 연구 참여자는 정서적으로 어릴적 부터 불안하고 두려움이 많았다. 성인이 되어서도 쉽게 결정을 내리지 못하는 문제는 타인뿐만 아니라 자신에게도 확신을 하

---

11 전 생애 발달심리학의 대표적인 이론으로 에릭슨은 프로이트의 정신분석이론을 확장하여 일생에 걸쳐서 전개되는 심리·사회적 발달은 8단계를 거친다고 주장하였다. '심리사회적 과제'라는 개념을 통해 생애의 각 단계마다 사회적으로 주어지는 과제와 그로 인한 심리적 성숙을 보다 강조하였다. 8단계는 다음과 같다. 신뢰 대 불신(0-1세), 자율성 대 수치(1-3세), 주도성 대 죄의식(4-5세), 근면성 대 열등감(6세–사춘기 이전), 정체감 대 역할혼란(청소년기–20대 초반), 친밀감 대 고립(성인초기), 생산성 대 침체(장년기, 중년기), 통합 대 절망(노년기) (이윤주, 2011, pp.218-222)

지 못하는 불신감에서 기인한다고 보았다.

② 2단계(자율성 대 수치심 : 1~3세)

2단계는 유아가 신체적이고 심리적인 측면에서 독립적으로 되면서 부모와의 관계에서나 유아 자신의 욕구 간에 충돌이 일어날 수 있다. 이때 부모는 유아가 자신감을 잃지 않고 자신을 통제할 수 있다는 느낌을 발달시킬 수 있는 지지적인 분위기를 만들어주는 것이 이상적이다. 이 시기에 자율성이 발달하지 못하면 수치심과 회의가 발달한다. 수치심은 다른 사람의 눈에 자신이 좋게 보이지 않는다는 느낌이고, 이것은 외부 사회의 기대와 압력을 의식함으로써 생겨난다.

• 연구 참여자 진술
맏딸로서 어릴 적 큰 외상없이 다른 형제들보다는 과잉보호 속에 성장했다.
엄마가 도회지의 친척댁을 갈 때 예쁜 옷을 입혀서 동행했던 것은 항상 나였다. 나는 부족한 모습을 남에게 보이는 것을 극도로 꺼리며, 사소한 일에도 수치심을 느끼곤 하였다.

정서적 공감과 지지가 충분하지 않은 상태에서 어른들의 욕구 때문에 다른 사람의 눈에 좋게 보이는 것을 의식해야 했던 연구 참여자에게 수치심이 생겼으리라는 것을 쉽게 유추할 수 있다. 자율성을 발휘하는 것보다 자신보다 힘이 있는 어른들에게 지나친 의존적인 태도는 이후 삶의 대처능력을 제대로 습득 못 한 까닭이 되고, '나는 부족하다'는 핵심신념을 형성해 수치심을 갖게 하였다.

③ 3단계(주도성 대 죄의식 : 4~5세)

이 시기 아동의 주요 과업은 힘세고 아름다워 보이는 부모처럼 되고 싶어 그런 부모와 동일시하는 것이다. 기본적 행동양식은 침입이고, 주도적이며 경쟁하는 것이다. 이 주도성은 격렬한 운동으로 공간에 들어가고 호기심으로 미지의 세계에 들어가는 것으로 나타나며 신체의 민첩함, 언어, 인지, 창의적 상상이 발달함에 따라 뒷받침된다.

에릭슨은 초자아를 형성하는 것이 '인생에서의 커다란 비극'이라고 하면서 행동을 사회화하는데 필요하지만 이 시기의 아동들이 인생을 대하는 대담한 주도성을 위축시켜 아동의 죄의식을 발달시킨다고 하였다.

• 연구 참여자 진술

운동신경이 둔해 소극적이고 수동적인 태도를 보였다.

움직임이 민첩하지 못했다. 그래서 아이들의 놀림감이 되기도 하여 몸으로 하는 것은 적극 피하게 되었다. 마을 아이들이 지푸라기로 위협하는 것, 나이가 어리지만 덩치 큰 아이들의 험상궂은 표정도 위협적으로 느꼈다. 그런 나 자신이 뭔가 문제 있고, 잘못하는 것처럼 느꼈다.

연구 참여자는 운동기능과 능력이 발달하지 못했지만 언어나 인지, 창의적 상상력은 높기 때문에 인지하는 것과 실제 행동력으로 표현하는 것의 틈이 크다보니 그로 인한 죄의식이 발달하였다.

④ 4단계(근면성 대 열등감 : 6세~사춘기 이전)

에릭슨은 이 단계를 첫 사회경험 단계로 자아 성장에 있어 가장 결정적인 단계로 보았다. 또래들과의 관계에서 사회성, 협동 정신과 경쟁심을 습득하는데 이 단계에서 지나치게 부적절함과 열등감을 느끼는 것은 위험하다고 보았다(김윤주, 2011, p. 232-233).

• 연구 참여자 진술

또래들과 어울려 놀지 못해 사회적 고립감, 열등감을 느끼게 되었다.

어린 시절 특이하게 초등학교 이전부터 아이들과는 거의 놀지를 않고, 이모나 아는 옆집 삼촌 등 어른들과 얘기를 너 많이 했다. 달리기도 아주 느리고, 줄넘기, 고무줄 놀이도 못 했다. 초등학교 시절에 점심시간에는 운동장에 나가 놀지 않고 당번 대신 혼자 책 읽기를 즐기면서 교실을 지켰다. 놀이를 못 하고 자신이 없어 아이들과 잘 어울리지 못해 혼자 있게 되는 경우가 많았다.

운동을 못 한 것은 연구 참여자에게 발달사면에서 치명적이었다. 또래 속에서 같이 놀면서 갈등에 대한 직면과 해결력을 키우지 못해 사회성 발달이 안 되었다. 또한 운동능력 미숙으로 또래들과 어울려 지내지 못한 것은 연구 참여자에게 부적절감, 열등감을 가져오게 하여 성인이 되어서도 자존감 저하와 대인관계 미흡, 갈등 대처능력이 떨어지는 요인이 되었다.

⑤ 5단계(정체감 대 역할혼란 : 청소년기~20대 초반)

청년기의 기본 과업은 아동기부터 해온 여러 가지 동일시를 하나의 완전한 자기 정체감으로 통합하는 것이다. '나는 누구인가'라는 질문을 통해 자신을 찾고 싶은 욕망이 여러 가지 역할에 대해 생각해보게 한다. 소속집단과의 동일시를 통한 정체감 형성, 성취를 통한 정체감 형성이 이루어진다. 자아 정체감을 발달시킬 수 있는 유예기가 충분히 주어져야 하는데 입시 위주의 교육으로 충분히 주어지지 못 했거나 유예기를 방황으로 생각해서 두려운 나머지 자신이 원하지 않는 사회적 역할(직업이나 학과)을 조급하게 받아들이는 경우가 발생하는데 이를 정체감 유실, 역할혼미라고 말한다. 이것은 이후 중년기 위기문제로 나타날 수 있다(ibid, p. 234-237).

• 연구 참여자 진술
글쓰기 실력이 없다는 경험을 통해 좌절감을 느끼고, 문학에 대한 꿈을 포기하였다.
초등, 중등시절 글을 잘 쓴다고 생각했다. 고등학교 때 교지 편집위원으로 뽑혔고, 고2 때 외부 대회 백일장을 통해 타교생과 교류하면서 내 글 스타일이 감성적 측면에 치중되고, 철학이나 생각이 부족하다고 느꼈다. 또 소설을 쓰라고 했을 때 잘 안 되어서 문학적 재능이 부족하다고 판단했다.

제일 능력이 있다고 믿었던 문학에 대한 꿈을 일찌감치 포기한 것은 연구 참여자에게 실패의 경험과 동시에 자존감의 손상을 크게 가져온 계기가 되었다. 자신이 진정으로 원하는 삶을 적극적으로 살지 못하고, 결국에는 적성에 맞지 않는 학교를 현실적 타협으로 선택하게 되었다. 연구 참여자의 청소년기 정체감 유실은 중년기에 심리적 위기로 이어져 우울증의 원인으로 작용하였다.

⑥ 6단계(친밀감 대 고립 : 성인 초기)

정체감이 앞 단계에서 형성되면 타인과의 심리적인 친밀감의 형성이 가능해지고 자신의 정체성을 잃지 않고 이성과 융화될 수 있다. 만일 이성과 친밀감을 가지려는 시도가 실패하면 고립 속으로 빠져들고, 이런 경우 대인관계는 상투적이고 냉정하며 공허해진다. 자아 정체감이 제대로 형성되지 않은 상태에서 결혼하게 되면 결혼 후 곧 배우자로서 그리고 부모로서 해야 할 역할에 둘러싸여 있다는 사실을 부담스럽게 느낀다. 에릭슨은 "자기 정체감이 확립되기 전에는 결코 자신이 타인과 친하게 지낼 수도 없고 타인을 진정으로 배려할 수도 없다는 것을 통찰해야 한다."고 보았다.

• 연구 참여자 진술

아버지의 자살

20대 중반, 교직 2년 차에 아버지가 병을 얻어 아팠는데 (집안에 신경병이 있고 당숙과 당숙의 딸도 자살) 병과 함께 신경증[12]이 급격히 오면서 50대 초반 나이에 자살하셨다. 이 일은 시신을 외면하고 보진 않아서, 그 당시에는 정신적인 고통이 심각하게 표면화되지 않았지만 울타리가 없어져 버린 느낌이었고, 나에게는 매우 충격적인 일이었다.

연구 참여자에게 성인기 초반 아버지의 자살은 죄책감과 함께 일종의 유기불안을 가져오게 하였다. 불안할 때 자살이라는 단어를 연상하게 되고, 자신이 그런 선택을 할까 두려워하였다. 아버지의 자살 이후 어머니가 뇌암에 걸려 투병하시다 돌아가셔서 연구 참여자는 갑자기 울타리가 없어져버린 느낌이라 결혼을 서둘러 하게 되고 안정감을 찾는다. 그러나 책임감에서 자유롭다가 아내, 며느리, 엄마로서 맡은 역할이 매우 부담스럽고, 친밀한 인간관계를 갖는데 어려웠다. 여러 역할에서의 버거움이 대인관계 문제와 맞물려 이후 우울증으로 촉발하였다.

---

12 위키 백과사전에서는 신경증(神經症, 영어: neurosis) 또는 노이로제(독일어: Neurose)는 기능성 장애 중 하나로, 심리적으로 불안한 상태를 말한다. 또 융(Jung)은 "신경증은 그 의미를 아직 발견하지 못한 마음의 고통"이라고 하였는데, "나(자아)가 지나치게 페르소나(假我)와 동일시되었을 때, 무의식 속의 자기원형이 외부세계로부터 눈을 돌려 자신의 내면적 정신세계에 귀 기울이게 하여 정신과 인격의 균형을 이루게 하려고 드러나는 징후"라고 보았다(이윤주, 2011, p. 205-206).

⑦ 7단계(생산성 대 침체 : 장년기, 중년기)

이 시기의 '생산성'의 넓은 의미는 자녀를 적절히 지도하고 양육하는 것뿐만 아니라 직업을 통해 성과를 만들고 이상을 세우는 것도 의미한다. 생산성의 부족은 자기몰입, 지루함, 심리적인 미성숙으로 나타난다. 그 결과 중년의 위기(정서적, 개별화 과정, 직업, 결혼, 자녀관계)를 맞기도 한다.

ㄱ. 시부모와 함께 사는 결혼생활의 스트레스

연구 참여자는 우울증의 외부 요인 중 하나가 결혼후부터 시부모와 같이 생활하면서 답답하고 힘든 상황을 견뎌낸 누적된 생활스트레스라고 했고, 그것이 연구 참여자에게는 큰 비중을 차지하였다고 한다.

• 연구 참여자 진술

시부모 모시고 사는 것이 자유가 없고 답답했다.

결혼 후 줄곧 답답하고 짜증나는 느낌 속에서 살았다. 초조, 안정되지 않은 느낌, 갑갑함, 항상 긴장됨, 편안한 상태가 거의 없었다. 시부모와 문화적 차이가 불편한데 예를 들면 뽕짝(트로트)을 크게 틀어놓고 상대방을 배려하지 않는 것, TV를 크게 온종일 틀어놓는 것 등이다. 내 방은 침대를 놓아 좁지만 될 수 있으면 거실에 나가지 않고 방에서 책을 보다가 잠이 들기도 했고, 자유로운 나만의 공간이 없어 힘들었다. 시부모님이 경제력이 없고, 아이들의 양육문제 때문에 같이 살 수밖에 없는 상황이었다.

• 연구 참여자 진술

시어머니와의 갈등

시부모를 대하는 태도가 사무적이고 법적인 부모대접을 하는 정도였다. 성격상 원래 누구랑 친한 스타일이 아니었다. 시어머니는 평소 아이들에게 헌신하면서 아이들을 장악하고 있어서 자녀 양육에 대한 주도권 문제로 시어머니와 묵은 갈등이 있었다.

ㄴ. 자녀양육에 대한 좌절감

대인관계의 기술이 미숙한 연구 참여자는 딸들에게 정서적으로 푸근하게 대하지 못하는 면과 빈정대는 소극적인 공격성향 때문에 특히 둘째 딸과 일상에서 갈등을 겪었다. 부모역할에 대한 좌절과 무력감이 우울증으로 발전하였다.

• 연구 참여자 진술

둘째 딸의 반항

일과 육아를 동시에 담당하면서부터 버겁고 힘들었던 부분이, 아이들이 커가면서부터는 더욱 쌓여왔다. 둘째 딸이 6학년 때부터 자기 할 일을 제대로 안 하여 갈등을 빚어온 것이 점점 심해졌다. 아이와 소통이 안 되고 부모 역할을 제대로 못 한다는 것에 무기력과 좌절감이 깊었다. 특히 방학 중 딸이 아빠에게 온몸으로 반항하고 욕까지 했지만 가장 의지하는 남편마저 적절한 대처를 못했다. 이것을 보고 더 무기력해져 우울증이 발생한 계기가 되었다.

ㄷ. 교사로서 좌절과 실패경험

대인관계 대처능력과 사회성 발달이 잘 안 된 연구 참여자는 특히 고학년을 통솔하는 것이 어려워 과거에도 학급 경영할 때 좌절 경험이 있었는데 우울증이 발병하기 바로 전 학기에도 고학년을 맡아 어려움을 겪었다. 이때 경험은 연구 참여자에게 교사역할에서의 무능감과 좌절감을 안겨주었다.

• 연구 참여자 진술

교사가 되었지만, 학생들을 잘 통솔하지 못했다.

특히 체육 시간에 게임운영을 못 하니 학생들은 불만스러워하고 수업시간을 재미없어했다. 아이들과 관계 맺는 능력이 부족히고, 거친 아이들을 다루는 데 미숙해서 좌절과 실패경험을 하게 되었다.

연구 참여자에게 결혼은 울타리가 생기는 것에 대한 안도감을 주었지만, 책임감을 많이 갖고 살아오지 않은 탓에 시부모와 함께 살아야 하는 자유롭지 못한 생활은 답답함과 버거움으로 이어졌다. 남편에게 많이 의존했지만, 신경증적 불안과 우울의 정서적 위기, 직업에 대한 버거움, 시어머니와의 갈등, 시누이네 가족에 대한 누적된 스트레스에 자녀 갈등까지 겹치면서 중년기에 접어들어 감당할 수 없는 한계에 도달해 우울증으로 폭발했다.

(2) 마음작동모델에 따른 사례개념화

마음작동모델이란 마음이 작동하는 패턴으로서 마음 현상의 발생과 소멸을 설명하는 심리학적 모형으로 인경(2010)이 불교의 유식 심리학에 기초해서 만든 것이다. 연구 참여자의 증상과 문제에 대한 이해를 이 모델(앞의 '이론적 배경'에서 자세히 설명)에 근거해 개념화해 보고자 한다.

연구 참여자의 주호소 문제는 부정적인 정서(우울, 불안)로 인한 부적응, 특히 대인관계에서 발생하는 문제 해결의 어려움이다. 현재의 어떤 상황(맥락)을 만나는 것을 '접촉'이라 할 때 연구 참여자에게는 그것이 대인관계에서 스트레스받거나 부담감을 느끼는 때이다. '작의(作意)', 즉 과거에 조건화된 습기가 작동하여 잠재된 경험 내용인 종자가 활성화되어 감정(受), 생각(想), 갈망(思, 行)의 마음현상이 일어나 행동이라는 대처방식을 낳게 되는데 그것을 〈그림 9〉로 표시하면 다음과 같다.

접촉 (接觸)		작의 (作意)		느낌 受	몸느낌: 가슴 답답, 머리 아픔, 어지럼증, 기운 없음, 손발 저림 감정: 우울, 불안, 초조, 공허함, 무기력, 답답함		행위 (業,果)

스트레스 받거나
부담감을 느낄 때
	⇔	종자 활성화
		(잠재 의식
		촉발)
			⇔	⇕
				생각
				想
				⇕
					(나는) 부족하다.
					무능력하다. 약하다.
					실수하면 안 돼.
						⇔	• 자주 운다.
							• 불편한 상황을
							  회피한다.
							• 비꼰다.
							• 짜증을 낸다.
							• 결정을 미루는
							  때가 잦다.

				갈망 思	능력을 갖고 싶다. 안정감을 갖고 싶다. 사랑과 인정을 받고 싶다.		

⇕	⇕	⇕
종자(아뢰야식): 실패경험, 고립경험		

〈그림 9〉 연구 참여자의 마음작동모델

3) 상담 계획

상담 목적은 우울증을 감소시키는 것이다. 상담 목표 첫째는 우울과 불안의 불편한 감정을 완화하는 것이고, 둘째는 대인관계 개선이고, 셋째는 문제 해결력을 높이기 위한 자존감 향상이다.

상담전략은 영상관법이다. 스트레스 사건이나 과거의 불편한 경험을 영상관법으로 직면해서 감정을 해소하고, 통찰하는 힘을 길러주어 문제 해결력을 높이고, 심층 심리의 잠재된 문제를 통찰하여 장애를 극복하도록 돕는 것이다. 보조적인 전략으로 우울과 더불어 불안을 많이 동반하고 있는 연구 참여자의 문제에 도움을 주고자 1차 개입 때에는 호흡명상을 통해 불안한 연구 참여자의 마음의 안정감과 편안함을 유도하고자 하였다. 이것은 본격적인 영상관법의 예비명상으로 활용된다. 또한 영상관법을 진행하는 중에 자신의 욕구를 효과적으로 표현하고, 상황에 맞는 적절한 대처방식을 익히도록 하여 문제 해결력 향상과 대인관계 개선을 위해 역할극 기법을 부분적으로 접목하였다. 명상과제(호흡명상, 불편한 경험의 마음현상 관찰 명상일지, 정서 평가지 기록)는 알아차림 능력의 향상과 영상관법의 효과를 높이는 전략으로 일상에서 실천할 수 있는 방법을 채택하였다.

3. 연구 도구

1) 영상관법 프로그램

'영상관법 프로그램' 구성은 연구자의 영상관법 운영경험을 토대[13]로 만들었다. 또한, 영상관법의 이론적 배경, 선행연구를 참고하고, 연구 참여자의 사례개념화에 맞추어 8회 기 개인 상담 프로그램으로 구성하였다. 프로그램의 전체 회기 구성은 마음작동모델에 근거한 마음 현상의 3 쌍둥이인 감정, 생각, 갈망의 유형별로 나누어 좀 더 그 유형에 집중해 영상관법을 시도하고자 계획했다. 그러나 실제 진행할 때는 연구 참여자의 사례에 적합한 영상관법의 형태를 적용하고, 각 유형은 엄격히 나누어진 것이 아니라 서로 결합 돼서 진행될 수 있어, 융통성 있게 진행하는 반구조화된 형식을 취하고자 하였다.

1차 개입 8단계 프로그램은 연구 참여자의 표층적인 문제로 드러나는 둘째 딸과 시어 머니와의 대인관계 문제가 우울증의 촉발원인이 되므로 대인관계에서 일어나는 불편한 경험을 주호소문제로 채택하였다.

2차 개입 8단계 프로그램은 연구 참여자의 심층적인 문제로의 접근을 위해서 심리도 식을 활용해 연구 참여자의 문제 이해에 접근하고, 어린 시절과 성장기의 미해결 과제를 현재 문제와 함께 탐색하도록 프로그램을 구성하였다. 2차 프로그램 구성에서는 영상관 법이 표층 심리뿐만 아니라 심층 심리까지 통찰하도록 해서 연구 참여자 문제의 근본적 인 원인, 종자를 탐색해 재발을 방지할 수 있다는 점에 착안하였다. 2개의 프로그램을 같 은 구조 아래에서 내용적인 측면을 달리해 나타내면 다음 〈표 5〉과 같다.

---

[13] 연구자는 2006년부터 한국명상심리상담학회의 명상상담(치료)워크숍에 5년간 참여해 명상치료 사 1급 자격을 취득하는 연수과정에서 워크숍의 핵심 내용 중 하나인 영상관법을 실습하였고, 현 재까지명상상담(치료)가로 활동하면서 집단 명상상담(치료)워크숍 100회(각 20시간) 이상의 진행과 개인 상담하는 중에 영상관법을 활용하였다.

〈표 5〉 영상관법 프로그램(1차~2차)

영상관법 유형	회기 주제	1차 개입 주요 내용	2차 개입 주요 내용	과제
감정형 영상 관법 (감정 정화)	1. 상담 목표 확인	• 주호소(우울)경청 및 고통의 강도 파악 • 1차 상담 목표 설정 • 호흡명상 실습 • 대인관계 불편한 사례경험 탐색과 영상관법	• 주호소 경청 및 문제소지 파악 • 2차 상담 목표 확인 • 몸느낌 바디스캔 실습 • 도식과 관련한 불편한 사례 탐색과 영상관법	• 호흡명상 일지 (1차) • 정서평가지 • 불편한 경험 명상일지
	2. 감정 알아 차리기	• 주호소 문제파악과 경청 • 주제와 관련된 '영상관법' · 불편한 장면 영상으로 떠올려 감정에 접촉하기 · 감정에 이름붙이기 · 감정의 강도 파악하기 · 불편한 몸느낌 알아차리기 · 몸느낌 지켜보기 · 호흡 지켜보기 · 소감나누기	• 사례와 도식점검 • 핵심도식과 연관된 사례경청 • 핵심도식과 관련된 영상관법 · 불편한 장면 영상으로 떠올려 감정 재경험하기 · 몸느낌에 머물러 지켜보기 · 호흡 지켜보기 · 영상관법 평가하기(선명도, 집중도, 방해요인, 통찰한 것)	• 호흡명상 일지 (1차) • 정서평가지 • 불편한 경험 명상일지
	3. 몸 느낌에 머물러 지켜 보기	• 호흡명상 실습 • 가족관계에서 최근사례경청 • 선택한 주제로 영상관법 · 감정을 불러일으킨 직접적인 자극이 무엇인지 인식하기 · 감정에 이름 붙여 알아차리기 · 오감을 통해 몸느낌에 충분히 머물러 느껴 보기(색깔, 크기, 모양, 맛, 무게, 움직임 등) · 몸느낌 지켜보기	• 몸느낌 바디스캔 실습 • 과제와 사례에서 도식점검 • 도식과 연관된 현재의 불편한 사례 경청하기 • 주제선택과 영상관법 · 현재 경험과 과거의 경험을 연결하는 장면에서 핵심감정 알아차리기 · 공통된 생각을 찾게 하고. 그 생각이 불러일으킨 감정을 충분히 탐색하고 느끼기 · 몸느낌의 변화 지켜보기 · 호흡 지켜보기	• 호흡명상 일지 (1차) • 정서평가지 • 불편한 경험 명상일지
사고형 영상 관법 (생각 탐색)	4. 생각 탐색 · 감정과 생각 연결 시키기	• 기분점검 • 주호소경청과 생각탐색하기 • 주제선정과 영상관법 · 감정에 접촉해 감정에 이름붙이기 · 감정을 불러일으킨 생각찾기 · 감정과 생각 명료화하기 · 집착된 갈망 파악하기 · 몸느낌과 호흡으로 돌아오기	• 주제선정과 영상관법 · 불편한 장면에서 감각 자료와 주관적 의견을 찾아서 구분하기 · 감정, 몸느낌 알아차리기 생각 찾기 → 핵심감성 찾기 → 중심생각 찾기 · 중심생각을 불러일으킨 감각 자료(시각자료, 청각자료) 지켜보기 · 몸느낌과 호흡으로 돌아오기	• 호흡명상 일지 (1차) • 정서평가지 • 불편한 경험 명상일지

영상관법 유형	회기 주제	1차 개입 주요 내용	2차 개입 주요 내용	과제
	5. 생각을 분리하기	• 호흡명상 실습 • 주호소 경청과 주제선택 • 1차 감정형 영상관법 • 2차 사고형 영상관법 · 생각탐색하기 · 집착된 생각 바라보기 · 촉발된 감정파악하기 · 몸느낌에서 갈망을 찾아 머물러 표현하기	• 몸느낌 바디스캔 실습 • 도식관련 불편한 사례 경청 • 1차 감정형 영상관법 • 2차 사고형 영상관법 · 현재 경험과 과거의 경험을 연결하는 장면에서 핵심감정 알아차리기 · 공통된 생각을 탐색하기 · 판단의 근거 감각자료에 머물러 있는 그대로 지켜보기	• 호흡명상 일지 (1차) • 정서평가지 • 불편한 경험 명상일지
갈망형 영상 관법 (갈망 표현)	6. 갈망 탐색 해서 지켜 보기	• 현재 불편한 경험 경청하기 • 주제 선정한 것 영상관법 · 감각자료, 감정, 생각, 갈망을 순차적으로 알아차리고 지켜보기, 몸느낌이나 호흡으로 돌아오기 · 갈망(바램과 두려움)을 느끼는 신체부위 확인하고, 하고 싶은 말이나 동작으로 표현 하기	• 핵심도식과 연관된 어린 시절의 사례 경청하기 • 핵심장면 선정하기 • 1차 감정형 영상관법 • 2차 갈망형 영상관법 · 감각자료, 감정, 생각, 갈망을 순차적으로 알아차리기 · 하고 싶은 말이나 행동으로 표현하기 (역할교대)	• 호흡명상 일지 (1차) • 정서평가지 • 불편한 경험 명상일지
	7. 대처 행동 탐색	• 호흡명상 실습 • 불편한 대인관계(직장, 사회생활)에서 주호소 경청 • 주제선정과 영상관법 · 감정, 생각, 갈망 알아차리기 · 행동평가(무엇을 원했나, 했던 행동은 무엇인가, 대처행동은 효과적이었나) • 새로운 행동(말이나 동작)계획하기	• 몸느낌 바디스캔 실습 • 아동기 핵심도식 사례 경청 • 어린 시절의 심리도식과 현재의 심리도식의 연관성 확인 하기 • 주제선택과 영상관법 · 감정, 생각, 갈망 탐색하기 · 재양육기법(상담자가 원하는 사람이 되어 재양육 시도), 내면 아이 치유(모델링한 후 스스로 하도록 유도) 접목하기	• 호흡명상 일지 (1차) • 정서평가지 • 불편한 경험 명상일지
	8. 가치 탐색 · 새로운 행동 탐색	• 대인관계에서 역기능적인 대처 행동 파악하기 • 손익계산서 작성 • 새로운 행동 실천계획 • 행동계약서 작성하기 • 사후검사 • 소감나누기	• 내 장례식에 참석하기 · 영상으로 추모사 떠올려 원하는 삶의 가치 체험하기 • 가치명료화 작업하기 • 가치 평가하기 • 가치에 일치된 목표와 행동 찾기 • 장애요인 탐색하기	• 호흡명상 일지 (1차) • 정서평가지 • 불편한 경험 명상일지

2) 측정도구

(1) 알아차림 주의자각 척도(MAAS[14])

알아차림 주의자각 척도는 현재 일어나는 것에 대한 주의와 자각의 정도를 측정하는 척도다. 알아차림(mindfulness)은 주의를 기울이는 방법이다. 알아차림은 비판단적 또는 수용의 방식으로 자신의 주의를 현재의 순간에 일어나는 경험에 의도적으로 초점을 맞추는 것이다(Baer, 2006; Kabat-Zin, 1990). 알아차림을 증진시키는 프로그램들이 우울증 및 스트레스 감소에 효과가 있다고 보고되고 있다(Germer, 2005: Kabat-Zin, 1990; Teasdale, 2002). 이 척도는 총 15개의 문항이 단일문항으로 구성되어 있으며, 신뢰도와 타당성이 검증된 도구다. 한국어로 번안한 후 검사한 신뢰도는 내적 일치도(Cronbach's α[15])=.87이고 타당도는 단일요인으로 고유치는 5.69이다. 채점방법은 일상생활에서 각 문항에 해당하는 상황들을 얼마나 경험하는지의 빈도를 평가한다.

(2) 비수용과 억압 검사지(WBSI)

비수용과 억압검사지(White Bear Suppression Inventory: WBSI)는 **Wegner**와 **Zanakos**(1994)가 원치 않는 부정적인 사고를 억제하는 일반적인 경향성을 측정하기 위해 개발한 것으로 15문항으로 구성되었다. 각 문항은 5점 척도이고, 점수 범위는 15점에서 75점까지이다. 국내에서 번안해서 한 내적 합치도는 .89, 검사–재검사 신뢰도는 .77로 보고되었다(이용승, 2000: 이용승, 원호택, 1999). 본 검사지는 인경(2009)이 번안한 것을 사용하였다.

---

[14] 한국심리학회 심리검사심의위원회 편(2011, p. 117-119)

[15] α계수 (내적일치도, Cronbach Alpha Coefficient)

(3) 우울증 척도(BDI)

Beck 등(1967)이 개발한 우울증 척도(Beck Depression Inventory; BDI)의 원 문항을 이영호(1993)가 번안한 것이다. 이 우울 검사는 임상적 우울 증상을 토대로 하여서 만든 것으로 정서적, 인지적, 동기적, 생리적 증상영역을 포함하여 4점 척도로 되어 있으며 21개 문항으로 이루어져 있다. 이 도구는 문항마다 0점에서 3점으로 채점되며, 점수가 높을수록 우울 정도가 심함을 나타낸다. 점수범위는 0점에서 63점까지 있을 수 있고, 0~9점은 우울하지 않은 상태, 10~15점은 가벼운 우울 상태, 16~23점은 중한 우울 상태, 24~63점은 심각한 우울 상태로 본다. 이영호(1993)가 일반인에게 실시한 신뢰도는 α계수=.84이고, 이영자(1996)가 한 신뢰도는 .81이었다.

(4) 불안 척도: 상태–특성불안 척도(STAI)

상태–특성 불안 척도(State-Trait Anxiety Inventory)로 불안상태를 측정하는 도구로 Spielberger(1970)의 STAI를 김정택(1978)이 번안하였다. 총 40문항으로 구성되어 있고, 4단계로 된 Likert식 척도이다. 개인이 얻을 수 있는 점수의 범위는 상태불안 및 특성불안에서 각각 20~80점까지이며, 점수가 높을수록 불안수준이 높은 것을 의미한다. 국내 이영자(1996)의 연구에서 신뢰도는 .87로 보고되었다.

(5) 자아존중감 척도(Self-Esteem Scale)

개인의 자아존중감 즉 자기존중 정도와 자아승인양상을 측정하는 검사이다. Rosenberg(1965)가 개발한 검사를 전병제(1974)가 번안하였다. 긍정적 자아존중감 5문항과 부정적 자아존중감 5문항 등 모두 10문항으로 구성되어 있다. 4점 척도이고, 부정적 문항은 채점할 때 역채점한다. 점수범위는 10점에서 40점까지이고 점수가 높을수록 자아존중감이 높은 것을 의미한다. 이영자(1996)의 연구에서 신뢰도는 .79이다.

4. 연구 설계

　　ABAB 설계는 단일대상자의 심리적 변화를 증명하려는 방법으로 개입하지 않은 상태, 즉 기저선(A)단계와 일정 기간 개입(B)하는 단계를 두 번 되풀이하여 관찰 또는 측정함으로써 개입이 변화를 일으켰다는 것을 입증하는 실험설계이다. ABA 설계의 단점을 보완해주는데, 즉 중재단계를 끝으로 실험을 종료해서 교육 및 임상 현장에서 제기되는 많은 현실적 윤리적 문제를 해결해준다. 또한, 인과관계를 설명해주는 매우 강력한 방법으로 중재의 긍정적인 효과를 반복 입증함으로써 내적 타당도를 강화해준다(이소현 외, 2000, p.84).

　　본 연구에서는 영상관법의 개입효과를 입증하기 위해 개입 전 제 1 기저선(A_1)단계, 8회기 영상관법 프로그램 1차 개입단계(B_1), 영상관법 프로그램을 개입 철회한 2차 기저선 단계(A_2), 8회기 영상관법 프로그램 2차 개입단계(B_2)로 연구 설계를 하였다. 개입으로 말미암은 효과는 표적목표에 대한 반복적인 측정을 통해 평가되는데 개입 이후에 기저선 (baseline)과 다른 경향이 나타난다면 개입의 효과로 볼 수 있다.

　　ABAB 설계에서 측정도구를 통해 사전사후 비교분석과 표적목표 설정한 것에 대해 시계열분석을 하고, 질적 연구방법으로 축어록 등 자료 분석을 통해 이 단일사례의 고유한 특성과 영상관법의 영향에 대해 밝히고자 한다. 설계는 양적 실험연구 방법을 취하되 자료 분석에서 질적 사례연구 방법을 접목하였다.

5. 연구 절차

본 연구는 ABAB 설계에 따라 다음 〈그림 10〉과 같은 절차로 진행되었고, 각 과정에 따른 구체적인 내용은 아래에서 살펴보고자 한다.

	연구 참여자 선정

⇩

| 2011년
7월 22일 8월 24일 | **(A₁) 제 1기저선 단계**
1차 진단평가(4회기) 및 검사, 남편 인터뷰 |

⇩

| 2011년
8월 25일 10월 27일 | **(B₁) 1차 프로그램 중재단계**
1차 8회기 영상관법프로그램 개입 및 검사 |

⇩

| 2011년 10월 28일
2012년 2월 1일 | **(A₂) 제 2기저선 단계**
프로그램 개입중단
(2차 진단평가(2회)와 검사, 남편 인터뷰) |

⇩

| 2012년
2월 2일 4월 7일 | **(B₂) 2차 개입 단계**
2차 8회기 영상관법 프로그램 개입
검사와 남편 인터뷰 |

〈그림 10〉 연구 절차

1) 제 1 기저선 단계(A₁)

이 단계는 개입 효과를 비교할 수 있는 기저선을 설정하는 것이 주된 목표이다. 이를 위해 측정도구를 이용한 검사를 하였고, 연구 참여자에 대한 면담을 하여 미해결 과제와 주호소를 경청하였다. 또한, 연구 참여자에 대한 기본적인 이해를 통해 사례개념화를 하고 관찰할 표적목표를 설정하였다. 이 단계는 본격적인 개입을 하기 전에 연구 참여자와 신뢰관계 형성을 하는 데 중요한 과정이기도 하였다.

제 1 기저선 단계(A₁)는 1차 진단평가 기간으로 2011년 7월 22일~8월 24일(34일간)에 해당하며, 4회기의 연구 참여자에 대한 진단평가와 남편 인터뷰를 하였다. 4회기의 진단평가는 각 회기를 2시간에서 2시간 30분 정도 진행하였다. 진행한 내용을 〈표 7〉로 나타내면 다음과 같다.

〈표 6〉 제 1 기저선 단계(A₁) 진단평가 진행과정

회기	진행 내용		
	면접 상담	검사지	소감
1회기 7/22	• 상담신청서 작성 (인적사항파악, 기간, 규칙) • 연구 참여자의 문제파악: 우울증의 정서 • 과거력(아버지의 자살, 집안의 신경증적내력) 탐색 • 부모님의 양육방식	• DSN-Ⅳ에 주요우울 장애항목 확인 • 에니어그램, 심리도식검사, 성격장애검사	• 자신의 문제가 광범위하다는 것과 회피 때문에 문제가 선명하게 드러나지 않아 답답했던 점을 확인함 (눈물 흘림)
2회기 8/4	• 연구와 자료수집에 대한 동의서 작성 • 병원진료, 약물복용, 상담경험 경청 • 우울증의 내력과 최초 우울증 발병 경청 • 우울증 관련 기저선 목표행동 탐색 • 가족관계 파악, 가계도 그리기 • 가속관계에서 주호소 문제 경청	• MMPI-2, 우울증(BDI), 불안(STXI)척도, 자존감 척도 검사	• 문제가 단순해지고 정리가 됨. 직장을 못다니겠다고 한 것은 우울증 문제를 그쪽으로 회피한 것임을 알게 됨.

3회기 8/9	• 심리검사 결과 점검(MMPI-2, 우울, 불안, 중년의 위기척도 등) • 신체반응과 불편한 몸느낌 점검 • 면접상담을 통한 연구 참여자의 변화확인 • 주호소 문제 경청(학교생활, 시어머니 및 둘째 딸과의 갈등) • 청소년기 좌절된 꿈 경청 • 기저선 관찰 목표 결정	• 알아차림 주의자각척도 (MAAS), 비수용과 억압검사 (WBSI)	• 문제를 객관적으로 보는 관점이 생긴 것 같다. 시어머니, 딸에 대해 좀 더 수용적 태도를 가지려고 노력한다. 예민했던 집안의 소리에 덜 민감해졌다.
4회기 8/18	• 우울증의 촉발원인 탐색 • 사회적 관계와 부부관계 탐색 • 미해결 과제확인: 일상생활의 버거움, 감정 조절의 어려움, 삶의 의미와 가치 없음	• 중년기 위기감 척도검사 • 부정적 자동 사고 검사	• 우울증이 촉발된 원인이 딸 문제 해결에서 좌절했기 때문임을 알게 된 것이 의미 있었음.
남편 인터뷰 8/21	• 아내의 우울증에 대한 증상과 원인에 대한 이해 정도 확인 • 남편의 지지나 도움의 정도 확인 • 아내의 어떤 점이 변화되길 원하는지 확인 • 연구 협조 요청	• "아내 잃고 후회하지 말라."는 전 상담사의 말에 충격 받고 아내를 적극 돕고자 함. 구체적으로 어떻게 힘든지, 그 원인에 대해서 몰랐는데 이해하는 기회가 됨. 협조의지 확인함.	

2) 1차 개입 단계(B_1)

이 단계는 1차 8회기 영상관법 프로그램 개입단계이다. 2011년 8월 25일부터 10월 27일(64일간)까지 주로 매주 목요일 오후 8시~10시에 2시간 정도 개인상담 형식으로 진행되었다. 상담방법은 기분점검, 과제점검, 영상관법에 집중하기 위한 예비 명상으로 1차 개입에만 호흡명상 실습을 하였다. 주로 대인관계에서 불편한 경험의 주호소를 경청하였는데, 미리 작성해 온 불편한 경험 명상일지를 점검해서 주제를 선택했다. 영상관법을 시도한 경우에는 소감 나누기를 하였고, 과제안내로 마무리하였다. 연구 참여자의 회피하는 특성과 영상에 접촉하는 정도에 따라 계획한 대로 영상관법이 적용되지 못한 부분이 있다.

과제는 매일 하도록 주어졌는데 그 내용으로는 아침에 호흡명상 3분~10분(수식관), 정서·몸느낌 평가지는 부정적 정서와 긍정적 정서, 불편한 몸느낌 정도를 매일 밤에 점수로 기록하기, 불편한 경험 명상일지는 매주 3개 정도 작성하는 것으로 하였다.

〈표 7〉 1차 개입 프로그램 진행과정

회기	주요이슈	개입전략	주요 내용
1	· 상담 목표 확인 · 주호소 문제파악	· 호흡명상 · 영상관법 (감정형)	· 과제점검(정서평가지, 불편한 경험일지) · 상담 목표확인 · 주호소(우울)문제 경청: 시어머니, 둘째 딸 문제 심각성 · 고통의 강도 확인 · 시어머니와 불편한 경험 영상관법 · 소감나누기
2	· 우울증 문제 · 연구참여자 변화와 강점 확인	· 정보제공 · 경청하기	· 과제 점검 · 검사결과에 따른 우울증의 증상, 원인, 재발에 관한 안내 · 불편한 사례경청: 추석 때 시누남편 · 내담자 변화와 강점 확인 · 호흡 명상과제에 대한 태도 확인
3	· 우울증의 주요 원인 파악 · 둘째딸과 불편한 사례	· 호흡명상 · 역할극	· 호흡명상 실습(서서): '실패감' 확인, 편한 방법 안내 · 둘째 딸 훈육의 어려움, 부모의 양육태도, 가족체계 문제의 결정체로 나타남을 확인 · 최근 불편한 사례 경청: 역할극
4	· 주호소 문제 (시어머니와의 갈등)	· 영상관법 (갈망형+ 역할극)	· 기분점검: 위 불편함과 과식 · 호흡명상점검: 방해요인 · 불편한 경험일지 점검(시누이네 어려운 형편) · 주호소 경청: 둘째 딸에 대한 공격적 태도 · 영상관법: 시어머니와의 갈등문제
5	· 둘째딸에 대한 대처 방식 문제	· 호흡명상 · 역할극	· 호흡명상 실습(걸으면서) · 불편한 경험일지 점검 · 불편한 사례 경청(시누이네 식구, 둘째 딸 염색 건) · 역할극: 둘째 딸에 대한 대처방식 통찰
6	· 불안감정 · 불안 때문에 딸과 소통이 안 되는 사례(첫째 딸)	· 영상관법 (감정형+ 역할극)	· 기분점검, 과제점검, 직장생활과 가정에서 생활 점검 · 불안감정에 대한 인식(대인관계 걸림돌, 자살연관사고) · 주호소 경청: 불안 때문에 첫째 딸과 소통이 안 된 경우, 셋째 딸과의 사례 · 영상관법: 첫째 딸과의 사례
7	· 우울증이 심해질까 불안 · 핵심신념 파악	· 호흡명상 · 영상관법 (감정형) · 논박하기 · 손익계산서	· 기분점검 · 우울증이 심해질까 하는 두려움 (순간 잠이 들고 코까지 고는 현상으로 불안함) · 부정적인 사고와 핵심신념파악: '내가 뭘 잘못했나?', '또 실수했나?' (핵심신념: 나는 모자라, 무능해) · 영상관법: 독서 선생님과 둘째 딸과의 관계

회기	주요이슈	개입전략	주요 내용
8	· 우울증의 또 다른 원인 (교사로서 실패경험)	· 영상관법 (감정형, 갈망형+ 역할극)	· 기분점검, 과제점검 · 교직에서 불편한 대인관계 문제 경청: 후배교사, 학생과의 갈등 경험 · 영상관법: 후배교사, 학생

3) 제 2 기저선 단계(A$_2$)

이 기간은 프로그램 개입을 철회한 시기로 2011년 10월 28일~2012년 2월 1일까지 97일간이다. 이 기간에 2차에 걸친 진단평가 회기를 가졌다. 각 주 1회 2시간씩 진행하였다. 제 1 기저선 설정 때와 같이 표적목표에 대해 2주간의 기저선 관찰 기간을 가졌다. 또한, 2차 개입 전에 박사 과정 동료에게 인터뷰를 부탁해 미리 준비한 문항으로 연구 참여자와 남편을 인터뷰해서 개입을 철회한 시점의 자료를 객관적으로 수집하고자 노력하였다. 진행한 내용을 〈표 8〉로 나타내면 다음과 같다.

〈표 8〉 제 2 기저선 단계(A$_2$) 진단평가 진행과정

회기	진행 내용		
	면접 상담	검사지	소감
1회기 1/20	· 바디스캔 실습 · 진단평가 점검: 평가 기준이 달라짐 · 우울 삽화 2번의 사례경청 · 부정적 사고 점검: 못났다, 이기적이다. · 주호소 문제 점검: 삶이 짐으로 느껴지고 버겁다. 즐겁지 않다. · 사전면담 평가	· 우울증과 불안 척도, 자존감 척도검사, 알아차림 주의자 각 척도, 비수용과 억압 검사	· 혼란스러움. 정신없이 얘기한 것 같음. 나의 감정을 공감못 해 준 것을 알게 되고, '어린애 같아.' 라고 비난했던 것을 깨달음.
2회기 1/26	· 기분점검 · 명상일지점검: 마음작동모델 탐색, 일지 적는 방법 안내 · 불안, 자존감 검사지 점검 · 핵심심리도식의 사례점검과 영향 검토	· 중년기 위기감 척도검사 · 부정적 자동 사고 검사	· 안정감에 대한 갈망이 강해서 그것이 충족이 안 될 때 불안하고 짜증이 많이 남. 당위적 사고가 강해 버겁고, 무력감을 느끼는 것 같음.

남편
인터뷰
2/1
	• 1차 상담 종료 후 그리고 현재 아내의
	  우울증 상태 변화 확인
	• 아내의 미해결 과제 질의
	• 아내의 어떤 점이 변화되길 원하는지
	  확인
	• 아내에게 필요한 남편의 도움 확인
		인터뷰 진행한 연구보조자 소감
		• 질문지가 있어 인터뷰가 수월했는데 사전에 미리
		  숙지되었으면 더 매끄럽게 진행할 수 있었겠음.
		• 남편분이 부인이 힘들었을 때부터 관심을 두게
		  되어 부인을 돕고자 하는 마음이 있다는 것을
		  확인할 수 있어 좋았음.

연구참
여자
인터뷰
2/1
	• 휴지기 동안 우울증 증상이 더 심하게
	  나타난 것 확인
	• 현재 우울증을 촉발할 수 있는 요인
	  질의
	• 현재의 미해결 과제, 변화되고 싶은 점,
	  변화의지 확인
	• 앞으로 2차 상담에서 예상될
	  방해요인이나 어려움 확인
		인터뷰 진행한 연구보조자 소감
		• 연구 참여자가 그간 8회기 상담을 해서인지
		  자기문제를 잘 알고 계시는 것 같음. 어떤 부분을
		  모르는지, 어떤 부분을 해결하고 싶은지도 잘 아는
		  것 같음. 회기 들어가기 전에 인터뷰하는 것이 연구
		  참여자의 자기 점검에 아주 좋은 것 같았음.

4) 2차 개입 단계(B₂)

이 단계는 2차 8회기 프로그램 개입단계로 2012년 2월 2일~4월 7일까지 66일간 진행되었다. 앞서 프로그램을 구성한 대로 1차와 다른 점은 핵심심리도식과 연관된 사례로 주제선택을 하여 심층 심리로의 접근을 시도한 점이다. 앞서 8회기 프로그램을 통해 상담자와 신뢰관계가 형성되어 연구 참여자가 내면의 문제를 노출할 준비가 되어있고, 자신에 대한 문제 인식도 높아져서 2차에는 1차에 비해 연구 참여자가 영상관법에 좀 더 집중할 수 있었다. 또한, 1차 때는 호흡명상 실습을 격주로 시행했는데 2차 개입에서는 영상관법을 하기 전에 바디스캔을 시도해 마음의 안정과 사전 몸느낌 정도를 파악하여 영상관법 실시 후 나타나는 불편한 몸느낌 강도를 비교하고자 하였다. 2차 개입 프로그램 진행한 내용을 간략히 다음의 〈표 10〉로 제시하고자 한다.

<표 9> 2차 개입 프로그램 진행과정

회기	주요 이슈	개입 전략	주요 내용
1	·2차 상담 목표 ·주호소 문제 파악(막내딸과의 갈등)	·바디스캔 ·영상관법 ·1차 감정형 ·2차 갈망형	·2차 상담 목표 확인 ·명상일지에 적은 3가지 사례점검 ·사례경청(막내딸과의 갈등) ·영상관법(막내딸과의 갈등상황) ·영상관법 점검과 소감나누기
2	·주호소인 불안과 두려움 (대상: 둘째 딸) ·연관도식(위해 취약성) 사례: 어린 시절 기억	·바디스캔 ·영상관법 ·1차 감정형 ·2차 갈망형 (내면아이치유, 역할극)	·1회기 영상관법 후 효과 점검 ·마음작동모델에 의한 사례점검 (감정, 생각, 갈망, 도식과 연결하기) ·주호소 경청: 불안과 두려움(둘째 딸) ·영상관법: 현재감정을 접촉하고, 그와 연결된 과거(위해 취약성 도식사례) 어린 시절로 가서 내면아이 치유함.
3	·주호소:교사로서 좌절 경험 ·핵심신념 (모자라다. 부족하다)	·바디스캔 ·영상관법 ·1차 사고형 ·2차 감정형 ·3차 사고형, 갈망형	·도식과 연관해 사례점검 (위해/취약성, 결함/ 수치심 도식) ·주제선정과 경청: 졸업식장에 안 들어간 것 ·영상관법: 현재사건을 과거 교직에서 좌절한 사례로 연결함. 생각바라보기 어려움, 감정촉발, 갈망형으로 연결함.
4	·핵심신념과 연관된 어린 시절 경험(밴댕이 소갈딱지라는 비난 말) 다루기	·영상관법 ·1차 감정형 ·2차 갈망형 (내면아이치유)	·명상일지 점검(셋째 딸2, 둘째 딸, 나 자신, 교사 모임). ·핵심신념 탐색: 나는 부족하다. 모자라다. ·핵심신념과 연관된 어릴 적 기억 경청: 할머니의 비난하는 말 ·영상관법: 할머니의 말씀 "밴댕이 소갈딱지"
5	·자신이 못났다. 마이너라는 핵심신념 접촉	·바디스캔 ·영상관법 ·1, 2차 감정형 ·3, 4차 사고형	·명상일지 점검: 새로운 도식 확인, 사례 검토, 마음작동모델 틀린 부분 수정해주기 ·주제선정(경청하기): 새로 부임해 온 교장 선생님 ·영상관법: 교장 선생님이 모른척하고 쌩하고 지나가는 장면 → 과거 시외삼촌과의 장면으로 연결 (감정완화로 사고가 바뀜 확인) → 남편 장면으로 연결함(자기위로, 격려)
6	·가혹한 기준 도식과 연관된 사례(위해/ 취약성 도식과 심층적으로 연관된 사례)	·영상관법 ·1차, 2차, 3차 (사고형,감정형) ·4차(사고형)	·주호소 경청(주제선정): 5가지 사례를 경청하고, 완벽을 추구해 학생들과 갈등관계 사례 선정 ·사고형 영상관법으로 반복해서 '생각의 근거'를 지켜보기 하여 왜곡된 생각이 변화되는 것을 확인함.

회기	주요 이슈	개입 전략	주요 내용
7	· 조증상태가 나타남 · 사랑받지 못한다는 신념에서 비난하는 것 같은 감각느낌에 공격적인 태도 나타남	· 호흡명상 · 영상관법 – 1차 감정형 – 2차 사고형 – 3차 갈망형 (역할극) – 4차 변화된 영상 확인	· 명상일지에서 사례경청: 주제선택 · 영상관법: 가혹한 기준도식의 불편한 사례 – 현재 불편한 경험에서 어린 시절 엄마에게 비난받는 장면으로 연결함. 감각자료를 있는 그대로 듣기(사고형)와 원하는 것을 표현하고(갈망형), 칭찬과 격려의 말을 들어 갈망을 해소하고 생각이 변화되는 것 확인함.
8	· 가치탐색, 가치와 일치된 행동 계획하기	· 영상관법 (미래의 행동 연습)	· 변화된 점 확인 · 내 장례식에 참석하기: 영상으로 추모사 떠올려 원하는 삶의 가치 체험하기 · 가치명료화 작업: 가치 평가서 작성 · 목표설정(장기, 단기) · 손익계산서 작성, 장애요인 탐색하기, 행동계약서 작성 · 영상관법: 학생에게 공격하는 대신 대안행동 탐색

6. 자료수집

　본 연구의 자료 수집은 연구방법과 연관되어 이루어졌고, ABAB 설계에 따라 2가지 방향으로 이루어졌다.

　양적 측정방법으로 각 단계의 심리측정 검사결과와 관찰표적 목표로 설정한 부적 정서와 정적 정서, 신체 느낌의 강도를 자기 보고식으로 측정한 결과이다. 이것과 통합해서 이루어지는 질적 연구의 자료수집 방법은 앞의 연구방법에서 밝혔듯이 다양한 자료수집 방법을 사용하였다. ABAB설계에 따라 제 1 기저선(A_1) 단계의 진단평가, 1차 개입 단계(B_1)의 8회기 프로그램, 제 2 기저선 단계(A_2)의 진단평가, 2차 개입 단계(B_2)의 8회기 프로그램과정에서 면접 상담 축어록, 인터뷰 축어록, 회기 평가지, 검사지, 명상일지, 연구 참여자 개인일지, 자기 보고식 측정 기록지 등을 수집하였다. 그 내용을 정리하면 다음 〈표 10〉과 같다.

〈표 10〉 자료수집 방법

자료원	분량	자료 분석
상담 축어록(인터뷰포함)	492쪽	사례 분석
각종 검사지	32쪽	시계열 분석
과제(측정 기록지, 명상일지 등)	83쪽	

7. 자료 분석

1) 시계열 분석

본 연구의 자료 분석은 ABAB설계에 따른 시계열 분석(Time-series analysis)과 사례분석을 하였다. 시계열분석은 시간의 흐름에 따라 관찰 행동이나 표적목표치의 변화양상이나 일정한 패턴을 그래프로 나타내어 추적하는 방법이고(McLeod, 2010, p.120), 사례분석은 사례연구의 자료 분석 방법이다.

본 연구에서 시계열 분석은 크게 2가지 자료로 이루어졌다. 하나는 연구 참여자의 우울증과 관련된 부정적인 감정, 긍정적인 감정, 신체 느낌 3가지를 매일 연구 참여자가 관찰하여 측정치를 주간별로 모은 자기관찰 자료이다.

다른 하나는 측정도구를 이용해 시간순에 따라 ABAB설계 각 단계에서 반복 측정한 검사측정 자료이다. 이것은 연구 참여자의 우울증과 관련된 3가지 검사인 우울증 척도, 불안 척도, 자아존중감 척도와 영상관법의 효과와 관련된 알아차림 주의자각 척도검사, 비수용과 억압검사이다.

본 연구에서 시계열 분석은 그래프 자료의 '시각적 분석법(Visual inspection)'을 활용하였다. 이것은 단일사례연구에서 가장 흔히 사용되는 자료 분석 방법으로 연구에서 얻어진 자료를 도표로 그렸을 때 개입하고 소거함에 따라 이에 상응하는 변화가 눈에 띄게 나타났는지를 확인해 개입 효과를 평가하는 방법이다(권정혜, 1991). 시계열 분석 자료와 방법을 〈표 11〉로 나타내면 다음과 같다.

〈표 11〉 시계열 분석 자료와 방법

자기관찰 자료	• 부정적인 감정(10가지): 침울한, 불안한, 울컥하는, 걱정스러운, 무력감, 실망스러운, 긴장된, 답답한, 불안정한, 무의미한		
	• 긍정적인 감정(10가지): 만족스러운, 안심되는, 뿌듯한, 행복한, 침착한, 생동감 있는, 희망찬, 차분한, 편안한		
	• 신체 느낌(3가지): 머리, 가슴, 어깨		
측정검사자료	• 우울증 척도(BDI) • 알아차림 주의자각 척도	• 비수용과 억압 검사 • 상태-특성불안 척도(STAI)	• 자아존중감 척도
방법	그래프 자료의 '시각적 분석법'		

2) 사례 분석

본 연구에서 사례 분석은 상담과 진단평가의 면접 자료를 녹음하여 작성된 축어록을 중심으로 하고자 한다. 필사하여 코드화시킨 모든 면접 자료와 평가 자료를 분석 과정에서 분해되거나 재통합되고 압축되어 서로 연결시켜, 특정 사례와 관련해서 행동, 쟁점, 상황들을 이해하려고 한다.

본 연구에서는 Stake(1995)의 방법에 따라 연구문제에 초점을 두고 사례를 이해하고자 '범주합산' 혹은 '직접해석'의 전략을 모두 사용해 개념화, 추상화를 거쳐 새로운 유형을 찾아 사례의 일관성과 의미를 해석하고자 한다. 또한 『질적 연구 방법론[16]』에 실려 있는 Morrow(1995)의 논문을 참고해 개방코딩, 축코딩, 선택코딩 방식으로 코딩을 여러 차례 단계적으로 진행한다. 자료 분석과 해석과정을 〈표 12〉로 정리하면 다음과 같다.

---

[16] Creswell(2010). 질적 연구방법론: 5가지 접근. (조흥식 · 정선욱 · 김진숙 · 권지성 공역). 학지사

〈표 12〉 자료 분석과 해석과정

자료 분석	내 용
1. 자료 처리	인터뷰, 면접상담, 평가 등의 자료를 녹음해 텍스트로 축어록을 작성해 파일로 만들어 조직화한다.
2. 읽기와 메모	축어록을 여러 번 읽으면서 중요대목에 밑줄을 긋고, 여백에 메모를 한다. 의문, 직관적 이해, 관찰, 논평들을 짧게 기록한다.
3. 단위화 작업	위에서 한 작업을 토대로 의미단락으로 끊어 부호화하여 최초의 코딩단계인 개방코딩을 한다.
4. 범주 만들기	비슷하거나 어울리는 내용을 지닌 단위들을 직관적으로 판단하여 묶는다. 범주와 하위범주를 관련지어 새로운 방식으로 다시 축코딩을 한다.
5. 분류	선택코딩은 핵심범주를 선택하고, 다른 범주들과 핵심범주를 체계적으로 비교하며, '범주 합산'을 하거나 '직접해석'을 하여 좀 더 재정의하고 개발할 범주를 채우는 통합적인 과정으로 개념화, 추상화 작업을 하여 유형을 찾는다.
6. 해석	유형을 만들어 연구문제와 관련해 그들 간에 어떠한 관계가 존재하는지 살펴본다. 연구 질문에 답하기 위한 통찰과 추론을 하는 추상화 작업으로 자료에 일관성과 의미를 부여한다.
보고 (자연주의적 일반화)	이야기체의 설명, 개인적 묘사, 시간과 장소에 대한 강조를 통해 대리 경험을 위한 풍부한 자료를 제공하고자 한다.

또한 『질적 연구 방법론[17]』에 실려 있는 Morrow(1995)의 논문을 참고해 개방코딩, 축코딩, 선택코딩 방식으로 코딩을 여러 차례 단계적으로 진행하였다. 가치가 가장 큰 관찰의 부분을 택하고 최상의 자료에 최상의 분석시간을 할애하려고 시도하였다.

연구자는 위의 〈표 12〉에서 제시한 대로 다음과 같은 단계로 분석을 실행한다.

첫째는 1차로 개방코딩작업을 한다. 축어록을 반복적으로 읽으면서 중요대목에 밑줄을 긋고, 의미단위로 끊어내면서 개념들의 집합에 '짧게 요약해 주는 이름'을 붙여 주제어를 만든다. 이와 같은 방법으로 모든 축어록을 다음 〈표 13〉와 같은 양식으로 작업한다.

---

[17] Creswell(2010). 질적 연구방법론: 5가지 접근. (조흥식 · 정선옥 · 김진숙 · 권지성 공역). 학지사

축어록 문항	의미 있는 문장 (단락나누기)	핵심단어	주제	활동
9-16	P:앉아서도 쉽게 잠이 들고, 코를 골아버리고, 기면증이기도 하고, 무기력증인 것 같기도 하고, 이런 느낌이 와서 불안하고, 우울증이 생기고 나서 더 많이 졸게 된 것인데... 2월 이후로 오후시간이면 꼬박꼬박 조는 증상이 생기면서 이게 심해진 것 같아요... 위기의식이 생겨요.	앉아서도 쉽게 잠이 듦, 코를 골음, 기면증, 무기력증, 불안함, 문제가 심각함, 우울증 발생한 2월 이후 오후시간이면 꼬박꼬박 조는 증상이 심해짐, 위기의식이 생김	과수면에 불안함	주호소 파악: 우울증 재발우려

둘째로 2차 코딩작업을 한다. 1차 코딩자료를 기초로 핵심단어와 주제어에서 동일한 성질을 가진 개념들을 직관적으로 판단하여 묶어 하나의 범주로 만든다. 이것은 가장 낮은 단계의 하위개념이 된다. 그런 다음에 각각의 하위개념을 다시 의미단위로 묶어서 2차 코딩을 한다. 이렇게 해서 생겨난 범주는 중간범주가 된다. 이들 중간범주는 우울증 특성요인과 영상관법 영향 요인의 대범주를 이룬다.

1차 작업에서는 ABAB 설계의 각 단계로 나누어 범주를 만들었고, 2차 작업에서는 ABAB 설계 4단계로 나누어 진행한 것을 합산한다. 2차 코딩작업의 내용 일부를 제시하면 다음 〈표 14〉, 〈표 15〉와 같다.

---

[18] 1차 개입 프로그램 7회기 축어록 작업 중에서 발췌하였다.

〈표 14〉 우울증 특성 요인 범주화 과정(2차 코딩) 예시[19]

하위개념	하위범주	중간 범주
가슴(답답함, 허함, 묵직함, 초조해지는 느낌, 쿵 내려앉는 느낌), 머리(통증, 어지럼증, 앞머리 불편함), 무기력함, 손발 저림, 등의 불편함	신체적 증상	우울증의 증상
울컥해짐, 버거움, 불안, 염려, 꿀꿀함, 자책함, 좌절감, 무력감, 외로움, 단절감, 긴장과 위축됨	정서적 증상	
'못한다', '약하다', '부족하다'라는 부정적인 자기개념, 미래에 대한 부정적 인식, 실패자라는 느낌, 실수하면 곱씹음, 실패한 부분이나 결함에 초점을 맞춰 집착하거나 자책, '내가 잘못됐다'는 생각	인지적 증상	
일 추진이 늦어짐, 문제 해결력 없음, 선택하기 어려움, 행동력 약함, 타인에 관한 관심이 줄어 듦, 안달복달, 안절부절	행동적 증상	
불안하고 자신감 없고 기어들어감, 불안이 생활화됨, 가라앉는 느낌의 우울 쪽 증상은 적으나 불안 쪽 증상이 더 많음	상대적으로 높은 불안 증상	
자신감이 생기면 과도하게 드라이브가 걸린다, 긍정적인 상태(자신감)일 때 인정받고 싶은 욕구가 드러남, 더 잘하려고 안달복달함, 목표를 높이 추구하며 과도하게 일함	경조증 상태	

---

[19] 8개의 중간범주 중 1가지만 예시하였다.

하위개념	하위 범주	중간 범주
화(분노, 짜증) 24번, 수치심(부끄러움, 창피함, 무안함, 쑥스러움) 11번, 불안(걱정, 초조) 9번, 답답함(갑갑함) 7번, 소외감(외로움, 쓸쓸함, 존재감 없음, 격리된 느낌) 5번, 미움(싫음, 거부감, 질투심) 4번, 실망감 3번, 억울함 3번, 좌절감(자괴감) 2번, 자책 2번, 울컥함(서글픔) 2번, 위축됨 2번, 당황함, 두려움, 부적절감, 안타까움, 씁쓸함, 안쓰러움	감정 이름[21]	감 정 형 영 상 관 법
가슴(뻐근함, 쑤심, 답답함), 머리(띵함, 어지러움, 쪼이고 눌린 느낌), 등(저림, 아픔), 명치 답답함, 한기 올라옴, 어깨 무거움, 왼손 저림, 머리와 몸 전체가 묵직하고 긴장됨	몸느낌	
예)[22] 답답한 가슴느낌(모양: 돌, 색깔: 검고 축축한 느낌, 맛: 씁쓸한 , 냄새: 퀴퀴한), 가슴느낌2(색: 진흙 색, 모양: 식빵 모양, 맛: 뱉어버리고 싶은 맛)	오감으로 접촉한 몸느낌	
20%→10%로 감소, 가슴통증 옅어짐, 명치 답답함이 옅어짐, 몸 느낌 편안해짐, 내쉴 때 완화되는 느낌, 이마 쪽이 띵했다가 가벼워짐, 머리느낌이 편해지고 부드러워짐, 불편함이 없어짐	몸느낌 변화	
울어서 숨이 약한 것 같음, 호흡이 조금 무거움, 호흡이 무거운 편, 안정되어 가는 느낌, 편안해요, 호흡이 깊고 자연스러워짐,	호흡의 변화	

셋째로 3차 코딩작업을 하였다. 2차 코딩한 자료에서 '범주합산'을 하거나 '직접해석'을 하여 개념화, 추상화 작업으로 나아가 유형을 찾는 것으로 진행하였다.

이 과정에서 명상치료 전공 교수님의 검토를 통해 범주화된 주제들이 원 자료와 일치되는지를 점검받고, 알기 쉽게 구조화하라는 지도를 받았다. 명상치료 전공 박사 3인에게 자료 분석 방법과 코딩자료를 첨부해서 의견서를 보냈고, 답변을 참조하였다. 의견서를 반영한 것은 ①우울증과 개입처치의 특성(영상관법)이 구체적으로 드러나도록 코딩한 것을 다시 검토해서 수정했다. ②의미 없는 자료는 정리해서 자료의 나열이 아니라, 자료 및 범주가 좀 더 유기적인 구조로 연구 주제를 뒷받침할 수 있도록 수정하였다. ③연

---

20 7개의 중간범주 중 1가지만 예시함.

21 1차와 2차 개입 단계에서 영상관법 진행 중에 접촉된 감정의 이름과 횟수를 표기함.

22 몸느낌을 오감명상으로 진행한 내용은 많기에 예시로 하나를 듦.

구 참여자의 언어로 코딩하고자 하였다. 연구자 입장에서 개입의 용어로 표현한 것을 연구 참여자의 언어로 수정했다. 또한 코딩 전 과정에서 연구 참여자와의 면담과 메일과 전화 통화를 통해 아이디어를 얻고 범주화의 오류나 모순이 없는지 검토하여 범주와 유형을 만들었다.

우울증 특성 요인에서는 범주를 합산하고 직접 해석하여 우울증의 증상, 우울증의 원인의 2유형으로 분류를 하였다. 〈표 16〉로 제시하면 다음과 같다.

〈표 16〉 우울증 특성 요인 분류(3차 코딩)

하위범주	중간범주	유형
아버지 자살, 집안의 자살내력, 신경증적 집안내력,	신경증적 불안	우울증의 원인
성격적 취약성 (강박, 의존, 회피), 신체적 취약성, 낮은 자존감, 부정적인 신념, 대처능력부족, 부모양육태도	발달사적 취약성	
4가지 증상(신체, 정서, 인지, 행동), 우울 삽화 경험, 경조증 상태	버거움	우울증의 증상
둘째딸 문제, 시어머니와의 문제, 대인관계 전반적 특징, 교직에서 대인관계 어려움	대인관계문제	

영상관법 영향 요인에서는 위의 3차 코딩과 같은 방법으로 작업하여 문제파악, 개입, 평가의 3유형으로 분류를 하였고 〈표 17〉에 구체적인 내용을 다음과 같이 제시하였다.

〈표17〉 영상관법 영향 요인 분류(3차 코딩)

하위범주	중간범주	유형
주호소 문제, 심리도식과의 연관성, 핵심장면	문제파악	개입
감정목록, 몸느낌, 오감으로 접촉한 몸느낌, 몸느낌 변화, 호흡의 변화	감정형 영상관법	
중심생각, 판단의 근거인 감각자료, 생각의 변화	사고형 영상관법	
갈망, 대처행동, 새로운 행동, 새로운 행동 후 변화	갈망형 영상관법	
통찰한 것(1차 개입), 통찰한 것(2차 개입), 긍정적 평가, 부정적 평가, 영상관법 방법 평가, 우울증의 변화	영상관법 회기소감	평가
영상관법의 효과, 우울증 감소, 불안의 감소, 대인관계 변화, 자존감 향상, 부정적인 신념변화, 변화요인	전체평가	
불안과 부정적인 신념, 상담종료 불안, 우울재발방지 필요성, 연구 참여자 의견(조증상태, 대인관계개선에 대한 노력), 남편의견(삶을 즐기는 것, 취미활동 준비하는 것)	남은 과제	

8. 질적 타당성[23]을 위한 전략

본 연구에서는 연구결과의 정확성을 평가하고, 정확성을 독자에게 납득시키는 능력을 향상하기 위해 다음과 같은 다양한 전략으로 질적 연구의 타당도뿐만 아니라 신뢰도를 높이기 위해 노력하였다.

첫째는 Denzin(1984)의 삼각측정 방법을 활용하였다(김영숙외 공역, 2011). 다양한 출처의 자료를 조사한 자료원의 삼각측정으로는 ① 면접상담의 축어록 ② 상담평가를 연구자가 하지 않고 연구 보조자가 진행한 연구 참여자와 남편의 인터뷰 면담 축어록 ③ 연구 참여자의 명상일지와 개인일지, 매일의 자기관찰 일지, 검사지, 매 회기 후 상담평가서와 같은 자료원을 활용하였다.

방법론적인 삼각측정에서는 ① ABAB설계에 따른 상담과정을 축어록으로 작성해 사례 분석한 질적 연구방법 ② ABAB 설계 단계에 따른 사전사후 검사를 통한 변화측정과 ③ 정서와 신체 느낌을 자기관찰 방법으로 측정한 양적연구 방법을 혼합한 방법으로 접근하였다.

둘째는 Stake(1995)가 '구성원 검토'라고도 부른 연구 참여자의 점검을 받았다. 초기 기저선 단계에서는 자기 관찰 측정내용을 정할 때 연구 참여자와 같이 의논해서 설정하였다. 본 상담이 끝나고 후속 면접을 시행하여 사례 분석한 자료의 적절성 여부를 연구 참여자의 검토와 의견을 듣고 사례분석에 반영하였다. 논문쓰기 과정에서도 연구 참여자가 초고 전체를 읽도록 하여 기술한 내용의 정확성에 대한 피드백을 받고 수정하였으며, 윤리적인 측면을 고려하여 연구 참여자가 요구한 내용은 삭제하거나 수정하였다. 어떤 의미에 대해서는 질문을 던져 연구 참여자의 답을 듣고, 좀 더 명료회히는 과정을 거쳤다.

셋째는 '전문가의 검토'를 받은 것이다. 영상관법 프로그램을 구성해서 명상치료 전공

---

[23] Creswell(2007)은 질적 연구에서 연구자와 참여자가 잘 기술한 '결과'들의 '정확성'정도를 파악하려는 시도를 '타당성'이라고 정의하였다(조흥식외, 2010, p286).

박사 3인에게 적절성 여부를 검토 받았다. "영상관법 개입외의 다른 프로그램의 개입을 가급적 배제하라"는 것과 "프로그램 진행방법을 좀 더 구체적으로 기술하라"는 의견을 반영하여 영상관법 프로그램을 재구성하였다.

축어록을 코딩하여 자료 분석한 내용을 전공교수 1명, 위 박사 3인에게 점검받았다. 전공 교수로부터는 1차 코딩과 2차 코딩, 3차 코딩이 잘 연관하여 의미가 드러나게 분석하였는지 검토 받고, 미흡한 부분은 보완할 것과 도표로 도식화할 것에 대한 조언을 들어 자료 분석과 해석에 반영하였다. 박사 3인에게서는 코딩작업에서 연구 참여자의 입장과 언어로 범주화하라는 것, '영상관법의 특성요인'과 '우울증의 특성요인'으로 범주화시킨 것이 어떤 특수성과 보편성을 가지는지 설득력 있게 구체적으로 범주화할 것, 연구주제와 관련된 것만을 유기적으로 연구주제를 뒷받침할 수 있도록 범주화할 것에 대해 조언을 들어 자료 분석을 수정하고 자료 해석에 반영하였다.

넷째는 박사과정 동료의 피드백과 조언을 활용하였다. 주 1회 1~2시간에 걸친 4차의 사례회의를 통해 연구자의 사례 분석 자료와 축어록에 대해 동료에게 피드백을 받고 연구 과정에 반영하였다. 자료를 해석하고 도식화한 내용 대해서는 메일로 적절성에 대한 의견을 들어 참고하였다.

마지막으로 연구의 신뢰성을 공고히 해 나가기 위해 자료해석에 대한 글쓰기를 할 때 이론적 배경 아래에서 축어록의 원자료를 풍부하게 인용하여 상세한 묘사와 해석의 과정을 드러내려고 하였고, 표와 그림으로 도식화해서 전체 내용의 맥락을 구조적으로 파악해서 알기 쉽게 표현하려고 노력하였다.

제4장

연구결과 및 해석

1. 시계열 분석

1) 우울증과 관련한 시계열 분석

(1) 사전·사후 검사에 의한 분석

연구 참여자의 주호소와 병원 진단명인 주요 우울증, 불안 신경증과 관련하여 우울증 척도(BDI)검사, 상태-특성 불안 척도(STAI)검사, 자아 존중감 척도 검사를 하였다. ABAB 설계에 따라 제 1 기저선(A_1), 제 1 개입(B_1), 제 2 기저선(A_2), 제 2 개입(B_2)의 각 단계에 검사를 하였고, 검사 결과에 대한 시계열 분석은 다음과 같다.

① 우울증 척도(BDI)의 변화

영상관법이 중년 여성의 우울증 감소에 미치는 효과를 규명하기 위해, 우울증 척도의 변화 추이를 살펴본 결과는 다음 〈표 18〉 및 〈그림 11〉과 같다.

〈표 18〉 우울증 척도(BDI)의 변화

	제 1 기저선(A_1)	제 1 개입(B_1)	제 2 기저선(A_2)	제 2 개입(B_2)
날짜	7/22	10/27	1/20	4/7
척도	12	2	19	0

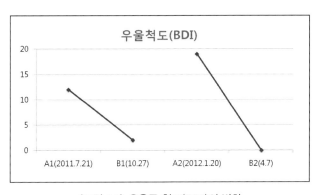

〈그림 11〉 우울증 척도(BDI)의 변화

위의 〈그림 11〉에서 제 1 기저선기(A_1)에 측정한 우울증 척도는 12점으로 경우울증에 해당하고, 1차 개입(B_1)으로 8회기의 영상관법 프로그램을 시행한 뒤에 측정한 우울증 척도는 2점으로 우울하지 않은 상태를 나타내 현저하게 우울증 척도가 감소하였다. 개입의 효과가 뚜렷하게 보였다. 제 2 기저선기(A_2)에 측정한 우울증 척도는 19점으로 중우울증 상태에 해당하며, 1차 개입(B_1)을 중단하고 3개월이 지난 시점에서 우울증 척도가 매우 높게 상승하였음을 알 수 있다. 개입 철회의 효과가 뚜렷하게 보였다. 제 1 기저선기(A_1)보다 7점이나 점수가 높은 이유에 대해 연구 참여자는 2차 진단평가 1회기에서 예전보다 느끼는 민감성이 높아지고, 자신의 문제를 바라보는 관점의 변화로 인해 처음보다 점수를 높게 주었기 때문이라고 하였다. 또한, 제 2 기저선기(A_2)에 우울 삽화가 2번 발생한 것도 점수에 영향을 준 것으로 보인다. 2차 개입(B_2)으로 8회기의 영상관법 프로그램을 다시 시행한 뒤에 측정한 우울증 척도는 0점이다. 이것은 우울하지 않은 상태를 나타내며 1차 개입(B_1)때보다 더욱 높은 점수 차이로 우울 척도가 감소하여 2차 개입(B_2)에서 더 뚜렷하게 개입의 효과를 보였다. 이것은 연구 참여자가 2차 개입 후 전체 회기에 대한 평가에서 우울증 증상을 거의 느끼지 않을 정도로 우울증이 호전되었다는 평가와 일치하는 결과이다.

1차 프로그램 개입(B_1)과 2차 프로그램 개입(B_2)에서 모두 뚜렷한 우울증 척도의 감소세를 보이고, 제 2 기저선기(A_2)에 개입을 철회한 상태의 우울증 척도가 높이 상승한 것으로 보아 영상관법 프로그램 개입이 우울증 감소에 유의미하게 영향을 미친 것으로 볼 수 있다.

② 불안 척도(STAI)의 변화

영상관법이 중년 여성의 우울증 감소에 미치는 효과를 규명하기 위해, 연구 참여자의 우울증과 매우 밀접한 관련을 맺고 있는 불안 척도를, 상태 불안 척도와 특성 불안 척도 2가지로 변화 추이를 살펴본 결과는 다음 〈표 19 〉및 〈그림 12〉와 같다.

〈표 19〉 상태−특성 불안 척도(STAI)의 변화

	제 1 기저선(A_1)	제 1 개입(B_1)	제 2 기저선(A_2)	제 2 개입(B_2)
날짜	7/22	10/27	1/20	4/7
특성 불안	61	41	69	47
상태 불안	58	48	67	53

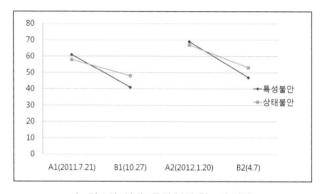

〈그림 12〉 상태−특성 불안 척도의 변화

위의 〈그림 12〉에서 특성 불안 척도는 제 1 기저선기(A_1)에서 61점, 상태 불안 척도는 58점이었는데, 1차 개입(B_1)후 특성 불안 척도는 41점으로 20점이 감소하고, 상태 불안 척도는 10점이 감소하여 둘 다 뚜렷한 개입의 효과를 보였다. 특성 불안 척도가 좀 더 많이 감소하였다. 개입을 소거한 제 2 기저선기(A_2)에 특성 불안 척도는 69점으로 28점이 증가하였고, 상태 불안 척도는 67점으로 19점이 증가하여 둘 다 1차 개입 철회의 효과가 뚜렷하게 나타났다. 여기서도 특성 불안 척도 점수 증가가 높아 변화가 더 뚜렷했다. 제 1 기저선기(A_1)보다 둘 다 점수가 높은 이유에 대해 연구 참여자는 자신에 대해 방어하던 것에서 개방적이 되어 솔직해지니, 자신의 문제에 대한 이해도나 인식이 좀 더 선명해진 까닭이라고 하였다. 2차 개입(B₂) 후 특성 불안 척도는 47점으로 22점이 감소되었고, 상태 불안 척도는 53점으로 14점이 감소하였다. 둘 다 1차 개입(B₁)때 보다 더 높은 점수 차이로 불안 척도가 감소되어 뚜렷하게 개입의 효과를 보였다.

특성 불안 척도와 상태 불안 척도 둘 다 1차 프로그램 개입(B₁)과 2차 프로그램 개입(B₂)에서 뚜렷한 불안 척도의 감소세를 보이고, 제 2 기저선기(A₂)에 개입을 철회한 상태의 불안 척도 역시 뚜렷하게 상승한 것으로 보아, 영상관법 프로그램 중재가 우울증에 영향을 미치는 특성 불안 척도와 상태 불안 척도의 감소에 유의미하게 영향을 미친 것으로 볼 수 있다.

③ 자아존중감 척도의 변화

영상관법이 중년 여성의 우울증 감소에 미치는 영향을 규명하기 위해, 우울증과 연관되어 나타나는 낮은 자존감과 관련하여 자아존중감 척도의 변화 추이를 살펴본 결과는 다음 〈표 20 〉 및 〈그림 13 〉과 같다.

〈표 20〉 자아존중감 척도의 변화

	제 1 기저선(A₁)	제 1 개입(B₁)	제 2 기저선(A₂)	제 2 개입(B₂)
날짜	7/22	10/27	1/20	4/7
척도	20	26	16	30

〈그림 13〉 자아존중감 척도의 변화

자아존중감 척도는 위 〈그림 13〉의 제 1 기저선기(A₁)에서 20점이었는데 1차 개입 (B₁) 후 26점으로 6점이 증가하였고, 제 2 기저선기(A₂)에서는 16점으로 10점이 감소하였다가 2차 개입(B)에는 30점으로 14점이 증가하였다.

1차 프로그램 개입(B₁)과 2차 프로그램 개입(B₂) 모두에서 뚜렷한 자아존중감 척도의 상승이 나타났고, 제 2 기저선기(A₂)에 개입을 철회한 상태의 자아존중감이 다시 감소한 것으로 보아 영상관법 프로그램 중재가 우울증 감소와 관련된 자아존중감 척도의 변화에 유의미하게 영향을 미친 것으로 볼 수 있다. 특히 2차 개입에서 더 뚜렷한 개입의 효과가 나타났다.

(2) 자기관찰 측정에 의한 분석

제 1 기저선 단계에서 연구 참여자에 대한 심리평가와 주호소 문제 경청을 통해 자기 관찰의 필요성이 있다고 판단하여 자기 관찰 측정을 결정했고, 그 방법은 마음과 몸의 영역으로 나누어 직접 느낄 수 있는 기분에 해당하는 정서[1]와 신체화로 드러나는 몸느낌을 관찰하였다. 제 1 기저선기(A₁), 1차 프로그램 개입(B₁), 제 2 기저선기(A₂), 2차 프로그램 개입(B₂) 단계까지 매일 반복해서 관찰 측정한 결과에 대한 분석은 다음과 같다.

① 정서의 변화

본 연구에서 앞서 이론적 고찰[2]을 통해 살펴보면 우울증은 기분 장애에 해당하며, 불안과 구분하여 '부정적인 정서'를 포함해서 우울에만 해당하는 증상으로서 '낮은 긍정 정서'의 특징을 지닌다. 연구 참여자의 상담 목표에도 긍정적 정서를 높이는 것이 첫 번째 목표로 설정되었기에 영상관법 프로그램 개입에 의한 우울증의 감소를 ABAB 설계의 시간 순서대로 정서 변화를 통해 관찰하고자 하였다.

---

[1] 정서는 흔히 어떤 자극에 대하여 흥분하고 동요될 때 경험하는 심리상태라고 정의하고 있다 (황옥자, 1994).

[2] 본 논문 '이론적 배경'의 「우울과 불안과의 관계」에서 밝혔다.

정서 평가 질문지를 참고하여[3] 부정적인 정서[4]와 긍정적인 정서[5]를 표현하는 형용사 각각 10개씩 20문항으로 평가지를 만들었다. '부정적 정서'의 경우는 2주간 자주 느끼는 감정의 종류를 파악하여 정서 평가 질문지의 문항을 연구 참여자가 자주 느끼는 감정 이름으로 추가하여 수정하였다.

기저선 단계는 2주 동안 매일 측정한 것을 주별 평균 점수로 계산하여 설정하였다. 연구 참여자가 매일 밤 자기 전에 하루 동안의 기분상태 정도를 7점 평점으로 평가하여 기록한 것을 '부정적 정서'와 '긍정적 정서'로 나누어 주별로 평균을 내어 다음 〈표 21〉, 〈표 22〉와 같이 제시했고, ABAB 설계의 시간 순서대로 측정한 정서 변화 추이는 다음 〈그림 14〉의 그래프로 나타냈다.

〈표 21〉 정서의 변화 추이1

구분	1 기저선(A₁) 단계			1차 개입(B₁) 단계								
	1	2		3	4	5	6	7	8	9	10	
정서	2011년 8월 3주	8월 4주	평균	9월 1주 ❶[6]	9월 2주 ❷	9월 3주 ❸	9월 4주 ❹	10월 1주 ❺	10월 2주 ❻	10월 3주 ❼	10월 4주 ❽	평균 평균
부정	22	23	23	18	19	19	20	21	23	19	20	20 ↓
긍정	24	27	26	28	28	26	23	22	22	25	26	25 ↓

〈표 22〉 정서의 변화 추이2

구분	1 기저선(A₂) 단계			2차 개입(B₂) 단계								
	11	12		13	14	15	16	17	18	19	20	21
정서	2012년 1월 3주	1월 4주	평균	2월 1주 ❶[6]	2월 2주 ❷	2월 3주 ❸	2월 4주	3월 1주 ❹	3월 2주 ❺	3월 3주 ❻	3월 4주 ❼	3월 5주 ❽	평균
부정	35	34	35 ↑	32	34	33	32	32	28	29	26	26	30 ↓
긍정	22	22	22 ↓	27	27	26	25	28	30	29	29	28	27 ↑

---

[3] 고려대학교 부설 행동과학연구소 (1998). 심리척도 핸드북 I, p. 277 참조하였다.

[4] 부정적 정서(10가지) : 침울한, 불안한, 울컥하는, 걱정스러운, 무력감, 실망스러운, 긴장된, 답답한, 불안정한, 무의미한

[5] 긍정적 정서(10가지) : 만족스러운, 안심되는, 뿌듯한, 행복한, 침착한, 생동감 있는, 희망찬, 차분한, 편안한

[6] ❶=1회기, ❷=2회기, ❸=3회기, ❹=4회기, ❺=5회기, ❻=6회기, ❼=7회기, ❽=8회기를 나타냈다.

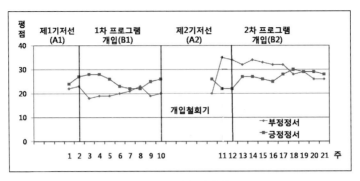

〈그림 14〉 정서 변화 추이

ㄱ. 부정 정서의 변화

ABAB설계에 따라 각 단계의 평균 점수를 비교해 보면 부정 정서는 제 1 기저선단계의 23점에서 20점으로 1차 개입 후에 3점이 감소하고, 3개월 동안 개입을 철회한 후 35점이라 15점이 증가했고, 2차 개입 후 30점으로 5점이 감소하여 2번의 개입 이후 부정 정서 평점이 감소하였고, 개입 철회 이후 점수가 매우 크게 상승하였다. 개입과 철회의 효과가 반복해서 나났다.

아래 그래프로 시각적 분석을 하면 1차 개입에서는 1회기에서 4회기까지 부정 정서가 감소한 것이 거의 비슷하게 유지되었다. 진단평가 4회기를 하고 연구 참여자가 자신의 문제에 대한 인식이 높아져서 불편한 정서가 많이 감소한 것이 그대로 유지된 것으로 보인다. 6회기에 해당하는 주에 부정 정서가 높이 상승하였는데 이때는 추석 연휴의 피로가 덜 풀려 의욕이 없고 힘들어하는 시기였다. 마지막 7회기와 8회기에는 감소세를 보였다. 제 1차 기저선기에 비해 부정 정서가 1차 개입 후 소폭으로 감소했고, 그나마 중간 부분에서는 변화가 크지 않았다. 제 2차 기저선기에 부정 정서가 매우 높게 평가된 것은 두 번의 우울 삽화 영향도 있겠지만, 연구 참여자의 민감성과 개방성이 높아져 평점 기준이 높아진 것으로 보인다. 제 2차 기저선기에서 2차 개입 후를 비교하면 완만하게 부정 점수 평점이 감소함을 확인할 수 있다. 부정 정서는 평점의 평균 점수별 비교와 그래프의 시각적 분석을 종합하여 살펴보면 1차와 2차 프로그램 개입으로 감소하고, 개입 철회로 증가하여, 유의미하게 변화됨이 확인되었다.

ㄴ. 긍정 정서의 변화

부정 정서와 같은 방법으로 평균 점수를 ABAB 설계에 따라 비교해 보면 긍정 정서는 제1 기저선단계에서 26점으로 1차 개입 후에 1점이 도리어 감소하고, 3개월 동안 개입을 철회한 후에는 22점으로 3점이 감소했고, 2차 개입 후 27점이라 5점이 증가하였다. 전체적으로 1점이 증가했다.

위의 그래프로 시각적 분석을 하면 1차 개입에서는 오르락내리락 또는 약간 올라가는 등 기복이 심해 유의미한 변화를 찾아보기 어렵지만 2차 개입에서는 전체적으로 점진적인 증가세를 보였다. 부정 정서와 달리 그 변화가 큰 폭으로 나타나지는 않았지만 1차 개입 철회 후 긍정 정서의 감소, 2차 개입 후 긍정 정서의 증가를 통해 전체적으로 프로그램 개입과 철회의 효과가 긍정 정서의 변화로 유의미하게 나타나고 있다고 볼 수 있다.

② 몸느낌의 변화

몸 영역에서는 신체화 증세가 가장 심하게 드러나는 머리, 가슴, 어깨 부위 세 군데를 선택하여 불편한 느낌의 정도를 7점 평점으로 측정하여 기록하였다. 매일 기록한 것을 주별로 평균을 낸 결과는 다음 〈표 23〉, 〈표 24〉, 〈그림 15〉와 같다.

〈표 23〉 몸느낌의 변화 추이 1

구분	1 기저선(A₁) 단계			1차 개입(B₁) 단계								
	1	2		3	4	5	6	7	8	9	10	
몸 느낌	2011년 8월 3주	8월 1주	평균	9월 1주 ❶	9월 2주 ❷	9월 3주 ❸	9월 4주 ❹	10월 1주 ❺	10월 2주 ❻	10월 3주 ❼	10월 4주 ❽	평균
머리	2	2.1	2.5	2.0	2.1	2.1	2.0	2.1	2.1	2.2	2.0	2.0↓
가슴	3.2	2.2	2.7	3.4	3.1	3.0	3.4	3.1	2.5	2.5	3.0	3.0↑
어깨	2.2	2.1	2.1	2.0	2.2	2.1	2.2	2.7	2.1	2.0	2.5	2.2↑

<표24> 몸느낌의 변화 추이 2

구분 몸 느낌	2 기저선(A₂) 단계			2차 개입(B₂) 단계									
	11	12		13	14	15	16	17	18	19	20	21	
	2012년 1월 3주	1월 4주	평균 평균	2월 1주 ❶	2월 2주 ❷	2월 3주	2월 4주 ❸	3월 1주 ❹	3월 2주 ❺	3월 3주 ❻	3월 4주 ❼	3월 5주 ❽	평균 평균
머리	4.0	3.5	3.7↑	3.1	4.0	3.4	3.5	3.0	3.2	3.2	2.7	2.5	3.1↓
가슴	3.4	3.8	3.6↑	3.4	4.0	3.7	3.7	3.1	3.2	3.0	3.5	3.5	3.4↓
어깨	3.4	3.0	3.2↑	3.0	3.1	3.2	3.1	3.0	3.4	3.2	3.1	3.1	3.1↓

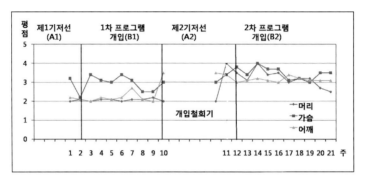

<그림 15> 몸느낌 변화 추이

ㄱ. 머리 몸느낌의 변화

ABAB설계에 따라 각 단계의 평균 점수를 비교해 보면 머리 몸느낌은 평점이 제 1 기저선단계 2.5 → 1차 개입 단계 2.0↓ → 제 2 기저선단계 3.7↑ → 2차 개입단계 3.1↓으로 1차 개입 후에 불편한 몸 느낌이 감소하고, 3개월 동안 개입을 철회한 후에는 몸느낌이 증가했으며, 2차 개입 후 또 몸 느낌이 감소하여 개입과 철회의 효과가 반복해서 나타나고 있다.

위 <그림 15>의 그래프에서 머리 몸느낌 변화를 시각적으로 검토해 보면 1차 기저선기와 비교해 1차 개입했을 때의 변화가 크게 눈에 띄지 않는다. 반면에 제 2 기저선기에서 2차 개입을 했을 때 점차적으로 몸느낌이 감소되는 추이를 살펴볼 수 있다. 따라서 머리 부분의 몸느낌 평점의 평균 점수별 비교와 그래프의 시각적 분석을 종합하여 살펴보면 2차 프로그램 개입에 의해 머리 부위의 몸느낌이 유의미한 변화가 있다고 볼 수 있다.

ㄴ. 가슴과 어깨 몸 느낌의 변화

위의 〈표 23〉, 〈24〉에서 가슴과 어깨 몸 느낌의 평균 점수를 비교해 보았을 때 제 1 기저선기에 비교해 둘 다 1차 개입 후의 점수가 약간 더 높아 개입의 효과를 확인하기 어려우나, 제 2 기저선기에서 2차 개입 후의 가슴과 어깨의 몸느낌의 정도가 약간 감소하였다.

위 〈그림 15〉의 그래프에서 시각적으로 몸느낌의 변화를 검토해 보면 가슴 부위는 제 1 기저선기와 비교해 1차 개입의 변화를 뚜렷이 살펴보기가 어렵다. 1차 개입에서는 기복이 있었지만, 끝 회기에는 점수가 많이 감소하는 모습이 나타났다. 다만 제 2 기저선기에 안정적이지 못해 비교하는 데 어려움이 있다. 그래프로 보았을 때 제 2 기저선기와 2차 개입을 비교하는 것이 유의미하지 않지만 2차 개입을 통해 전체적으로는 가슴의 몸느낌이 감소되는 추세임을 알 수 있다. 다만 마지막 7회와 8회기에 점수가 향상된 것은 개인일지를 통해 검토한 결과 졸업식이 있는 시기였는데, 재임 중인 학교의 6학년 졸업식과 조카의 졸업식에 불참한데 따른 불편한 마음이 있었기 때문이다.

어깨 부위 몸느낌의 경우 긴장감이 드러나는 곳임에도 1차 개입 때나 2차 개입 때 유의미한 변화를 찾아 일관성 있게 해석하기가 어렵다. 다른 두 곳의 신체 느낌보다 비교적 일정한 점수가 유지되고 있는 것이 특징으로 보인다.

또한, 연구 참여자의 신체화가 가장 강하게 드러나는 가슴 부위의 몸느낌 의 변화를 시계열 분석으로 유의미한 해석을 못한 것이 아쉽다. 영상관법을 통해 몸느낌의 변화를 확인했고 부정적 정서의 감소도 뚜렷하게 나타났는데, 측정치로 드러나지 않은 이유는 정서 평가와 같이 평점으로 계산하다 보니 불편한 몸느낌의 변화를 정확히 반영하지 못했다. 몸느낌의 강도를 %로 측정했다면 상대적으로 변화정도를 좀더 쉽게 이해하는데 도움이 되었겠다.

2) 영상관법의 개입에 관한 시계열 분석

(1) 알아차림 주의 자각 척도 결과

알아차림은 판단하지 않고 수용의 방식으로 자신의 주의를 현재의 순간에 일어나는 경험에 의도적으로 초점을 맞추는 것으로 영상관법 할 때 현재의 접촉되는 영상에 얼마나 의도적으로 주의를 두고, 판단하지 않고 수용적인 태도로 경험에 집중하는지와 유사하기에 이 척도로 주의와 자각의 정도를 측정하고자 한다. 다음 〈표 25〉, 〈그림 16〉은 ABAB 설계의 4단계에 걸쳐 측정한 결과이다.

〈표 25〉 알아차림 주의 자각 척도의 변화

	제 1 기저선(A₁)	제 1 개입(B₁)	제 2 기저선(A₂)	제 2 개입(B₂)
날짜	7/21	10/27	1/20	4/7
척도	66	74	60	76

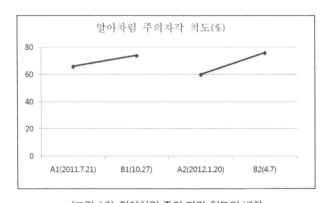

〈그림 16〉 알아차림 주의 자각 척도의 변화

ABAB 설계에 따른 연구 참여자의 주의와 자각의 정도 경향을 보면, 제 1 기저선 단계 66점 → 제 1 개입단계 74점↑→ 제 2 기저선 단계 60점↓ → 제 2 개입단계 76점↑으로 1차 개입 후에 8점이 증가하고, 3개월 동안 개입을 철회한 후 14점이 감소했으며, 2차 개입 후 16점이 증가하여 2번의 개입 이후 주의와 자각 측정치가 증가하였고, 개입 철회 이후 측정치가 감소하였다. 개입과 철회의 효과가 반복해서 나타나고 있다. 1차 개입 때보다 2차 개입 때의 증가폭이 높은 점으로 보아 2차 개입 시기에 알아차림 능력이 더 많이 향상된 것으로 보이며, 이것은 축어록의 내용과도 일치한다. 다음 〈표 26〉, 〈그림 17〉은 2차 개입 프로그램의 회기별로 영상관법을 마치고 평가한 선명도와 집중도의 변화이다.

영상관법 프로그램의 1차 개입에는 2차 프로그램 개입 때보다 영상의 선명도가 높지 못하고, 영상을 떠올려 접촉하는 것도 선명도가 낮아 1번 이상을 시도하지 못했다. 그러나 2차 개입 때의 영상관법에서는 한 장면을 반복해서 3회~4회를 시도했고, 매회기 영상관법 평가에서도 선명도와 집중도가 높아짐을 확인할 수 있었다.

〈표 26〉 2차 영상관법 개입 후 평가 결과

회기	1회기	2회기	3회기	4회기	5회기	6회기	7회기	8회기
선명도(%)	60	50	60	70	85	90	90	90
집중도(%)	70	70	80	80	90	90	85	90

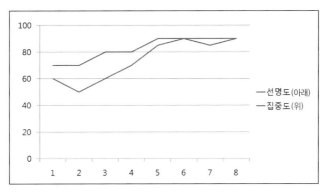

〈그림 17〉 2차 영상관법 개입 후 평가결과

(2) 비수용과 억압검사(WBSI) 결과

이 척도는 사고억제의 일반적인 경향성을 측정하기 위한 것이다. 불편하거나 원치 않는 생각을 수용하지 않고 억압하는 정도를 나타내는 것이다. 이 척도 검사의 결과는 다음 〈표 27〉과 〈그림 18〉의 그래프로 아래와 같이 제시하였다. ABAB 설계에 따른 연구 참여자의 사고억제 경향을 보면 81점 → 40점↑→ 73점↓ → 54점↑으로 제 1 기저선 단계(A₁)에서 제 1차 프로그램 개입(B₁)후 41점이라는 높은 점수의 감소가 있었고, 3개월 간 프로그램 개입을 중단한 후인 제 2 기저선 단계(A₂)에서는 33점이 증가했고, 제 2차 프로그램 개입(B₂) 후에는 19점의 감소가 있어 개입과 철회의 효과가 뚜렷하게 나타났다. 내향성이 강하고 강박적이며 개방성이 떨어지는 연구 참여자의 강한 성격적 특성과 불안으로 말미암아 심리적 억압이 높은 경향이 영상관법 프로그램을 통해 크게 변화된 점을 유추해 볼 수 있다.

〈표 27〉 비수용과 억압 척도의 변화

	제 1 기저선(A₁)	제 1 개입(B₁)	제 2 기저선(A₂)	제 2 개입(B₂)
날짜	7/21	10/27	1/20	4/7
척도	81	40	73	54

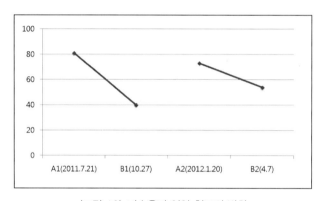

〈그림 18〉 비수용과 억압 척도의 변화

2. 회기별 상담과정 분석

1차 '영상관법 프로그램' 개입에서는 현재의 주호소 문제를 중심으로 진행했고, 2차 '영상관법 프로그램'개입에서는 심층 심리에 접근하기 위해 심리도식과 연관된 현재나 어린 시절의 미해결 과제를 주제로 진행하였다. 사전에 계획한 반구조화된 영상관법 프로그램을 연구 참여자의 상태나 주호소문제의 특성에 따라 회기별로 유연성 있게 진행하였다. 상담진행 결과를 1차 프로그램 개입과 2차 프로그램 개입으로 나누어 회기별 핵심주제로 제시하면 다음 〈표 28〉과 같다.

〈표 28〉 회기별 핵심주제

회기	1차 개입	2차 개입
특징	현재의 대인관계 문제	어린 시절, 부정적인 핵심 신념
1	상담 목표, 주호소 문제 파악하기	2차 상담 목표 확인, 직면하기
2	연구 참여자의 변화 확인	성공 사례와 불안에 관련된 어린 시절 기억
3	둘째 딸 문제에 부적절한 대처로 여전히 갈팡질팡함	'나는 부족하다'는 핵심 신념 다루기
4	시어머니와의 불화가 둘째 딸에게 공격적으로 표출됨	'나는 부족하다'의 어린 시절 경험: 밴댕이 소갈딱지
5	둘째 딸과의 소통의 걸림돌	상대방은 '메이저', 나는 '마이너'
6	불안이 대인 관계의 걸림돌	사고형 영상관법의 성공사례
7	우울 재발 우려와 부정적 생각	'상대가 공격한다'와 어린 시절 엄마에게 맞은 경험
8	교직 생활에서의 실패 경험	가치 탐색과 목표 설정

'영상관법 프로그램'을 적용한 각 회기의 명상상담의 운영은 앞쪽 17~18쪽에서 자세히 소개했듯이 ① 공감과 지지단계 → ② 명료화 단계 → ③ 체험적 단계 → ④ 행동적 단

계의 4단계로 하였고, 명상상담 진행결과는 주로 3단계의 체험적 단계에서 치료적 처치 단계로 개입한 영상관법 위주로 정리하였다.

1) 제 1차 영상관법 프로그램 개입

1차 영상관법 프로그램에서는 일상적으로 반복되고 패턴화된 둘째 딸과 시어머니와의 대인관계문제를 주로 다루었고, 노출하기 싫었던 교직생활의 실패경험은 8회기에 직면하게 되었다. 또한, 연구 참여자의 부정적인 핵심신념은 7회기와 8회기에 탐색하게 되었지만 본격적인 생각다루기는 2차 개입에서 하게 되었다. 영상관법은 모든 회기에 다 하지 못하여 1회기와 6회기에 감정형 영상관법, 1회기, 4회기, 8회기에는 갈망형 영상관법, 7회기에는 사고형 영상관법으로 개입하였다. 1차 영상관법 프로그램에서는 대처행동의 부적절함으로 갈등을 빚고 있어 감정을 해소하고, 갈망을 탐색해 좌절된 욕구를 표현한 후 새로운 행동을 탐색해 보는 감정형과 갈망형 영상관법 위주로 진행된 것이 특징이다. 2가지 유형은 다음과 같은 순서로 개입하였다.

감정형 영상관법

• 감정에 이름붙이기 → 불편한 몸느낌 알아차리기→ 몸느낌에 머물러 지켜보기
  (오감명상)→ 호흡 지켜보기

갈망형 영상관법

• 갈망 탐색해서 지켜보기→ 대처행동 탐색하기→ 새로운 행동 실천하기
  (말이나 행동으로 표현하기, 내면아이 치유하기)→ 느낌탐색, 호흡으로 돌아오기

1차 영상관법 프로그램 개입 후 연구 참여자는 우울과 불안이 많이 감소되었고, 대인관계에서 갈등상황이 있을 때 적극적인 대응을 시도할 수 있게 되었다. 반면에 연구 참여자의 회피와 억압의 방어기제로 영상관법으로만 상담을 진행하기 어려운 점이 있었다.

하지만 1차 개입은 연구 참여자의 문제를 좀 더 심도 있게 파악하고, 우울증의 원인을 탐색할 수 있어서 2차 개입에서 연구 참여자의 우울증 문제의 심층적인 측면을 다룰 수 있는 밑바탕이 되었다.

(1) 제 1회기 상담 : 상담 목표 확인과 주호소 문제 파악하기

① 상담 목표 확인

1회기의 목표는 상담 목표를 설정하고 주호소 문제를 파악하는 것이었다. 상담 목표는 진단평가에서 어느 정도 얘기가 되었기에 상담 목표를 다시 확인하였다.

T3: 나에게 제일 시급하게 변화되기를 원하시는 것은?
P3: 저 자신이 밝은 쪽으로 변화되어야겠지만 가족이나 학교에서 학생들 상대할 때 밝게 지냈으면 하는 바람이에요.
T4: 우울을 겪으셨으니 기분상태가 긍정적인 방향으로 되었으면 하네요.

연구 참여자와 상담 목표를 확인하고 합의한 내용은 다음의 3가지이다.
첫째, 우울한 감정을 다스려 긍정적 정서를 유지하는 것
둘째, 자신감, 자존감을 높여 문제 해결력을 높이는 것
셋째, 대인관계를 원만하게 하는 것

② 주호소 문제 파악하기 : 시어머니와 둘째 딸과의 문제

연구 참여자를 우울하게 만드는 불편한 대인관계문제로 시어머니와 둘째 딸에 관한 얘기를 경청하고, 영상관법을 통해 문제파악과 고통의 강도를 확인하였다.

연구 참여자는 시어머니와 둘째 딸과의 관계에서 겪는 고통의 강도를 똑같이 70% 정도라고 매우 높게 말하였다. 목표달성이 되어 관계가 좋아진 것을 확인할 수 있는 방법으로 연구 참여자는 시어머니와는 대화가 자연스럽게 되어 같이 있는 것이 편안해지는 것,

둘째 딸과는 딸의 반응이 공격적이지 않게 되는 것이라고 얘기하였다.

ㄱ. 시어머니 문제 : 감정형 영상관법

시어머니의 '너희가 우리를 따돌린다.'라는 서운한 마음이 실린 말의 뉘앙스에 비난하는 것으로 느껴 화가 나서, 연구 참여자 역시 두루뭉술하게 대꾸하면서 시어머님 말을 무시했던 사례를 경청하고 감정형 영상관법을 하였다.

T18: 어떤 장면이 보입니까?

P18: 시어머니가 거실 쇼파에 앉아 있고...(중략)

T19: 이 장면에서 내가 불편한 게 뭐죠?

P19: 시어머니 말투하고 '너네', '그 베개'라는 말이 거슬려요.

T20: 말투도 그렇고 말의 내용도 거슬리네요. 지금 이 장면에서 내 기분이 어떤가요?

P20: 화가 나고 짜증도 나고, 한번 붙어보고 싶은 '욱'하고 치밀어 오르는 것이 확 올라와요.

T21: 지금 이 영상을 다시 접촉하면서 신체에 어디가 불편하게 느껴지나요?

P21: 왼쪽 가슴부위가 따끔따끔. 호흡할 때도 있었고, 지금은 뭔가 뻐근하다는 느낌이 있어요.

T22: 제일 불편한 게 100%라면 어느 정도 강도라 할까요?

P22: 심하지 않고 20~30%

T23: 그 부위로 숨을 들이쉬고 내쉬고, 들숨 날숨일 때 차이를 보고하세요.

P23: 들숨에 통증이 뒤로 밀려가는 느낌, 내쉴 때는 약간 이동하는 것 같아요. 점점 옅어져서 지금은 10%정도에요.(중략)

T28: 호흡으로 돌아옵니다. 호흡을 지켜보세요. 호흡이 어떠세요?

P28: 뻑뻑해요. 배가 무거운 느낌이에요.

T29: 아까 그 장면을 다시 떠올려 보세요.

P29: 장면이 어렴풋이 보일 듯 말 듯 해요.(중략)

P54: 영상관법 하면서 시어머니 문제는 진짜 별거 아니다. 그런데 그 문제로 나를 볶아왔다는 생각을 했다는 것을 느꼈어요.(중략)

P55: 너무 나서고 자기 것을 하려는 것에 제가 반발심이 있는 것 같아요. 자기 영역을 확장하려는 것이 있어서 영역 다툼 같은 것이 있어요. 몸으로 마음으로 엄청나게 헌신

하면서 자신의 존재를 드러내려고 하는 것이죠[7].

감정형 영상관법으로 시어머니의 말에 불편함을 느낀 장면을 떠올려 화와 짜증의 감정에 접촉하고, 가슴의 따끔거리고 뻐근한 몸느낌을 지켜보기 하여 완화되었다. 2차로 영상을 다시 떠올렸을 때 첫 번째 장면이 보일 듯 말듯 흐려진 것을 통해 감정이 완화되었음을 확인할 수 있었다.

통찰한 부분은 시어머니 문제가 둘째 딸 문제보다 비중이 낮고, 연구 참여자가 노력만 하면 걱정할 정도가 아니라는 것과 시어머니와의 문제원인이 자녀양육의 주도권을 둘러싼 영역 다툼의 갈등임을 파악한 것이다.

ㄴ. 둘째 딸 문제

둘째 딸 문제는 시어머니 문제보다 날이면 날마다 반복되는 것이라 연구 참여자는 비중이 더 큰 문제로 느꼈다. 게임을 하고 있는 장면을 떠올려 1차는 감정형 영상관법, 2차는 갈망형 영상관법을 하였다.

1차 영상관법(감정형)

T30: 둘째 딸과 관련된 장면을 떠올려 보세요.

P30: 둘째가 거실 북쪽 베란다 컴퓨터에 앉아 게임하고 있어요. 나는 그 옆에 서 있어요.

T31: 무엇이 나를 불편하게 하죠?

P31: 친구 생일 파티 때문이라는 말.

T32: 지금 내 기분이 어때요?

P32: 화, 실망스러움, 왜 또 약속을 안 지키나

T33: 몸에는 어떤 느낌이 나타났나요?

P33: 등이 아파요(30~40%), 왼쪽 앞쪽 가슴이 쑤셔요(20%). 순간 왔던 거라 없어졌어요. 명치끝이 답답해요(30~40%). 이마 띵한 느낌(20%) 들숨에 통증이 앞으로 뻗어나가고 날숨에 통증이 들어오는 느낌. 왼쪽은 옅어지고 관자놀이가 저리는 느낌. 명치 답답함이 20%에서→ 10%로 떨어짐

---

7 축어록의 인용은 각 회기의 상담 축어록에서 발췌하였다

2차 영상관법(갈망형)

T34: 다시 한 번 아까 딸의 모습을 떠올려보세요.

P34: 둘째가 컴퓨터 앞에 앉아 있고, 흐릿하게 장소만 느껴져요.

T35: 이 장면에서 어떤 기분이죠? 내가 느끼는 감정은 무언가요?

P35: 답답함, 불안, 자책

T36: 이 감정은 느낄 때 어떤 생각이 스치고 지나갔죠? 내가 했던 생각은 무언가요?

P36: 이게 언제 끝날까. 애가 언제까지 이럴까. 애가 왜 이럴까, 나 때문에 이러나.

T37: 내가 원하는 게 뭐죠?

P37: 둘째가 마음을 잡고 의욕을 가지고 공부와 생활에 임했으면 좋겠어요.

T38: 이때 나는 어떻게 행동했죠?

P38: 권유하고, 한심하다고 생각하면서 소극적으로 질책하고 야단쳤죠.

T39: 지금 여기서는 새로운 행동을 해 보겠어요. 내가 딸에게 하고 싶은 얘기를 해보세요.

역할교대기법

P39(엄마): 한다고 했으면 해야지. 못하겠다고 하는 것은 변명이잖니. 친구가 생일파티 안 한 것이 pc방 간 것 때문이라는 데, 너는 좋은 친구를 사귀었으면 하는데. 그런 친구를 사귀어서 엄마는 속상하다. 다른 애들은 학원도 가고 그러는데 너는 늦게 일어나고 밤늦게 까지 놀고(울먹이면서), 수업만 하고도 힘들다고 하는 것이 말이 되니. 언제까지 정신 안 차리고 그렇게 아무 대책도 없이 행동하니? 답답하다. 정신 좀 차렸으면 좋겠어. 네가 책을 안 읽어도 독서책도 준비해주고 그러는데 책은 쳐다보지도 않고(한숨), 그런 모습 보면 너무 답답하고 컴퓨터하면서 머리 말려 달라고 그러고. 그런 억지 행동하는 것 보면 너무 기가 막혀 가슴 아프다.

(딸): 친구가 우리는 생일파티 한다고 준비했는데 친구가 안 한다고 해서 우리도 속상한데 엄마가 내 입장에서 생각도 않고 그런 식으로 말할 수 있어. 그리고 나는 친구가 pc방 가도 따라간 것은 아니잖아. 그래도 내 입장에서는 선을 그어놓고 행동한다고. 그리고 공부안한다고 하는데 공부할 마음이 안 생기고 나도 내 마음을 어쩔 줄 모르는 것을 어떻게 하라고. 그런 얘기하면 더 하기 싫다고. 그러니까 뭐라고 하지 말고 내가 얘기할 때 들어주고 내가 해 달라는 것 해주고 그러면 좋겠는데 엄마는 어떤 때는 이해해주는 것 같은데. 엄마가 짜증나면 금방 나한테 뭐라고 하고 그래서 더 짜증난다고. 그냥 놓아두라고. 엄마가 알 바

아니니까 그냥 놓아두라고.

(엄마):   엄마가 너 마음 못 잡는 것 보면 엄마가 마음이 아파서 기다리자 하면서도 어느 순간 못 참고 화가 나서 참지 못하고 너를 비난하는 것처럼 얘기한 적이 있어. 엄마는 네가 방황에서 벗어나서 좀 편안해지고 즐거워졌으면 하는 마음에서 한 것인데 그런 식으로 비난하는 것처럼 들린다면 속상하고. 네가 또 그런 시간이 길어질까 봐 걱정이 되면서도 잘 참지 못하고 그런 일이 있는데, 네가 짜증내면서 요즘은 빨리 풀어진다는 것이 다행으로 생각되고 엄마는 네가 빨리 마음잡기만을 바라고 있어.

T40: 호흡으로 돌아오겠습니다. 지금 몸느낌은 어떠세요? (......)명치쪽은 어떠세요?

P40: 편안해요. 등은 남아있는데 약해졌어요. 가슴 왼쪽은 다 풀어졌어요.

T41: 잘 하셨어요. 호흡으로 돌아오세요. 호흡은 어떠세요?

P41: 울어서 숨이 약한 것 같아요.

소감나누기

T43: 딸 문제가 비중이 큰 거네요.

P43: 지금 해보니까 선명하게 드러나네요. (중략)

T45: 여기 안전한 공간에서 얘기하니 어때요?

P45: 시원하고 걔 입장도 정리가 되고.

T46: 아이도 의도적인 것이 아니라 아이도 마음을 못 잡아서 그렇죠.

P46: 내가 아이들 얘기 더 들어주고, 애기 짓을 해요. 말투도 애기처럼 해요. 머리말려 달라는 것도 화를 낼 때는 공격을 하지만.

T47: 퇴행을 하는 거네요. 사랑받고 싶어서. 공부보다 아이 마음이 편안해지고 정서를 안정시키는 것이 필요하네요.

P47: 알면서도 잘 안 되네요. 짜증을 안 내는 것은 꾹 참는 것은 눈에 보이니 안 되고. 제가 다스리면서 보여주어야지. 그러면서 기다려야지. 지금처럼 기다리는 것은 아닌 것 같아요.

게임을 하고 있는 둘째 딸을 대상으로 1차 영상관법을 하여 화와 실망감에 접촉되었고, 감정형 영상관법으로 감정이 완화되었다. 2차 영상관법에서는 답답함, 불안, 자책의 감정으로 변화되었다. 소극적으로 질책하고 야단치는 대처행동을 역할교대방식을 통해 하고 싶은 말을 표현하도록 하니 시원하게 감정이 해소되고 상대입장을 이해하게 되었다. 통찰한 것은 둘째 딸의 문제는 더 자주 드러나므로 시어머니와 비교하면 비중이 크다는 것, 딸의 반항적인 공격성향이 만만치 않으므로 감정 다스리기가 절실하게 필요하다는 것이었다.

(2) 제 2회기 상담 : 연구 참여자의 변화 확인

① 크게 힘든 일을 보고하지 않아 영상관법을 못 함

2회기의 상담 목표는 대인관계에서 주호소 문제를 다루는 것이었다. 추석 무렵에 시누이 남편들에 대해 조금 불편한 일을 일지에 적어왔지만, 불편한 감정을 직접 표현했기에 많이 남아있는 것이 없었다. 특별히 둘째 딸과 힘든 일도 없었다고 하여서 영상관법을 못하였다.

② 연구 참여자의 변화

7월 말에 진단평가를 한 때로부터 한 달 가까이 되었는데 몸의 컨디션과 자신감이 훨씬 좋아졌다고 보고한다. 4회기의 진단평가가 자신의 문제를 인식하는 데 도움이 많이 되었고, 지난 1회기에 대인관계 대처기술을 연습한 것이 도움이 되었는지 시어머니와의 문제나 둘째 딸과의 문제도 크게 드러나지 않았다.

T25: 지금 시점에서는 문제가 없는데 좀 더 시간 간격을 두고 상담하는 방법도 고려해 볼 수 있을 것 같아요.

P25: 지금 입장에서는 그렇지만 또 모르죠. 서 자신을 털어놓고 얘기할 수 있는 것도 도움이 많이 되는 것 같아요. 지난 2주간을 보면 상담을 못하면 '이번 주를 못견디겠다' 이렇게 생각은 들지 않아 제가 힘이 생긴 것 같다고 느꼈어요.

연구 참여자에게 특별히 힘든 문제가 없다고 하니 연구자로서 맥이 빠지고 '앞으로 계속 진행할 수 있을까'라는 생각에 다음 주 한 주를 쉬는 것을 제안했다. 그러나 현재 적절한 경험이 탐색되지 않으면 지난 힘든 경험들을 탐색할 수 있었는데 순발력을 발휘해 대처하지 못해 아쉬운 회기였다.

(3) 제 3회기 상담 : 둘째 딸 문제에 부적절한 대처로 여전히 갈팡질팡 함

3회기 상담 목표는 둘째 딸과의 대인관계문제를 주호소로 다루어 감정형 영상관법으로 마음현상을 탐색하고 불편한 감정을 해소하는 것이었다.

① 둘째 딸 문제에 대처를 못함

피부과 가는 문제로 둘째 딸에게 번번이 바람을 맞는 사례를 경청하였다. 스스로 한 약속이고, 여러 차례 확인한 것임에도 무책임하게 약속을 어기는 일이 일상적인 일처럼 되어 버렸지만 연구 참여자는 불안으로 인해 적절하게 대처를 못하고 있었다.

P16: 또 안 가면 어쩌나, 또 사마귀가 퍼지면 어쩌나, 날 원망하면 어쩌나, 혼란스럽고 걱정이 되는 거예요. 그럼에도 끊임없이 바람을 맞으면서도 매주 목요일이면 가자고 하는 것이 맞는지 그냥 놓아버리는 것이 맞는 것인지 고민인 거죠.

T16: 아이한테 어떻게 대처하는 것이 적절한지 갈피를 못 잡으시네요. 실패감을 맛보고 능력이 없다고 좌절감을 많이 느낄 수 있겠어요. 오늘도 바람맞았잖아요.

P16: 자기 하고 싶은 대로 하고 있어요.

T22: 이것에 대처를 못하면 어떻게 훈육을 할 수 있을까요?

P22: 단호하게 나가면 자기를 사랑하지 않는다고 생각하고, 일요일 날 밥 안 먹는 상황처럼 될 수 있어요. 옛날에는 아빠가 무서운 존재이지만 지금은 무서운 존재가 없는 거예요. 아빠는 부드럽게 하는데 그 때 뿐이고 할머니는 '어쩌겠냐! 기다려야지' 하시면서 애 안 들어오면 매달리고 전화하고.

T23: 엄마는 무서운 존재가 아니고 걱정과 불안이 많은 분이라 만회하려고 하는 거죠. 강하게 못 나가고 아이에게 쩔쩔맨다는 거죠. 가족들이 하는 대처가 효과적이지 못했군요.

P23: 애는 어떤 식으로 얘기 하냐면 '혼자 살게 내버려 두어라. 혼자 살겠다.' 이렇게 얘기 해요. 엄마 아빠는 맘에 안 들고, 동생도 싫어하거든요.

T24: 협박을 하네요. 아이가 영악하군요.

P24: 못됐다는 생각이 들어요. 저희 아버님께서 그런 데가 있거든요. 남편이 지쳤을 때는 '어쩌면 지 할아버지를 닮았냐.'그랬죠.

T25: 어려서 할아버지 하는 행동을 보고 자라서 그럴 수 있겠군요.

P25: 할아버지가 할머니한테 공격하는 것을 애들이 보긴 봤겠죠. 할아버지가 억지를 부리 는. 할머니는 화를 내지만 받아주긴 했죠.

T26: 큰소리치면서 공격적으로 행동하면 주변사람이 맞춰주는 것을 보면서 배웠겠죠.

P26: 저희를 비판할 때는 저희가 아버님께서 힘이 없다보니 '그게 아니고 이런 거예요.' 이런 모습을 성질나서 소리소리 지를 때는 왜 할아버지 할머니한테는 그렇게 하면서 '우리한테 왜 부모한테 그렇게 말을 들으라고.' 그러면서 공격을 하지요. (중략)

T32: 나름 대안이라 생각한 것이 효과가 없었군요. 또 딸 문제를 잘 대처 못하면 좌절감이 크고 많이 우울해질 것 같아요.

P32: 거리 지나가다 담배 피우는 아이들 보면⋯⋯. 저희 아이도 늦게 들어오는 때가 있거 든요. 그래서 불안하기도 해요.

둘째 딸에게 대안이라 생각해서 대처한 것이 효과적이지 못했고, 둘째 딸의 문제는 시부모와 같이 사는 이 가정의 문제가 압축되어 나타난 것임이 파악되었다.

② 역할극으로 새로운 대처방법 연습

딸이 무서워서 표현하지 못한 것을 표현해 보고, 하고 싶은 말을 해 보았다. 하면서 연구 참여자는 눈물을 많이 흘렸고, 하고 난 소감으로 대응하는 것을 연습하니까 어떻게 해야 할지 관점이 생겨서 좋았다고 하였다.

3회기는 경청하고 지지하는 일반 상담기법과 행동적 단계로 역할극을 통해 연구 참여 자가 둘째 딸 문제의 윤곽을 파악하고 대처행동을 연습한 것은 도움이 되었지만 체험적 단계로 영상관법을 개입하지 못했다. 초반에는 연구 참여자의 얘기를 충분히 경청하려는 태도로 1단계인 공감과 지지단계에 시간할애를 많이 하다 보니 영상관법을 시도하는데 어려움이 있었다.

(4) 제 4회기 상담 : 시어머니와의 불화가 둘째 딸에게 공격적으로 표출 됨

4회기 상담 목표는 시어머니와 둘째 딸과의 대인관계 문제를 주호소문제로 설정했다. 둘째 딸과 자연스러운 관계를 원하는데 마음과 다르게 행동은 늘 은근히 딸에게 공격적인 태도를 취해 갈등을 빚는 사례를 주호소로 경청하였다.

연구 참여자는 직장생활하면서 어린 딸들을 양육하기 힘들다는 이유로 회피하다가 시어머니에게 주도권을 뺏기게 되었다. 적극적으로 엄마 역할을 주장하지 못하면서 화가 누적되었고, 기분이 안 좋을 때는 아이들에게 짜증을 내거나 퉁명스럽게 대하는 것으로 나타났다. 이런 사례로 갈망형 영상관법을 다음과 같이 개입하였다.

T54: 지금 이 장면에서 불편한 감정은 어떤 생각이 스치고 지나간 거죠?

P54: 나는 아니고 저쪽은 편안하구나.

T55: '나한테는 냉정하고, 나하고 안 친하고 할머니하고는 친하구나.' 이런 생각이 올라오니 기분이 어때요?

P55: 화가 나요.

T56: 먼저 상대에게 화가 났죠. 그래서 공격을 했죠.

P56: 예. 근데 한편으로 생각하면 둘째에 대해서 감정이 있었나? 하는 생각이 들어요. 그 순간 어머니에 대한 시기심이 드는데 어머니에 대해서 공격할 수 없으니까 둘째에게 공격을 한 것이 아닌가 하는 생각이 들어요. 저는 어머니가 아이한테 잘해 주고 신경 쓰는 것도 싫은가 봐요. 그런 것들이 둘째와의 관계를 더 가로막는 요인이 될 수 있고 그래서 요즘 좀 쌓여왔던 것 같아요. 이 장면 자체에서는 둘째하고 보다는 어머님과의 관계인 것 같아요.

T59: 내가 원하는 것은 뭐죠?

P59: 사실은 둘째와의 소통인데 어머니가 너무 그런 것이 싫어요. 자꾸 나한테 기회가 없어진다고 생각하는 것 같아요. 걔는 아쉬운 구석이 더 없어져서 나랑 관계회복에 대한 노력을 더욱 안할 거고, 나한테는 기회가 없어지고, 그 아이한테는 숨을 곳이 생긴다는 것이 싫은 거예요.

T60: 내가 원하는 것은 시어머니가 모녀지간에 개입을 안 하고 뒤로 물러서기를 원하는 거죠. 내가 진정 원하는 것은 이것인데 나는 어떻게 행동한 거죠?

P60: 둘째에게 공격을 한 거죠. 사실은 어머니한테 하고 싶었던 말인데.

T62: 본인이 진짜 원하는 것은 어머니한테 하고 싶은 말이니 여기는 안전한 공간이니 얘기해 보세요.

P62: 어머니께서 아이한테 자꾸 전화하고 걱정하는 얘기를 할 때, 엄마인 내가 있을때는 신경을 안 썼으면 좋겠는데 먼저 나가서 찾는 것들이 제가 선수를 뺏긴 것 같은 생각이 들고 저는 그것이 상당히 불편해요. (중략)

P84: 제가 좀 혼잣말 하는 습관이 생겼어요. 어머님한테 짜증나는 상황이 많이 벌어지니까

T88: 나한테 시부모님에 대한 불만이 누적되었다는 거죠. 화를 참는 것이 문제가 되었고... 지난 번 시어머니 문제는 별거 아니라고 했는데

P88: 둘째 문제가 클 때는 별거 아니라고 생각했는데.

T89: 선생님이 우울한 이유 중 하나는 화를 못 풀어서 그런 것 같죠.

P89: 지금은 누적되어 화, 짜증을 잘 느끼는 것 같아요.

갈망형 영상관법을 통해 시어머니에 대한 질투심, 시기심을 알아차렸고, 시어머니를 공격할 수 없으니까 둘째 딸에게 대신 공격했다는 것을 통찰하였다. 또한 시어머니가 개입해 아이에게 잘해 주는 것이 연구 참여자가 엄마 역할을 잘 하려는 것에 방해를 받았다고 생각하여 감정이 쌓였다는 것을 알게 되어, 쌓인 감정을 표현하고 새롭게 행동하기를 연습하였다.

연구 참여자는 시어머니와의 불화를 자존감이 낮아 어디 가서 얘기할 수 없었는데 얘기하고 나니 시원하다는 소감과 함께 영상관법을 통해 구체적으로 드러내니 감정이 해소되고, 문제를 면밀히 통찰할 수 있는 계기가 되었다고 하였다.

(5) 제 5회기 상담 : 둘째 딸과의 소통의 걸림돌

5회기의 상담 목표는 딸과의 불편한 대인관계를 사고형 영상관법으로 다루어 연구 참여자의 부정적인 신념을 탐색하고자 하였는데 불편한 감정이 없다는 연구 참여자의 반응에 사례를 충분히 경청하면서 문제 파악하는데 시간 소요를 했다. 둘째 딸이 염색하겠다고 하였는데 연구 참여자는 여러 이유를 달면서 딸의 마음을 수용하지 못해 공격을 당했다. 이 사례를 경청하고 역할극으로 '나 전달법'을 연습한 것을 다음과 같이 예시하였다.

P6: 방학 때 빨강머리로 염색해 달라는 거예요. 그거 염색을 하면 '그것도 어떻고 저것도 어떻고' 하면서 토를 다니까 핑 돌아서 염색도 자기 돈으로 알아서 한다면서 "엄마 말도 안 들을 거야" 이런 식으로 나온 거죠.

T7: 불편한 감정이 없어요?

P7: 그냥 늘 그러는 거니까 화도 안 나고.

T8: 근데 아이랑 부딪치는 일이 생겼네요. 아이가 원하는 것, 아이 욕구와 나의 욕구가 다르네요.

P8: 그런데 저는 싫은 거죠. 뻘겋게 하고 다니는 것이. 나도 싫고 남들이 보는 것도 싫고.

T12: 원하시는 것은 아이랑 원만히 지내고자 하는 것인데 아이가 먼저 다가왔는데. 엄마가 그 아이의 욕구를 무시해서 아이가 화를 내면서 또 엄마 말을 듣지 않겠다고 엄마를 공격했지요. 그 양상을 더 유발한 것 같아요.

P12: 대처가 잘못된 것 같아요.

T13: 아이는 엄마한테 공격적으로 밖에 할 수 없다고 생각할 수 있어요. 저도 성장기에 그랬던 것 같아요. 저희 엄마도 남의 시선을 의식하면서 강요한 것이 있어서.

P13: 저도 남을 의식하는 것이 많은 것 같아요.

T14: 아이가 많이 화가 났잖아요. 그런데 엄마는 늘 있는 일이라 생각하신 것 같아요.

P14: 예. 내 감정은 안 다쳤으니까요. 아이가 그것을 하고 돌아다니는 것을 감수해야 되는 거잖아요. 부모로서 부담이 많이 되는 거잖아요. 그것을 들어준다는 것이 아이의 욕구를 들어준다는 생각도 안 들고. 오히려 '우리 엄마가 맘대로 해도 된다고 했어'라는 생각이 들까하는 염려도 들고.

T17: 와 닿지 않는군요. 그런데 여기에 선생님의 생각이 들어있어요. 그 아이한테 빨강머리가 어울리지 않는다.

P17: '그 욕구가 좋은 욕구냐. 정상적인 욕구냐' 하는 생각이 들죠.

T18: 올바른 욕구냐. 잘못된 욕구냐. 옳고 그름을 따지시네요. 둘째 딸이 빨강머리로 좀 튀고 싶은 것 같아요.

P18: 염색하고 싶은 게 요즘 아이들인 것 같아요.(중략)

P25: 제가 수용해주는 것은 제가 납득하고 그것에 대해 인정하고 불편하지 않으면서 이해해주는 것이 되어야하는 것인데 이해된 것이 아니라 내가 일방적으로 끌려간 것 같은 느낌이 들어서.

T26: 그 때는 충분히 그럴 수 있을 것 같아요. 이 부분에 대한 엄마의 입장이 충분하지 않으니까 그 당시에는 그럴 수 있다고 공감이 되요.

P26: 그 다음에는 더 큰 욕구나 공격이 오는 것이 아닌가 하는 두려움이 있었던 것 같아요.

T28: 머리는 색깔로 튀게 되는 것 아닐까요. 10대와 40대의 세대 차이가 팽팽히 맞서고 있는 것이죠. 그래서 이 딸은 엄마한테 허락을 구한 것 같아요. 엄마 입장도 거부감이 드는 색이라 불편하셨을 거라 이해가 돼요. 그래서 혼자서 결정하기가 좀 어려우셨을 것 같아요. 세대 간 갈등을 어떻게 타협해야 할 것인가? 하는 문제도 생각해 보아야 할 것 같아요. 아이는 이 문제로 또 부모에게 거부당했다고 생각할 수 있는 사례인데. 그래서 조심스럽게 다루어야 할 것 같아요. 먼저 아이 욕구를 알아주고 나 전달법을 통해 엄마마음을 전달해주는 것이 필요할 것 같아요.

P28: 제가 대화를 할 때 빈정대는 거예요.

T30: 왜 내가 빈정대는 투로 그러는지 알고 계셔요?

P30: 일단은 제가 자존감이 부족한 것이 영향을 미치는 거죠.

T31: 그럴 수 있는데. 평소에 적극적으로 표현을 안 하시잖아요. 이게 소극적 공격이라는 양상이죠.

P31: 내 감정을 제대로 전달을 못하니까.

T32: 의사 전달하는 기술이 떨어지는 거잖아요. 생각이 없는 것이 아닌데 옳고 그름이 분명하신 분인데 속으로 참다가 적극적으로 표현은 못하니까 약간 돌려서 빈정대면서 나오는 거죠. 시어머니한테나 아이들한테도.

P32: 시아버지한테는 더 심하게 하고. 한 번 꼬여서 나오는 거죠.

T33: 오래 시부모님과 같이 살면서 힘들었던 것이 성격적으로 약간 수동 공격성을 띠게 된 것 같네요.

P33: 예. (중략)

T37(엄마): ○○야, 엄마는 네가 빨강머리 하고 싶은 마음을 이해해. 근데.

P37(둘째 딸): 엄마 사정이고. 나는 뭐 엄마 사정이나 다른 사정 중요치 않아.

T38(둘째 딸): 아니 그건 엄마 사정이지. 그런데 엄마는 엄마 사정만 얘기하잖아. 엄마 안 해 주고 싶은 변명 아니야. 나는 중요하지 않거든.

P38(엄마): 네가 중요하지 않게 생각하는 것도 엄마는 이해하는데, 너는 큰 상관이 없겠지만 부모나 우리 어른들 입장에서는 부담이 되는 거고. 네가 정 소원이라면 너 소원을 들어주어야지. 엄마 아빠가 감수하고 너 소원을 들어주어야지. 네가 하고 싶으면 해 봐.

딸과 소통하는데 걸림돌이 되는 3가지를 파악하게 되었다. 옳고 그름으로 판단하기, 남의 시선을 의식해 아이 입장을 수용 못하는 것, '아이에게 일방적으로 끌려갈까!' 하는 두려움이 그것이다. 특히 대처방식에서 일상적으로 패턴화 되어 있는 '빈정거림' 대신에 '나 전달법'으로 의사 표현하는 것을 연습하였다. 연구 참여자는 남편과 의논하면 지지가 되고 혼자 비난받지 않아 좋을 것 같다고 소감을 말했다.

(6) 제 6회기 상담 : 불안이 대인관계의 걸림돌

① 불안이 생활화되어 있어 몸느낌으로 강하게 나타남

6회기는 갈망형 영상관법으로 대인관계 문제를 다루고자 하였지만 감정형으로 진행하여 자주 느끼는 감정을 다루었다. 연구 참여자는 오래 전부터 일상생활 전반에서 긴장감과 불안감을 느끼며, 그것이 몸으로 나타났다.

T41: 음...허전한 불안 증상, 먹먹하다는 표현도 썼고요...이런 것도 있고...푹 내려앉으며 두근거린다는 느낌. 그때 2월 달 이후에 강하게 나타났던 거죠.

P46: 네. 그때는 굉장히 심했죠. 울고 싶고 그냥 안절부절 못할 정도로 지금은 알아차리는 정도, 약간의 긴장, 시험 때 긴장하는 것처럼 그런 긴장이 있었다는 거죠.

T47: 네. 그런데 어떻게 생각하세요? 2월 이후로 느껴져 내가 심하게 자각을 하게 된 건데 그 이전에도 있었을 것 같아요. 아니면 자각을 못했나?

P47: 아니. 묵직하게 전반적으로 일상 전반에 있었는데 기운이 있어서 그런 거를 별로 못느낀 거라 생각이 들어요. 지금은 제가 느껴지고 이런 시기니까 그런 게 더 느껴지고 한번 강하게 경험했던 것 때문에 이런 게 빨리 없어지지 않는다든가 쉽게 느껴진다는 가 이런 게 있는 것 같아요.

우울증이 심하게 왔던 2월에는 특히 가슴에서 허전함, 먹먹함, 두근거림 등으로 자주 드러났다. 안절부절 못할 정도의 초조감으로, 공허감으로 가슴을 문지르기도 하였다.

② 불안의 회피가 대인관계 갈등을 초래함

불편한 느낌, 불안을 회피하다보니 상대방에게 공격적으로 합리적이지 못한 감정적인 대처를 하여 대인관계에 갈등을 초래하고, 이것이 또 불안이 되는 악순환을 겪었다.

T125: 어, 그러세요. 죽음에 대해서

P125: 전 불안이 확실히 있는 것 같아요.

T133: 자살에 대해서 취약하네요. 자살이라는 말만 들어도

P133: 아빠에 대한 취약이 있고 주변에 원래 많으니까

T134: 아, 그렇죠. 아빠에 대한 부분이 큰 거죠.

P134: 우울증이 한 번 있었고 남 일이 아니니까 그 부분이 저한테는 큰 부분이죠.

T135: 그렇겠네요.

P135: 막연히 내가 '그런 쪽으로 결론이 나면 어떡하나.' 하는 그런 불안이 있는 거죠.

T136: 내가 그런 쪽으로 결론이 나면

P136: 내가 사는 걸 힘들어 하잖아요. 즐겁고 자신감이 넘쳐서 사는 게 아니라 현상 유지 하는 게 힘들어 하는 거잖아요. 그거 가지고 내가 노력하는 것도 버거워하는 거잖아요. 내가 그런 거에 대한 불안이 있죠. 지금은 힘든 일이 별로 없는데도 나한테 어떤 자극이 온다면 나는 어떡하지? 예를 들어 남편이 몸이 아프다고 해도 불안하고 모든 게 다 그렇죠. 내가 몸이 안 좋거나 내가 힘들다고 느끼거나 그래도 불안하고 또 아이들 같은 경우에도 아이들이 힘들어하는 모습을 보면 걔네들이 또 속을 썩이게 되면 인생이 잘 돌아가면 괜찮은데 걔네들 인생에 있어서 힘들어하는 모습이 있으면 그런 걸 잘 못 이겨내면 어떡하지 그래서 다 불안하죠.

T137: 불안이 막연해 있네요.

몸의 긴장감이 신체화 되어 있어서 생활 속의 작은 스트레스에도 취약하고 남들보다 촉빌이 잘되었다. 이런 불안은 깊게는 죽음에 대한 연상과 관련이 깊었고 아버지의 자살로 인한 유기불안과 관련이 있었다.

③ 감정형 영상관법: 불안 회피로 첫째 딸에게 공격적 태도를 취한 사례

첫째 딸의 애기에 불안감을 느끼고, 불안의 회피로 딸에게 공격적인 태도를 취해 딸이 마음의 문을 닫은 사례이다. 감정과 몸느낌 알아차리기, 오감명상, 몸느낌 지켜보기, 호흡 지켜보기의 감정형 영상관법과정을 다음과 같이 제시하였다.

T147: 딸이 대화를 거부하는 태도에 마음이 불편해졌네요. 지금 이 장면에서 느끼는 감정에 이름을 붙여 보세요.

P48: 부끄러운 생각이 들어요.

T149: 부끄러움. 어떤 생각을 하면 이런 감정이 올라오죠?

P149: '딸에 대한 대화를 자꾸 못하고 있구나!' 생각을 하면.

T150: 이런 생각을 하면 또 어떤 감정이 올라오죠?

P150: 창피하다.

T151: 창피함...음... 또 이때 어떤 생각들이 스치고 지나갔을까요?

P151: 내가 말을 잘했어야 하는데.

T153: 내가 말을 잘했어야 하는데...조금 잘못한 것 같아요?

P152: 네.

T153: 이럴 때 후회스럽기도 하네요?

P153: 좀 위축된...

T154: 위축된...지금 이 장면을 떠올리면서 불편한 몸느낌은 없나요?

P154: 명치 있는 부분이 조금 답답한 것 같아요. 머리도 조금 어지럽고.

T156: 명치 부분의 답답함을 숨을 들이쉬면서 느껴보고 숨을 내쉬면서 느껴보세요. 이 답답한 느낌을 모양으로 표현하면 어떤 모양이라고 할까요?

P156: 돌 같아요.

T157: 색깔로는 무슨 색깔인 것 같아요?

P157: 검고 축축한 느낌.

T158: 맛으로 표현한다면 어떤 맛일까요?

P158: 씁쓸한 느낌…….

T159: 씁쓸한 느낌……. 냄새로 표현한다면 어떤 냄새일까요?

P159: 퀴퀴한 냄새.

T160: 그 느낌을 충분히 접촉해 보세요. 들이마실 때와 내실 때 어떤 차이가 있나 집중해서 느껴보고 표현해 보세요.

P160: 지금 좀 좋아졌는데 처음에 들이마실 때는 뭔가 부딪치는 느낌……. 내쉴 때는 조금 그게 완화되는 느낌. 지금 조금 편해졌는데……. (중략) 가슴 강도도 나아졌고, 지금은 머리 쪽이 다시 아파져 오는 것 같고 아랫배 쪽으로 묵직한 느낌. (중략)

P179: 네. 나아졌어요.

T180: 지금 호흡 상태는 어떠세요?

P180: 호흡이 조금 무겁긴 한데……. 괜찮은 편이에요.

T181: 네. 좋아요. 잘하셨어요. 한 번 더 아까 그 장면을 떠올려 보겠습니다. 화를 냈던 그 장면을 떠올려 보세요. 영상이 떠오르면 얘기해 보세요.

P181: 영상이 그런 일이 있었지 하는 정도로 희미하고…….

T182: 희미하네요. 선명하지 않네요.

P182: 별로 떠오르는 게 없어요.

감정형 영상관법의 개입으로 몸느낌이 옅어졌고, 다시 영상을 떠올렸을 때 영상이 희미하고 선명하지 않은 것으로 보아 감정이 완화되었음을 확인하였다.

(7) 제 7회기 상담 : 우울재발 우려와 부정적 생각

① 과수면 상태로 불안하면서 우울재발 염려

7회기에서는 우울재발 우려와 관련한 주호소 문제를 다루었다. 연구 참여자는 최근 자신도 모르게 코까지 골면서 순간 잠이 드는 과수면 상태 때문에 우울증이 더 심하게 재발되지 않을까 불안해하였다.

P9: 앉아서도 쉽게 잠이 들고, 코를 골아버리고, 제가 자면서도 코는 안 골았는데, 기면증이기도 하고, 부기력증인 것 같기도 하고, 이런 느낌이 와서 불안하고, 사회적으로 문제가 있는 거잖아요.

T10: 언제부터 이런 일이 있었나요?

P10: 한 달은 안 된 것 같아요. 월요일에는 종례 시간에 순간 알고 깨었는데 '코까지 고네.' 옆에 친한 선생님이 얘기해서 깜짝 놀랐어요. 또 밤에 침대에서 책을 읽는데 기대서 완전 자는 것이 아닌데 코가 골리고.

T11: 졸게 되는 상황이네요. 깊이 잠에 빠지네요.

P11: 조는 것도 창피한데 코까지 고니까 문제가 심각한 거죠.

T12: 예전에는 어땠나요?

P13: 잠이 많았지만 코까지 고는 것은 아니었죠. 지난 2월 이후로 오후시간이면 꾸벅꾸벅 조는 증상이 생기면서 이게 심해진 것 같아요.

T15: 차이가 확실하나요. 우울증이 생기고 나서 더 많이 졸게 된 것은?

P15: 예, 그래요. 이런 현상에 대해 위기의식이 생겨요.

T17: 어떤 감정이 올라오나요?

P17: 조금 무기력해지는 것이 아닌가? 하는 생각이

T18: 이런 생각을 하면 기분이 어때요?

P18: 불안하죠. 사회적으로 '이상한 사람 취급당하면 어떻게 하지?' 하는 생각이 들죠.

T20: 좀 그러시겠어요. 피곤하면 잠이 올 수 있지만 코까지 골면서 통제 안 되는 것은. 이럴 때 어떻게 대처하시죠?

P20: 알면 정신 차리고 그 다음 일을 하는데. 이번 주는 심각하게 여러 번 있었기 때문에 더 자주 있게 되니까 졸리면 움직이고 변화를 주어야겠다는 생각을 했어요.

T21: 원래 잠이 많았는데 지금은 지나치다. 그러면 노력이 필요하네요. 그것이 불안으로 오니까 대처가 필요하네요.

2월 우울증이 심하게 촉발된 이후 오후 시간이면 꾸벅꾸벅 조는 증상이 심해진 것이었다. 상담자와 함께 식사조절, 산책하기 등 대안을 모색하였고 우울재발에 대한 자신의 관리가 절실히 필요하다는 것을 자각하였다.

② 사고형 영상관법: 부정적인 자기개념 '나는 모자라지 않았나.'

독서선생님과 둘째 딸 대상의 영상관법에서 불편한 감정과 연결된 생각 탐색을 하였다. 공통적으로 '나는 모자라다', ' 내가 뭘 잘못했나.'라는 자신에 대한 부정적인 생각을 탐색하였다.

T34: 독서 샘에 대한 그 불안은 어떤 생각에서 올라온 거죠?

P34: 나의 부정적인 생각을 들켰을까? 나를 부정적인 사람으로 평가하면 어쩌지? 내

가 모자라지 않았나? (중략)

P49: 둘째 아이가 웅크리고 자고 있고 제가 흔들어 깨우는데 좀 귀찮고 짜증나는 느낌으로 반응을 안 보일라고 하는 장면이 떠올라요.

T51: 불편한 느낌에 이름을 붙여보면?

P51: 답답함.

T52: 이 답답함은 어떤 생각에서 일어나죠?

P52: 아이가 또 마음의 문을 닫았나!

T53: 또 다른 생각은?

P53: 내가 또 말을 잘못 했나? 나는 왜 상대방의 말을 수용해주는 말을 먼저 하지 않았지.
(중략)

T84: '내가 잘못했는데'라고 했을 때, 이 생각을 하면 어떤 이익이 있죠?

P85: 노출 안 하려고 더 노력하겠죠.

T86: 노출 안 하려 더 노력할거다. 손해는?

P86: 제 자존감이나 이런 것들이 계속 훼손이 되겠죠. 또 불안해지고.

T87: 불편한 감정을 경험하는 거죠.

P87: 계속 어떤 상황이 되었을 때 판단이 빨리빨리 안 되어 우왕좌왕하게 될 것 같아요.

T88: 감정에 압도되기 때문에 상황대처능력이 떨어진다는 거죠.

P88: 상황대처능력이 떨어지고.

T89: 이익은 뭐가 있을까요?

P89: …… 별로 이익은 없는 것 같아요.

T90: 이익이 많나요? 손해가 많나요?

P90: 손해가 많은 거 같아요.

T91: 그래서 앞으로 '잘못하지 않았나?' 하는 생각이 올라오면 어떻게 해야죠?

P91: '그럴 수 있지.' 그러면서 '너는 많이 노력하는 중이고. 실수가 있을 수 있다는 것 인정하고 너 혼자 그렇게 생각할 수 있고 상대방은 아무렇지 않을 수 있고.' 그런 식으로 저를 위로해 주어야겠어요.

연구 참여자의 부정적인 핵심신념인 '나는 모자라다'를 발견하게 되어 의미 있는 대목이었다. 그러나 생각탐색 이후 '있는 그대로 바라보기'의 명상전략을 지속적으로 적용하기 힘든 여건이라 순간 인지치료 전략을 응용한 점은 아쉬운 부분이다. 인내심을 가지고 명상전략을 좀 더 적용하려고 시도했더라면 하는 아쉬움이 있었다. 자신의 부정적인 생각을 믿게 될 때 이익이 되는 점과 손해가 되는 점을 찾게 하였는데 손해가 많다고 하여 자신을 위로하고 지지하는 대처생각을 연습하였다. 연구 참여자는 '모자라다'는 생각에 집착하는 것이 더욱 자신을 모자라게 한다는 것을 깨우치게 되었다고 한다.

(8) 제 8회기 상담 : 부정적인 핵심신념과 우울증의 원인

① 대인관계 어려움의 원인탐색 : 대처능력과 사회적 기술이 발달 안 됨

연구 참여자는 대인관계에서 어려움을 겪고 있는 문제의 근원이 어린 시절의 경험과 환경적 영향에 연결되어 있음을 2가지로 말하였다.

첫째는 자신을 잘 받아주는 어른들과 어울리고, 또래 집단과는 같이 참여해 놀아본 경험이 없다는 것이다.

둘째는 신체적 취약성으로 운동능력이 떨어진 것이 또래들과 어울려 노는 것에 방해 요인이 된 것이다.

P167: 어렸을 때부터 누구랑 머리 잡아당기면서 싸우고 피 터지게 뭔가 그런 경험이나 그 자체가 별로 없는 것 같아요. 대처능력 같은 것들이 저한테는 형성이 안 되어 있는 거 같아요. 어렸을 때부터 놀이라든가 아이들 그룹에 참여하는 게 없었고, 어른들 하고 놀고 애들이랑 안 놀고 있었거든요. 놀이 부분 형성이 잘 안 된 거가 그런 것 같아요.

T169: 아이들과 잘 놀지 못해서 그런 부분이 대처가 잘 안 되었던 거네요.

P170: 네, 사회성 발달, 어떤 부분이 어딘가 부족한 것 같아요. 발달이 약한 것 같아요. 초등학교 이전에 유치원 시기부터 차단이 되었던 것 같고, 제 기질적인 측면이나 부모의 과보호 측면이 맞아 떨어진 것 같아요. 어렸을 때부터 어른들이 끼고 살아왔고, 제가 초등학교를 다닐 때 잘 못 놀아서 놀림을 많이 당한 것 같아요. 그래서 점심시간에 안 나갔고 책보고 그랬던 것 같아요. 나가면 어차피 잘 어울리지 못하니까. 제가 체육적인 기능이 상당히 떨어지잖아요. 신체적인 부분이 떨어지니까 그래서 교실에만 있고 그때부터 그런 부분이 생겨나지 않았나 싶은 생각이 있어요. (중략)

T176: 나는 아이들과 어울리지도 못하고 그러니까 나한테 생긴 신념이 뭐예요? 나는 어떤 아이인 거예요?

P176: 그런 점에서 나는 부족하다.

연구 참여자는 대처능력과 사회성이 제대로 발달하지 못해 '나는 부족하다'는 핵심신념을 형성하게 되어 낮은 자존감을 갖게 되고 대인관계에서 어려움을 겪는 것으로 나타났다. 이 결과 실패와 좌절감이 누적되어 우울증으로 발병하게 된 것이다.

② '나는 부족하다'는 부정적인 핵심신념과 우울증

연구 참여자는 '나는 부족하다'는 핵심신념으로 인해 '실수하면 안 된다'는 당위적 중간신념이 생겼고, 이로 인해 항상 실수하지 않으려고 해 긴장과 초조를 느끼게 되어 더 실수를 많이 하게 되고, 이것이 악순환이 되어 '나는 부족하다'는 부정적인 신념을 견고하게 믿게 되었다.

T197: 부정적인 신념이 뭐예요?
P197: 나는 부족하다. 수치심.
T198: 선생님은 실수에 있어서는 용납이 잘 안 되는 거네요.
P198: 실수를 엄청나게 많이 하는데
T199: 실수하는 게 인정이 안 되는 거네요.
P200: 네, 실수하면 꼭 그거에 대해서 뒤끝으로 곱씹죠. 불안하고 실수하고 그러니까 계속 실수를 하는 것 같아요.
T202: 긴장하고 불안하게 되니까 더 실수하게 되고…….
P202: 초조한 상태에서 있으니까, 더 실수를 많이 하게 되는 것 같아요.
T203: 실수를 많이 하게 되고 계속 부정적인 게 연속이네요.
P203: 뭔가 일을 할 때 어수선하고 늘 뭔가 숙제가 많은 것 같은 느낌 있잖아요. 그런 것에 쌓여서 사는 거죠.
T206: 초조하고. 계속 긴장하고 있는 거네요. '나는 부족하다'는 신념에서 오는 거네요.
P206: 네. 부족하다고 하니까 나는 실수를 하면 안 되는 거고, 느리고 부족하니까 더 남들보다 시간이 필요한데 할 일은 많고, 이런 것들이 모든 것들을 큰일 작은 일에 어떤 경중이 없이 모든 걸 크게 본다고 할까요. 다 부담되는 일인 거예요.
T216: 그래서 굉장히 힘드네요.

P216: 어떤 일을 하는 데 즐겁게 하는 사람이 있잖아요. 하지만 전 그 일을 또 내가 하나 해치웠구나. 넘어갔구나. 이런 기분 있잖아요. 간신히 넘어왔구나! 이런 느낌이요.

T218: 선생님한테는 삶이 기쁘지가 않네요.

P218: 네. 더 젊었을 때는 빨리 늙어서 쉬고 싶다는 생각이 있었어요. 애들 어릴 때는 확 빨리 늙어서 쉬고 싶다. 그 우울증이 올 때 까지는 그것에 대해 계속 압도당하고 있었던 거지요. 빨리 쉬고 싶다. 늙고 싶다. 책임에서 좀 놓여났으면 좋겠다.

T223: 음. 버거움만 남아있는 거네요.

P224: 왜냐하면 나는 잘하는 사람이 아니니까, 해도 끝이 없는 거죠. 잘했다는 소리도 못 듣는 거고.

T225: 나는 굉장히 노력했네요. 노력을 했기 때문에 좌절감도 크네요. 그런 좌절감이 깊어지면서 우울함으로 오게 되는 거네요.

P227: 쌓이고 쌓여서 우울증으로.

모든 일에 경중을 두지 않고 잘하려고 애쓰다 보니 버겁게 되고, 좌절감으로 누적되어 우울증이 촉발된 것이다. 1차 프로그램의 마지막 8회기에서 우울증의 원인이 되는 부정적인 신념의 연관관계를 명확히 파악한 것은 의미가 매우 크다.

③ 갈망형 영상관법 : 고학년 담임할 때 좌절경험

1차 8회기 마지막 회가 되어서야 연구 참여자는 우울증의 또 다른 원인이 되었던 교사로서 실패경험을 노출하였다. 고학년 담임할 때 도전받았다고 생각한 아이와 관련하여 감정형 영상관법과 갈망형 영상관법을 하였다.

1차 감정형 영상관법

P48: (중략). 교과실의 모습이 보이고요.

T49: 이 장면에서 무엇이 나를 불편하게 하나요?

P49: 제가 그 아이나 엄마한테 안 좋았던 것이 떠오르면서 불편한 마음이 드는 것 같아요.

T50: 지금 내 감정, 느낌이 무엇이에요?

P51: 싫음.

T52: 어떤 생각이 스치고 지나가니까 그런 감정이 올라오나요?

P52: 그 아이가 저한테 도전했던 그런 부분들이 떠올라서.

T53: 그 아이는 나한테 어떻게 대했죠?

P53: 무시하고 반항했던. 화가 나요. 미움이 있어요. (중략)

T55: 그 아이는 버릇없어?

P55: 못됐어.

T56: 그 아이는 못된 아이야. 그 아이는 나를 참 힘들게 했어. 이런 생각이 올라오는 거죠. 이렇게 생각하면 나한테 어떤 감정이 올라오나요?

P56: 미움, 싫음, 거부감, 울분 비슷한.

T57: 욱하는 그런 것이 올라오네요. 몸으로 드러나는 느낌은?

P57: 머리가 묵직하고 몸이 전체적으로 묵직해지고 쪼여지고 긴장되어지네요.

T58: 어디가 제일 불편하세요?

P58: 앞머리.

T60: 호흡을 통해 접촉해 보세요. (......)

P60: 들숨일 때는 그 부위로 다가가는 느낌이고, 날숨일 때는 그것이 좀 빠져나가는 느낌.

T61: 불편함의 강도를 몇 %라고 할까요?

P61: 70%

T62: 그 느낌을 색으로 표현하면 어떤 색이라고 할까요?

P62: 좀 안 예쁜 갈색.

T63: 맛으로 표현하면 어떤 맛이라고 할까요?

P63: 좀 씁쓸함.

T64: 모양이라고 하면 어떤 모양?

P64: 날카로운 돌멩이나 그 나뭇가지가 날카롭게 부러진 것들이 저를 찌르는 듯한.

T65: 그 부위를 호흡과 함께 지켜보겠습니다.

T67: 들숨, 날숨 차이는?

P67: 내려갈 때가 조금 더 가벼워지는 것 같아요. 70~60%정도 가벼워요. (중략) 가슴이 조금 아픈 것 같은데 많이 편안해졌어요. 지금은 30%. 이마는 가벼워진 것 같은데 약간의 조이는 것 같은 통증이 있어요. 오른 팔 느낌은 좀 더 약해지고 부드러워진 것 같아요.

T88: 호흡은 어떠세요?

P88: 호흡은 편안해요.

2차 영상관법: 영상이 희미함

T89: 네 잘하셨습니다. 아까 불편한 장면을 다시 떠올려 보세요.

P89: 그냥 전체적으로 영상이 흐릿하고 전체적으로 환하다는 느낌이요.

T90: 네. 영상이 흐릿하네요. 잘 안보여요

P90: 네.

2차 갈망형 영상관법

T92: 아이에게 도전을 받은 과거장면을 한번 떠올려 보세요.

P94: 그 아이가 인사를 안 하고 쑥 지나가던 모습이 떠올라요. (중략)

T96: 그 장면을 보면서 불편한 감정에 이름을 붙인다면?

P96: 울분 같은 것도 있고 수치심 같은 것도 있는 것 같아요.

T97: 음. 울분의 감정이 올라올 때 스치고 지나가는 생각이 무엇이죠?

P97: 음. 애가 못됐다는 생각도 들고. '저 애가 나에게 존경심을 갖게 하지 못할까? 하는 자괴감.

T98: 어떤 생각을 하게 되면 수치심이 올라오나요?

P98: 저는 체육 쪽에 자신이 없으니까 걔 앞에서 그런 거에 자신감이 부족했던 것들 그런 것들이 떠올라요

T99: 아주 면밀하게 들어가면 '나는 부족해. 그래서 제가 나한테 인사도 안하고 지나가는 거야.' 나에게 어떤 갈망이 있는 거죠?

P99: 존경을 받고 싶은 건데 그게 부족한 점 때문에 그 아이가 그런 어떤, 자기감정 있다는 것들이.

T100: 아이가 버릇없이 행동할 이 아이에게 적절하게 대처하고 싶다는 거죠?

P100: 네.

T101: 새로운 행동을 해보세요. 인사를 안 하고 지나갔을 때.

P102: '성○야, 영어 끝나니?'

T103: 음. 자, '성○야. 영어 끝났니?'

P104: '네.'

P105: '재미있었니?'

T106: '재미있었니?' 선생님 역할로 얘기해 보세요?

P106: '예.' '잘 가라.'('안녕히 가세요.')

T107: '안녕히 가세요.' (......) 자, 어떠세요.

연구 참여자가 교사로서 '나는 부족해'라는 부정적인 신념을 갖고 있는 상태에서 도전적인 태도를 취했던 아이의 영상을 떠올려 울분, 수치심, 자괴감의 감정을 재접촉했고, 몸느낌에 머물러 지켜보기를 통해 몸느낌이 옅어지고, 재차 떠올린 영상이 흐려진 것을 통해 감정이 완화된 것을 확인하였다. 감정이 완화된 상태에서 갈망형 영상관법을 통해 교사로서 존경받고 싶은데 적절한 대처행동을 못한 것을 자각하고, 역할극으로 대처행동을 연습하였다. 연구 참여자는 "그렇게 하면 자연스럽게 넘어갈 수 있었는데 제 자신에 대한 부분도 성립이 안 된 상태에서, 저 자체가 부족하다 의식이 있는 상태에서 걔가 그런 도전적인 부분이 많이 보이니까, 쌓였던 감정 때문에 그 아이가 그렇게 할 때 제가 못 본 척하고 좀 그렇게 한부분이 많았어요."라고 적절치 못한 자신의 행동원인에 대해 통찰을 하였다.

2) 제 2차 영상관법 프로그램 개입

1차 개입에서는 대인관계 문제가 자연스럽게 부각되어 둘째 딸과 시어머니 문제를 집중해서 다루었고, 2차 개입에서는 연구 참여자의 심층적인 문제 즉, 1차 개입 후반부에 드러나 과제로 남은 핵심신념과 그에 관계된 불안과 어린 시절의 경험을 다룰 수 있었다. 특히 부정적 신념의 뿌리인 어릴 적 경험을 다각도로 다루었다. 2회기에는 불안과 두려움에 관련된 어린 시절 경험, 4회기에는 '나는 부족하다'라는 신념을 각인시킨 어릴 적 '밴댕이 소갈딱지'라는 할머니 말씀과 관련된 사건, 7회기에는 공격적인 대처행동의 뿌리인 엄마와 관련된 어린 시절 경험을 다루었다. 앞에 언급한 사례 모두가 연구 참여자에게 부정적인 신념을 형성시킨 결정적인 영상이었다는 데 그 의미가 크다.

1차 개입 때와 또 다른 차이는 연구 참여자의 영상관법에 대한 태도와 집중도이다. 자기 개방성이 높아져 솔직하게 과거의 경험을 노출하여 영상을 선명하게 떠올렸다. 집중도가 높아져 모든 회기에 영상관법을 개입했고, 3차, 4차까지 반복해서 할 수 있었다. 이러한 반복을 통해 객관적으로 보니 통찰이 좀 더 깊어졌다. 또한 1차 개입 때와 달리 사고형 영상관법을 여러 각도로 시도하여 연구 참여자의 왜곡된 생각의 변화를 볼 수 있었고 감정형, 사고형, 갈망형 영상관법을 같이 연결해 다양하게 진행할 수 있어 효과적이었다.

(1) 제 1회기 상담 : 2차 상담 목표 확인, 회피에서 직면하기

① 2차 상담 목표 확인

연구 참여자와 2차 8회기 프로그램의 상담 목표를 확인하였는데, 연구 참여자는 문제해결을 쉽게 하기 위해 자신의 마음현상을 제대로 알아차리는 것이 가장 중요하다고 언급했다.

P28: 생각, 갈망을 제대로 알아차리고 싶고요. 그것이 알아차려지면 뭔가 문제해결이 쉬워지지 않을까 그런 생각이. (중략)

T30: 영상관법으로 연습을 할 거거든요. 선생님이 좀 더 변화되었으면 하는 목표설정을 한다면?

P31: 요새 정서 평가지에 체크하면서 기쁜 건지 어떤 건지 느낌이 좀 무덤덤하다고 그럴까. 긍정적인 느낌들을 좀 느껴봐야 되겠다. 그런 생각이.

T32: 그러니깐 긍정적인 정서를 충분히 느끼면서 살자! 본인의 생각이나 사고패턴에 대해서는 어떻게 생각하세요? 자책이나 자책적인 생각으로 '잘 못하는 거 아니야?', '어른스럽지 못하다' 이렇게 자책을 하시잖아요?

P32: 그 부정적인 자동 사고를 좀 줄여 가는 것.

T33: 내가 대인관계에서 개선이 됐으면 하는 부분은 어떤 부분이세요?

P35: 어떤 말을 하거나 어떤 행동을 할 때 약간 시니컬하게 반응한다고 할까. 그 순간에 직면하는 것. 가볍게 얘기하고 넘어가려는 이런 경향들이 있더라고요. 성의 있고 진심 있게 최대한 효과적인 어떤 대처를 하고 싶다는 생각이 들더라고요.

T36: 적극적인 대처네요.

P36: 제가 굉장히 빈정거린다! 패턴화 되어 있다는 것이 느껴지거든요. 그 상황을 그냥 흘려버리는 거죠. 그런 상황에서 중요한 핵심을 못 찾아내고 그랬다는 생각이 들어요. (중략)

T40: 종합해 본다면 내 생각이나 갈망을 좀 더 잘 알아차리고 싶다. 그러면 불편한 경험이

나 이런 것들을 덜 겪을 수 있다는 거를 얘기했거든요.

P40: 제 것을 알아차리면 남의 것도 잘 보일 것 같고 수용하는 거랑 대처하는 것이 달라질 수 있다는 생각이 들어요.

연구 참여자는 자신의 마음현상인 감정, 생각, 갈망을 알아차리면 남의 마음도 잘 보여 수용하거나 대처하는 것이 달라질 수 있다고 하였다. 자신의 마음현상을 잘 구분하고 알아차리는 능력은 영상관법에서 지향하는 통찰력, 지혜의 개발과 연결된다. 연구 참여자가 문제의 핵심을 지적하는 모습에서, 1차 영상관법 프로그램을 통해 좀 더 건강해졌고 자신의 문제를 잘 파악하고 있다고 연구자는 판단했다. 이를 바탕으로 연구 참여자와 구체적 상담 목표를 3가지로 합의하였다.

첫째, 긍정적인 정서를 충분히 느끼면서 살기

둘째, 부정적인 생각을 감소시키기

셋째, 빈정거리지 않고 효과적인 대처행동하기

② 영상관법 : 셋째 딸과의 갈등상황에서 회피한 것을 통찰함

셋째 딸과의 갈등상황에서 연구 참여자의 갈망은 딸이 좀 더 강해서 스트레스를 잘 견뎌내기를 원하는 반면 '스트레스를 못 견디고 감정적으로 행동하면 어쩌나!' 하는 불안과 두려움을 느꼈던 사례이다.

1차 영상관법

P74: 휴대폰이 침대에서 바닥으로 툭 던져져. (중략) 그랬던 장면이 떠오르네요.

T79: 이 장면에서 이 부분을 접촉해서 불편한 기분이 뭐죠?

P79: 화가 났고. 약간 관자놀이가 지끈지끈 그래요. (중략)

T84: 제일 불편하게 와 닿는 게 관자놀이가 지끈 거리는 거네요. 이때 내가 느꼈던 불안하고 걱정스러움이 올라오는 게 접촉이 약간 되시는데 이때 했던 생각이 "아이가 스트레스가 심했나? 저런 식으로 행동하면 안 되는데" 또 내게 불편하게 감정이 올라온 게 어떤 생각이 올라온 거죠?

P84: 애의 스트레스가 많은데 쌓여있는 게 많을 거라는 걱정이 있는데 그게 명확히 보이

는 것 같은 느낌.

T85: 걱정이 순간 올라왔네요. 아이가 스트레스가 참 많다. 아이한테 그러면 지금 내가 원하는 거는 뭐죠? 내 갈망은?

P86: 막내딸이 좀 더 강해졌으면 하는 생각이 있어요.

T87: 평소에 사소한 어떤 것들에 스트레스를 받으면 예민해지지 않고 어떤 상황에 대해서 인내심 있게 자기 감정조절이라던가 이런 걸 잘하시길 원하신 거죠?

P87: 그냥 잘 할 수 있을까? 이런 생각이 많이 드는데.

T88: '스트레스에 잘 견뎌 낼 수 있을까?' 하는 불안, 두려움이 있네요.

P88: 네.

T89: 내가 한 행동은 뭐죠?

P89: 여러 가지 얘기들을. 이렇게 할 수도 있고 저렇게 할 수도 있지 않나. 감정적으로 받아주지 못했네요.

T92: 엄마가 딸의 감정을 수용해주지 못했네요.

P96: 내가 정리가 안 되니까 그 상황을 판단 할 수 있는 여유가 없었어요.

T97: '내가 적절하게 대처를 못 했다'라고 하는 게 지금 영상을 보니깐 '감정수용을 못 해줬다.' 이게 보이신 거고 그것은 걱정과 불안 그리고 내 것을 뭔가해야 된다는 생각에 조금 그런 여유 없으니깐

P97: 그런 거를 터치 받으면 그런 것도 굉장히 뭔가 내가 부족하다는 생각이 있기 때문에 내거를 찾아야 된다는 생각이 있기 때문에 터치 받는 건 진짜 싫어요.

T99: 관자놀이 부분이 자극이 있나요?

P99: 네.

2차 영상관법

T100: 처음 영상을 바라보세요. 어떻게 보이세요?

P101: 지금 영상이 변화하고 있는데, 점차적으로 이게 없어지면서 지금은 거의 방 정도 위치만.

T103: 몸 느낌은 어떤가요? 관자놀이 지끈거림이 어떤지 느껴보세요.

P103: 지끈거렸다는 느낌이 있는데 통증으로는 나타나지 않네요.

T108: 완화됐네요. 자, 호흡으로 돌아가겠습니다. 호흡은 어떠세요?

P108: 전체적으로 편안한 거 같아요.

영상관법을 통해 자신의 불안한 감정에 휩쓸리면서 생각으로 회피하여 딸의 감정을 수용해 주지 못하고, 어른을 대하듯 이성적이고 논리적으로 상황을 설명하려 해 효과적이지 못한 대처 행동이 되었다는 것을 파악했다. 연구 참여자는 영상관법으로 불편한 경험을 다시 직면하면서, 자신의 회피기제로 막내딸의 감정을 수용해 주지 못한 것과 '딸을 수용해 줄 타이밍이 여기였구나!'하는 점을 체험적으로 통찰하였다. 또한 어떤 문제만 있으면 여러 갈래로 생각의 가지치기만 하고, 핵심에 다다르지 못하는 행동의 패턴을 여실히 보게 되어, 그것과 두통이 연결된 것을 알아차렸다.

또한 영상관법을 시행할 때 영상이 선명하지 않거나 감정 읽기가 잘 안 되는 것, 경험을 애기할 때 두루뭉술하게 애기하는 경향은, 회피하면서 선명하게 느끼지 못하기 때문에 남은 영상도 선명하지 못한 까닭이라고 자각했다. 연구 참여자가 자신의 문제해결에 큰 걸림돌이 되었던 억압과 회피의 패턴을 여실히 보게 된 것은 앞으로 그 패턴에서 벗어날 수 있는 매우 큰 통찰이라 판단된다.

(2) 제 2회기 상담 : 성공사례와 불안에 관련된 어린 시절 기억

① 성공사례

연구 참여자는 지난 1회기의 영상관법을 통해 공격적인 대처행동 패턴이 반복된다는 것을 통찰하고, 새로운 행동을 연습해서 둘째 딸과 셋째 딸, 학생들에게 공격적인 태도를 취하지 않고, 의사표현을 적절히 하게 되었다. 또한 1회기에 생각과 갈망을 알아차리고 둘을 구별하는 것이 어렵다고 했는데, 패턴이 보이고 단순하게 느껴진다고 표현할 정도로 마음현상을 알아차리고 구별하는 일이 좀 더 수월해졌다.

P25: 그때보단 나아지는 거 같아요.

T26: 달라진 거는 내 상황을 화내고 애기하신 게 아니고 내가 가야되니까, 도와 줄 테니까, 이렇게 하라고 의사표현 한 거죠. 그러니까 아이(둘째)가 스스로 했다. 그러기 때문에 이거는 대처를 잘 하신 거죠. (중략)

T30: 막내에 대해서는 1회기에 영상관법을 통해 대처행동을 연습한 지난 번 같은 사건이

라 잘 대처하셨고 큰 문제가 발생하지 않은 거죠. (중략)

P30: 네.

P31: 생각이랑 갈망을 딱 찾는 게 어려웠는데 지금 다시 패턴이 비슷한 거 보니깐 아주 벗어난 거 같지는 않고, 조금 패턴이 보이고 어떻게 생각하면 단순하다 이런 느낌까지도 볼 수 있는 거 같아요.

T32: 도식으로 확실하게 이해가 되니깐 패턴이 확실하게 보이는 거죠.

P32: 오늘 있었던 일만 얘기하라면 학교에서 있었던 일이나 둘째 딸에게 있었던 일이나 똑같은 패턴이 진행되고 있죠. (중략)

T37: 감정에 이름을 붙일 수 있네요. 내가 불안한 것을 알아차리네요?

P37: '너 불안하구나!' 이렇게 알아차리면서.

T38: 그럴 때 '너 불안하구나!' 이렇게 알아준 거예요?

P38: '불안하구나!' 하면서 그냥 심호흡하면서.

T39: 감정을 수용해 주었네요. 회피하려고 지나치게 노력을 하지 않고.

P39: 그냥 심호흡만 하면서 어떻게 변화하나 지켜본다, 그럴까?

T40: 있는 그대로 지켜보기를 하고 들어갔더니 어떠셨어요?

P40: 교과 담당 수업시간에 다음에도 그렇게 하면 담임선생님한테 보내겠다고 얘기했잖아요. 그러니깐 얘들이 조용히 시작을 하더라고요.

T41: 표현을 하셨기 때문에

P41: 그래서 그런지 좀 조용하게 나오고 진행이 좀 빨리 되고

T42: 수업이 편안하게 진행되었다는 거죠?

P42: 이거하고 수업이 지난번보다 훨씬 방해를 덜 받고 수업에도 끝까지 참여한 게 좀 그것도 성공 사례가 아닌가! 나름 그렇게 생각은 들어요.

특히 의미 있는 변화는 불안에 대한 직면과 지켜보기가 가능했다는 것이다. 1차 8회기 동안에 몇 번 연습했지만 불안의 감정을 일상생활에서 회피하지 않고 지켜보는 것이 어려웠는데 이번 주에 스스로 불안한 감정에 이름붙이기를 하고 호흡과 함께 지켜보기를 하며 상황에 적절하게 대처해서 학교수업을 더 잘 진행할 수 있었다. 연구 참여자의 이런 변화와 성공의 경험은 영상관법으로 자신의 모습을 여실히 보게 된 까닭이라고 보고했다.

② 영상관법 : 불안과 두려움의 뿌리인 어린 시절 기억을 만남

연구 참여자는 둘째 딸이 화내고 짜증내는 모습만 보아도 '나를 괴롭히지 않을까? 공격하지 않을까?' 하는 생각에 불안과 두려움을 느끼는 위해(危害)/취약성 도식을 가지고 있다. 이와 관련된 아주 어릴 적 경험을 다룬 사례이다.

T80: 어릴 적에 내가 불안해하고 두려워했던 과거의 장면을 떠올려 보세요.
P84: 아이들이 노는 장면이 떠오르고 그거는 (중략) 창피함이 있는 거고, 수치감이고 왠지 좀 혼자서만 알았던 사실이기 때문에 뭔가 그 아이들과 나와 격리된 느낌도 조금. 그게 막 두려운 상황도 아니었던 거 같아요. 근데 이상하다, 적절하지 않다. 왜 거기 있었지?
T86: 부적절감이네.
P87: 근데 뭔가 얘기하면 안 될 거 같은 느낌을 받았어요.
T88: 이 아이의 내면에 어떤 갈망이 있겠어요?
P88: 그게 어떤 치명적이지 않은 일이었으면 좋겠다.
T89: 치명적인 일이 아니었으면 좋겠다. 이 아이에게 건강한 어른인 내가 위로와 안정시켜주는 말을 해주세요.
P91: (중략) 네가 너무 심각하게 받아들인 거 같구나. 너무 놀랐지! 괜찮아. 누구나 있을 수 있는 일이야. 별일 아니야.
T93: 그래요, 이렇게 얘기를 해 주니깐 이 애가 어때요?
P93: 조금 안정이 되는 거 같아요.
T94: 그럴 수도 있기 때문에 나중에 상상으로 만들어낸 것 일수도 있기 때문에 얘기해준 나에게 얘기를 하세요.
P94: 고마워. 나는 왠지 자꾸 찜찜하게 떠올랐었어.(중략) 이런 불안도 많이 있었는데 네가 그 얘기를 해주니깐 굉장히 마음이 편안해졌어.
T97: 네. 잘하셨어요. 대화를 예전에는 잘 못했는데 내면의 힘이 세졌네요.

감정형 영상관법으로 현재 사례에서 불안과 두려움의 감정을 완화시키고, 갈망형 영상관법으로 이것과 연관된 과거의 경험을 떠올려 마음현상을 탐색하였다. 이 사례에서 '어린 나'에게 격려와 위로의 말로 안정시키는 새로운 대처행동을 하였고, '어린 나'가 안

정이 되고 가슴의 불편한 느낌도 40% 강도에서 10%로 옅어졌다.

　이 영상관법에서 연구 참여자가 통찰한 것은 가슴의 두근거리는 느낌이 발생하면 그 느낌을 알아차리기보다는 일어나는 생각에 집착되어 불안하고 두려운 감정에 압도되어 버렸고, 그 결과 어른인데도 마치 어린아이처럼 역기능적으로 행동했다는 사실이다. 생각에 의해 감정, 느낌이 유발되지만, 그 반대의 경우도 성립한다는 것을 이 사례에서 보여주었다. 느낌에 집착하면서 인지가 왜곡되어 불편한 감정을 지속시키고, 역기능적인 행동패턴을 만들어 낸다는 것이다. 예전에 못했던 자기 위로와 격려 역시 내면의 힘이 세진 연구 참여자의 변화된 모습이다.

(3) 제3회기 상담 : '나는 부족하다'는 핵심신념

① 도식과 사례를 연결시키기

　연구 참여자가 적어 온 '불편한 경험일지' 내용에서 도식과 사례를 연결 지어 표층적인 현상과 심층적인 근원을 통찰하는 작업을 하였다.

> P12: 그런 애들을 만나면 혹시라도 나중에 그게 '나에게 해가 되지 않을까!' 하고 겁이 나는 거죠.
> T13: 이게 위해/취약성도식이라고 하는 게 있어요.
> P16: 아이들 졸업식이 있었는데 애들이 아는 애들이고 아는 학부모가 많잖아요. 축하해 주고 그런 게 자연스러운 모습이잖아요. 근데 가는 게 싫은 거예요. 아이들이 저 보면 좀 데면데면 하는 모습들이 싫어요.
> T17: 그러면 이거는 어떤 도식과 관련이 되나요?
> P18: 그것도 위해/취약성도식과 같은 부분이 있어요. 결함/수치심이라고 할 수도 있고.
> T19: 오케이, 내가 부족한 부분이 노출되는 게 싫다!

　일상의 사소한 사건에서 위해/취약성 도식과 결함/수치심 도식이 강력한 영향을 주고 있었다. 또한 이 도식과 연결된 사례를 영상관법으로 통찰한 결과 '나는 모자라다, 부족하다'라는 연구 참여자의 핵심신념과 연결되어 있음을 파악하였다.

② 사고형 영상관법 : '나는 부족하다'는 핵심신념 다루기

연구 참여자의 핵심신념인 '나는 부족하다(모자라다)'를 사고형 영상관법으로 다루어 학교와 그와 유사한 가정의 사례에서 탐색한 중심생각을 사실과 의견 구별하기, 생각 바라보기, 집착된 갈망 탐색하기로 진행하였다.

T95: 자, 한 번 더 반복하겠습니다. '아이들이 나를 안 좋은 느낌으로 기억하고 있지는 않나? 존경심이나 추억이 남아있지는 않나?, '나는 사람들에게 잘 다가가지 못하는 사람이야' 이런 생각과 관련해서 장면을 떠올려보세요.

P95: 일상적인 장면이라고 할 수도 있는데 제가 외출을 했다 집에 들어갔을 때 아이들이 별로 쳐다보지 않고 그런 장면. 그냥 거실에서 아이들이 TV를 보고.

T98: 지금 이럴 때 내 기분이 어때요? 어떤 감정인가요?

P98: 쓸쓸함. 이럴 때도 약간 창피함. 수치스럽다 그럴까!

T99: 어떤 생각이 스치고 지나가면 이런 감정이 올라올까요?

P99: 엄마에 대해서 애정이 별로 없나? 엄마로서 모자라나 보다.

T103: '나는 엄마로서 모자라는 거 같다.'이런 생각이 순간 올라오네요. 이 생각은 사실이에요? 의견이에요?

P105: 사실일 수도 있겠다는 생각도 조금 들고.

T106: 사실일 수도 있다? 근거가 뭡니까?

P106: 제가 반갑게 표현을 못 했기 때문에.

T107: 이것도 내 의견인건가요? 사실인건가요?

P107: 물어본 건 아니지만 저도 반응이 제가 마음을 내고 의식하지 않으면 좀.(중략)

T114: '엄마로서 나는 모자라다.'이 생각을 바라봅니다. (……) 바라보니 어떠세요?

P115: 그 생각을 놓아 버릴 수 있을 거 같은데 계속 잡고 있는 거 같아서.

T116: 계속 잡고 있는 거 같아서 안타깝네요. 내가 이런 생각이 있는 거, 지금 내 갈망은 뭐죠? 나는 무엇을 원해요?

P116: 인정받고 싶은 거죠.

역할교대기법

T117: 엄마로서 인정받고 싶은 거죠. 좋아요. 지금 현관문에 들어서요. 아이들이 아는 척을 안 해요. 나는 인정받고 싶어요. 표현하세요. 내 갈망을.

P117: 엄마 왔는데, 엄마가 왔는데 인사 안 해?

P118(딸): 엄마도 인사 안 하잖아.

P119(엄마): 엄마가 그냥 기운이 없거나 그래서 인사 안 할 때가 있었던 거 같아. 미안하다.

P120(딸): 나도 귀찮아서 안 해.

P121(엄마): 엄마가 왔는데 인사를 안 해주면 속상하지. 사람이 들어오는데 반갑게 맞아주는 거 보면 좋지.

P123(딸): 엄마가 그렇게 하면 나도 그렇게 할게.

P124(엄마): 엄마도 노력할게.

P125(딸): 엄마 노력하는 거 보고 나도 생각해볼게.

P126(엄마): 너희도 서운했구나. (중략)

T137: 자, 호흡으로 돌아가겠습니다. 호흡에 주의를 두세요. 호흡이 어떠세요?

P137: 편안해요.

T138: 도식과 연관해 시작했는데 감정에 접촉됐어요. 외로움이라는 감정, 창피함, 그 다음에 수치심. 좀 더 내면에 깊게 있는 감정에. 큰 소득이라고 생각을 해요. 거기에 있는 핵심적인 신념이 '나는 부족하다. 모자라다.' 선생님의 핵심적인 신념이거든요. 이게 접촉이 된 거죠. 생각을 생각으로 바라보는 게 쉽지가 않네요. 내가 부족하다고 느끼니깐 울컥해지고 감정이 분리가 안 되는 거예요.

P138: 그거를 이겨냈다는 자신감이 아직은…….

T140: '너 많이 외롭구나.' 감정을 읽어주고 몸 느낌 바라보기를 연습했듯이 만나주시라고요. 지금 만나니깐 어때요?

P140: 괜찮아요.

연구 참여자는 '나는 모자라다'는 신념이 객관적 증거를 많이 갖고 있다는 생각을 떨쳐내기 힘들었고, '생각 바라보기'에서는 생각 분리가 안 되어 울컥하는 감정을 촉발시켰다. 사고형 영상관법으로는 생각을 분리하고, 있는 그대로 바라보기가 안 되어 갈망형 영상관법으로 불편한 감정을 표현하도록 유도하고, 새롭게 행동하기를 역할교대로 진행하였다. 먼저 감정형 영상관법으로 충분히 감정을 정화시키고, 그 다음에 사고형 영상관법을 진행하였더라면 연구 참여자에게 성공의 경험이 되었을 텐데 하는 아쉬움이 든다. 그러나 가정에서 아이들과의 사례는 일상에서 일어나는 사소한 사건이라고 볼 수 있지만 연구 참여자에게는 사소한 것이 아니고 가장 취약하게 느끼는 부분을 살펴본 것이고, 핵심신념과 관련된 사례이기 때문에 그것을 다룬 것은 그 의미가 크다고 할 수 있다.

(4) 제 4회기 상담 : '나는 부족하다'의 어린 시절 경험, 밴댕이 소갈딱지

3회기의 '나는 부족하다'는 핵심신념 다루기에서 생각분리와 있는 그대로 생각 지켜보기가 안 되었기 때문에 이 부정적 신념의 원인인 어린 시절 경험을 탐색하였다. 이것은 할머니가 연구 참여자를 '밴댕이 소갈딱지'라고 비난한 말이며, 자주 반복적으로 들었던 말이다. 어린 나이에 할머니로부터 공감과 수용은 받지 못하고, 되레 비난을 받은 것이 무척 억울하고 화가 났지만, 양육자에게서 자주 들었던 이 말에 자신을 '속이 좁다'고 규정해버려 '각인되었다'는 표현처럼 무의식에 저장되어 이제는 자신의 핵심신념으로 굳어져 버렸다.

영상관법으로 진행한 과정을 〈표 29〉로 제시하면 다음과 같다.

〈표 29〉 '나는 부족하다'와 관련된 어린 시절 경험

	감정형 영상관법(1차)		갈망형 영상관법(2차)	
장면	'밴댕이 소갈딱지'라는 소리		마을 오솔길에 혼자 있다.	
감정	억울함, 화, 답답함			
몸느낌	머리 짓눌림 30~40%, 가슴(답답함, 먹먹함, 묵직함) 20%		머리 지끈거림 30%, 가슴(답답함, 먹먹함) 20%	
몸느낌에 머물기	〈가슴의 답답함〉 (오감명상) 색: 찰흙 색, 모양: 식빵 모양 맛: 뱉어버리고 싶은 맛		생각탐색	내 생각이 옳다. 걔한테 선물 주는 것은 잘못이다. 나를 비난해.
몸느낌 지켜보기	머리 느낌이 편해지고 부드러워 짐. 40% → 10%		갈망탐색	새 옷을 갖고 싶음, 할머니의 공감을 원함
내면아이치유	·		마음이 편안해짐, 부끄럽고 옳지 못한 거라는 생각이 인정받으니 문제가 없다고 생각됨	
호흡 지켜보기	호흡은 조금 묵직한 느낌		몸느낌과 호흡	머리와 가슴 10%. 그런 감각이 있나 하는 정도, 가볍고 맑아짐
평가	가슴과 머리로 나타난 몸느낌 중에 머리느낌이 편안해졌으나 가슴의 답답함은 완전히 없어지지 않음.		내면아이와의 대화를 통해 공감과 위로를 받아 마음이 편안해져서 머리와 가슴이 둘 다 편안해졌다.	

T100: (중략) 내가 나에게 위로를 해주세요.

P100: 너는 그때 어린 아이였고. 할머니 입장에서는 다각도로 생각을 못 하는 거 가 지고 말씀을 하셨던 건데, 너 마음에는 굉장히 많이 남아 있었던 거 같아. 그 나이에는 누구나 그럴 수 있는 거고 그게 당연 했던 거기 때문에 할머니가 하신 말씀이 어른 이 된 지금까지도 적용된다고 어른이 된 너한테 하는 말이라고 생각할 필요는 없을 거 같아. 그거는 그때 너에게 어른들이 아이들에게 기대하는 게 많았기 때문에 그 렇게 말씀하셨던 거를 생각해보면 다 이해가 되고. 지금 그거는 어린 너에 대해서 하는 얘기지 그 어렸을 때 네가 지금의 너는 아니니깐 네가 신경 쓸 부분이 아닌 거 같아.

T101: 그래요 이해하기 쉽게 설명을 해주신 거 같아요. 내면아이가 이런 얘기를 듣고 대 답을 해주세요. 들으니깐 어때요?

P101: 고마워. 나는 어렸을 때 내가 지금의 나라고 착각을 한 부분이 있었던 거 같아. 근 데 어렸을 때 그런 모습이 있었다 하더라도 그것이 지금의 너는 아니고. 어렸을 때 너와 지금의 네가 다르다는 것을 볼 줄을 몰랐던 거 같아. 그거를 가르쳐 주니깐 내 마음이 많이 편해지는 거 같고. '왜 그 생각을 못했을까! 그런 부분을 알아차리지 못 했을까! 진작 그랬으면 참 좋았겠다.'그런 생각이 드네. 근데 지금이라도 그거를 알아차린 거는 참 다행인거 같아. 내가 좀 달라질 수 있는 계기가 될 수 있을 거 같 아.

T102: 건강한 어른으로서 내가 내면아이에게 한마디 더 얘기해준다면?

P102: 그런 생각까지 했다니 참 기특하고. 네가 어린 모습이지만 갑자기 커졌다는 그런 생각이 드네. 근데 나는 그 어린 마음 그런 어떤 욕심이나 이런 게 없다면 그것도 살아가는데 있어서 참 재미가 없을 거 같아. 그러니깐 어린 모습도 괜찮아, 그것도 너고.

T103: 너 자체로 괜찮아!

P103: 그것도 괜찮아. 그것도 사람이 살아가는데 있어서 필요한 모습이고 모자란 거 아니 고 그거는 자연스러운 거야. 옛날에 그런 일이 있었다고 해서 죄의식이라든가 창피 함이라든가 가질 필요가 없던 거 같아.

T104: 마지막으로 그렇게 얘기해주니깐 내면아이가 어떻다고 하나요?

P104: 나는 그런 샘을 내고 자기 것만 찾고 이러는 거는 부끄러운 거라고 생각을 했고, 그 거는 옳지 못한 거라고 생각을 하고 그랬는데 그래서 '창피하고 죄의식 같은 거에 갇혀 있었다.'라고 생각이 드는데 그런 것도 인정을 해주니깐 '그런 면도 있구나!'하

는 생각이 들고 내가 괜히 '나는 그 자체로 아무 문제가 없는 건데 왜 내가 그걸 가지고 있었을까!' 그게 지금에 와서는 '내가 왜 이랬지' 이해가 안 되는 생각이 드네. 고마워 (중략)

T109: 지금 호흡 상태는 어떠세요?

P109: 마지막에 '여섯'하면서는 굉장히 가볍고 맑아지는 느낌. (중략)

P110: 제가 '밴댕이 소갈딱지'라고 할머니가 한 말은 완전히 저한테 박혀 있는 거 같아요.

T111: 한번 얘기하신 게 아니고 반복적으로 여러 번 얘기하신 거네요.

P111: 옛날에 바쁘고 그런데 귀찮게 하면 애들 성격이 어디가요. 똑같은 짓 했겠죠. 그럴 때마다 어른들은 갑갑하고 똑같이 했을 거 같아요. 제가 딸들에게 얘기할 때 저도 속마음을 잘 못 숨겨가지고 애들에 대해서 안 좋게 생각하는 점이 있으면 제가 비꼬면서 한다고 그랬잖아요. 늘 패턴식으로 반응하는 게 있는데 말도 비슷하게 말하잖아요. 안되겠다 싶은 생각이 드네요.

감정형 영상관법으로 억울하고 답답하고 화난 감정을 수용하고, 지켜보기를 통해 감정을 정화하였다. 이어서 진행한 갈망형 영상관법에서는 좌절된 욕구를 충족시켜 핵심신념에 대한 집착을 내려놓도록 안내하였고, 연구 참여자는 '내면의 어린아이'와의 대화를 통해 치유와 성장의 경험을 하였다. 연구 참여자는 그때 불편했던 감정이 가슴, 머리의 불편한 느낌으로 왔기에 공감을 안 해주기가 어려웠다고 표현했다. 또한, 아이들에게 비꼬면서 말하는 것이 늘 패턴으로 굳어져 반응했는데 말로 상처를 주지 않도록 공감하고 수용하고 배려해주어야 함을 깨달았다고 한다. 연구를 시작하기 전 집단워크숍에서 자신의 힘이 없어 내면아이 치유가 어렵다고 했던 것에 비해 연구 참여자가 마음의 힘이 세지고 건강해졌다는 것을 또다시 확인할 수 있었다.

(5) 제 5회기 상담 : 상대방은 '메이저', 나는 '마이너'

남편에게 비교되면서 위축되는 사례를 발견하여 남편을 대상으로 사고형 영상관법을 하였다. 연구 참여자는 은연중에 늘 남편과 비교하면서 위축되는 느낌이 있었지만, 자신이 기대고 있는 상대이기 때문에 그것을 무시하며 살았다.

T127: 남편이 본인에게 자신이 어떤 존재냐고 확인을 하려고 하는 그 장면을 떠올려 보세요. 남편 얼굴을 떠올려 보세요. (중략)

T139: 자, 지금 나는 초라한 느낌과 위축되는 느낌을 받는 거죠. '상대방은 메이저, 나는 마이너야' 이런 생각이 사실인가요? 의견인가요? 이 생각의 근거가 뭐예요?

P139: 다른 사람들에게 인정받는 거, 본인이 잘났다고 느끼고 만족하는 거. 인정하는 거.

T140: 그런데 나는 나를 인정을 못하고 바깥에서도 남편만큼 인정받지 못한다?

P140: 혹시라도 조금 인정을 받더라도 '그게 아니야.' 이런 생각을 하니깐 인정을 받아도 별로 그거를 인정이라고 느끼질 못하는 거 같아요.

T141: '남편은 메이저고, 나는 마이너야'라고 하는 것들은 실제 객관적인 사실보다도 어떤 부분에서는 의견일 수 있네요? 내 안에 있는 생각, 의견일 수 있네요.

P141: 자꾸 저를 그걸로 얽는 거 같아요.

T143: 이렇게 올라오는 생각에 집착되는 갈망은 뭐죠?

P145: 자식들이 저를 인정을 좀 해줬으면 좋겠고.

T146: 내 갈망이 충족이 안 되니깐 약간 초라한 느낌과 위축감을 받잖아요. 그렇다면 자신에게 뭐라고 얘기해 줄까요?

P146: 메이저냐 마이너냐 하는 거는 그 사람이 마음먹기 나름인 거 같아.

T147: 좋아요.

P147: 자기 자신에 대해서 긍정적인 눈으로 바라봐 줄 수 있다면 누구나 메이저가 될 수 있을 거 같아.

T148: 자신을 더 긍정적으로 평가할 수 있는 얘기를 해 보세요.

P148: 일단은 우울증이 찾아왔을 때 상담하는 것을 알아보고, 병원도 거부하지 않고 다녔고 다음에 명상상담도 찾아서 꾸준히 해왔고 그러면서도 해야 할 일들도 못 하지 않았고 그러면서 다시 이제 제자리를 찾아왔는데 별로 그렇게 이전보다 더 나아졌으면 나아졌지 나빠졌다고 볼 수 없고 그런 거를 보면……

T149: 자신에게 칭찬을 좀 해주세요.

P149: 많이 힘들었을 텐데 지난 일 년 간 잘해온 거 같아. 많이 성숙해질 수 있었던 거 같고 헤쳐 나갈 힘이 충분히 생겼다고 보고.

T150: 그래요. 잘 얘기 하셨어요. 어떠세요? 얘기를 해보니깐?

P150: 이분법적인 사고를 하는 것이 경제적이지 못한 사고방식인 거 같아요.

T163: 소감은? 어떠셨어요?

P163: 제게 가장 문제점이라고 그럴까요. 문제의 핵심이라고 그럴까요. 그 부분을 만난 거 같은 생각이 들어서 다 하고 나니깐 마음이 편안해요.

초라하고 위축되는 느낌이 '상대방은 메이저고, 나는 마이너야'라는 생각에서 비롯됨을 탐색하고 사실과 의견 구별하기, 지지증거 찾기로 남편과 다르다는 생각에 집착하는 점이 자신이 스스로를 인정해주느냐, 아니냐의 차이라는 것을 자각하였다. 또한, 생각에 집착된 '인정받고 싶다'는 욕구를 탐색해 자기 대화로 인정해주고, 칭찬하기의 새로운 대처행동을 해보았다.

사고형 영상관법을 하고 나서 연구 참여자는 '상대방은 메이저고, 나는 마이너야'라는 이분법적인 사고가 자신이 규정한 것이고, 경제적이지 못한 사고방식이라는 것을 통찰하였으며, '문제의 핵심을 만나 마음이 편안하다.'고 하였다.

이번 회기에서 연구 참여자가 상대와 자신을 비교하면서 위축감을 느낀 낮은 자존감은 그동안 살펴본 바와 같이 '나는 부족하다, 모자라다'라는 부정적인 자기개념, 핵심신념에서 비롯되었다는 것을 '상대방은 메이저고, 나는 마이너야'라는 표현에서 찾을 수 있어서 의미가 깊다.

(6) 제 6회기 상담 : 사고형 영상관법의 성공사례, 완벽함을 추구함

① 완벽함을 추구하여 대인관계 불편함과 스트레스를 초래하다

주제선정을 하기 위해 주호소 문제를 경청하였는데 4가지 사례 모두 완벽함을 추구하는 것이 특징이었다. 이것은 '나는 부족해'라는 핵심신념의 반대 측면으로 인정받고 싶은 욕구가 적극 드러난 것이었다. 연구 참여자의 내면의 힘과 자신감이 회복되면서 강박적인 성격 특성이 일과 사람관계에서 완벽 추구로 드러나고 있었다.

첫째, 높임말교육에서 완벽함을 추구하면서 학생들에게 극존칭을 가르쳐야 효과가 있다고 생각해 아이들이 잘못할 때마다 지적한다. 둘째, 담임 역할을 하면서 대충 넘어가지 않다 보니, 목표가 먼저고 학생들이 나중이 되는 상황이 우려되는데, 제대로 안 따라주는 아이를 미워하면서 목표한 것에 집착해 '니 죽고, 나 죽자' 이런 식으로 화를 낸다. 셋째, 훌륭한 사람들을 좋아하고, 그런 사람들과 관계 맺기를 추구하다보니 자신을 그들과 비교하게 되면서 스트레스를 받게 된다. 넷째, 목표를 높이 추구하고, 능력을 추구하면서 요즘은 잠도 4~5시간 밖에 자지 못하고, 몸이 부서져라 과도하게 일을 해 몸이 긴장되고 매우 피곤하다.

② 사고형 영상관법 : 완벽함 추구로 학생에게 화를 내는 사례

이 사례는 최근에 부쩍 학생들과 부딪치는 문제이고, 연구 참여자의 공격적인 대처방식 패턴이 학생에게 드러난 사례이면서, 중심생각인 '나에게 도전한다.'가 '화'를 내는 공격적 행동의 원인임이 드러나 의미가 있다. 또한, 연구 참여자가 영상관법 평가에서 영상의 선명도 90%, 집중도 90%, 지켜보기 90%로 가장 높은 평점을 준 사례이고, 4차에 걸쳐 같은 사례를 반복해서 실시하였기에 좀 더 구체적으로 이 회기의 영상관법의 특징을 아래와 같이 살펴보았다. 이번 2차 6회기 상담은 '사고형 영상관법의 성공사례'('사고형 영상관법의 개입 결과'에 축어록이 언급되기에 여기서는 생략함)이다.

ㄱ. 사고형 영상관법을 반복해서 4차에 걸쳐 실시함

1차, 2차, 3차 모두 '사고형+감정형' 영상관법으로 진행하였고, 4차에서는 '사고형 영상관법'으로 진행하였다. 1차~3차까지 사고형 다음에 감정형 영상관법을 시도한 이유는 연구자의 경험상, 감정형을 먼저 하면 무의식적으로 연구 참여자의 감정이 완화되어 다음에 영상이 드러나지 않는 특성이 있어 사고형 영상관법을 못할 수도 있다는 판단 때문이었다. 사고형 영상관법을 먼저 진행하고, 완전히 생각이 바뀌지 않는 부분을 이후에 감정형 영상관법으로 몸느낌에 머물러 지켜보게 하니 감정이 완화되면서 생각이 바뀜을 확인할 수 있었다.

ㄴ. 핵심장면 선택의 중요성 : 오버랩 되는 다른 영상이 핵심감정을 촉발시킴

1차시 장면은 '남자아이가 종이를 흔들고……'이고, 감정은 '화'와 '걱정' 몸 느낌은 '가슴이 무겁고 긴장됨'이다. 생각은 '고생해서 만든 것인데, 저러다가 잃어버리지 않을까? 모양이 일그러지지 않을까?'라고 탐색되어 생각의 근거인 감각자료를 이용하여 '판

단하지 않고 지켜보기'(사고형 영상관법의 핵심기법)를 시도하였다. 그러나 그 장면이 중요하게 보이지 않았는데, 그 이유는 앞의 다른 장면 때문에 화가 난 것이라 더 중요한 장면으로 바꾸어서 다시 시도하였다. 몸느낌 지켜보기로 가슴의 무거움이 완화되고, 긴장감이 약간씩 옅어졌지만 다른 사례로 발생한 감정이라 완전히 해소되지 못했다. 정확한 핵심 장면 선택의 중요성이 느껴지는 대목이다.

ㄷ. 판단을 중지하고 있는 그대로 듣기 : 생각의 변화

2차시 장면은 남자아이가 여자아이에게 따지는 장면이고, 감정은 '분노, 화, 실망감'이다. 생각은 '욕심 부리고 고집 부린다, 믿을 만한 아이가 아니다, 인재가 없어 힘들겠구나!'이다. 이런 생각에 대해 아이가 따지는 "내 것 먼저 해줘야 해, 왜 걔 거를 먼저 하니?"라는 말을 대상으로, 판단하지 않고 억양과 소리로만 듣는 연습을 4회에 걸쳐 시도했다. '거리를 두고 지켜보기'를 하니 생각의 집착으로부터 분리하여 통찰하게 되고, 생각의 변화가 일어났다.

ㄹ. 반복해서 지켜보니 영상과 생각이 변화되다

3차시 장면은 2차와 같은 장면을 떠올리도록 시도했는데 영상이 안 잡히고 기억에만 남아있다고 하였다. 영상이 사라진 사실을 통해 2차에서 생각이 바뀌고, 감정이 정화되어 효과가 드러났다고 확인할 수 있었다.

4차시 장면은 패배판정에 속상해하는 아이의 모습만이 보일 뿐이고 불편한 감정이 없었다. '이 아이는 나한테 반항하고 도전해.'라는 말을 반복해서 듣게 하니, 연구 참여자는 '원래 성격이 그래. 성격이 급해.'라고 수정하여 말했다. '도전적이다'라고 판단하지 않고, 아이 본래 모습으로 볼 수 있어 처음과 생각이 변화되었음을 확실히 확인할 수 있었다.

(7) 제 7회기 상담 : '상대가 공격한다' 와 어린 시절 엄마에게 맞은 경험

① 긍정적으로 변화된 모습(빛과 그림자)

주호소 문제를 경청하면서 연구 참여자의 긍정적인 변화를 발견했다.

첫째, 활기차고 적극적이며 맡은 일을 자신감 있게 잘하고 있었다. 시간을 아껴서 오답 노트 쓰는 방법을 고안하는 등, 학습지도에 적극적인 모습이다. 다만 자꾸 새로운 것을 시도해 아이들이 약간 피로감을 느끼고 있음을 감지했다. 그것을 알아차리고, 자책하지 않으면서 융통성 있게 해야겠다는 생각을 하며, 힘들어하는 아이들의 마음을 읽어준 것은 자신감이 생긴 모습임을 엿볼 수 있다. 학교 일을 너무 적극적으로 하여서 학부모 총회 끝나고 온몸이 저리고 기력이 완전히 소진될 정도로 피로감을 느꼈지만, 심리적인 타격은 크게 입지 않았다.

둘째, 학교업무에 적극적으로 나서서 내 일이 아닌 다른 교사 일에도 개입하여 도와주려고 하였다. 그러나 조급하게 개입하고, 진행 안 된 것을 못 참고 학생들에게 하듯이 꼭 하라는 식으로 확인하는 것은 대인관계에서 불편함을 가져올 수 있는 소지가 있다고 인식했다.

셋째, 바쁘지만 예전보다는 스트레스를 덜 받고 의욕적이며, 예전에는 일을 의무로 하는 편이었다면 요즘은 조금씩 일에 재미를 느끼게 되었다.

② 의존/무능 도식과 가혹한 기준 도식과의 관계

연구 참여자의 내면적 힘이 강해지면서 업무를 하는데 활기차고 적극적인 모습이 나타나는 것은 긍정적인데 반해 과도하게 일을 무리하게 해서 자신은 스트레스와 피로감을 겪었고, 관계에서는 상대방의 잘못을 지적하여 갈등의 소지가 생겼다.

○○ 선생님께서 저를 피해 갔다고 그러셨잖아요. 그렇게까지 행동한 것 같진 않은데……. 제가 밖에서는 그런 모습이 많이 없어요. 집에서는 저희 딸들이 저를 공격하고,

"엄마가 먼저 공격하니깐 내가 공격하는 거야." 이런 식으로 말을 하는 편이지만요. 그런데 공격적인 느낌이 드니깐 그분이 그렇게 느꼈을 수 있잖아요. ○○ 선생님께서 뭐라 그러셨느냐 하면 '혼냈다.'고 그러셨거든요. 한편으로는 '와! 내가 이렇게 세졌나?'라고 생각하니 좋은 점인데 '아, 역시 내가 푸근하지 못해서 사람들이 가까이 다가오지 못하는구나!' 이거는 원래 저에 대해서 알고 있는 부분이기 때문에 '저분도 당연히 그렇지. 조카들도 안 오고 그러는데 당연한 거지' 그렇게 생각을 했죠. (중략)

애들이 자세 안 좋고 이런 거 있잖아요. 그런 거는 못 봐서. 좋은 말로 지적을 하든지 공격적으로 지적하든지 꼭 짚고 넘어가지 그냥 눈 뜨고 보지 못하는 것 같아요.

완벽해야 한다는 거는 내가 잘하는 사람이 아니고 내가 잘난 편은 아니라는 의존 무능이라든지 실패도식 이런 것이 깔려 있어서 노력이라도 해야 한다고. 재능이 많고 그런 사람이 아니니깐 노력을 해야 한다고. 교직에 들어서면서 그런 게 있었던 거죠. '유능하지 못한데 성실하지도 못하면 교사자격이 있겠느냐.' 애들은 애들대로 피로도가 높아지고, 저는 버거워지고 그래서 힘들어지는 거죠.

이것은 가혹한 기준/과잉비판 도식이 적용되는 것으로 '완벽해야 한다.'는 신념이 영향을 미치고 있었다. 자신은 잘난 편이 아니라는 의존무능도식과 실패도식에 기인해서, 직업적으로 교사라는 역할에서 유능하지 못하면 성실하기라도 해야 하고, 성실하지 못하면 교사자격이 없다고 생각하였다. 연구 참여자에게 성실함은 모든 일에 적용되는 것이고, '다 잘해야 한다.'는 생각이어서 스스로 버겁고 힘든 이유가 되었다. 또한, 상대방에 대해서 부정적인 측면에 초점을 두고 평가하다 보니 지적을 많이 하게 되었고, 어떨 때는 공격적이 되어 따뜻하게 품는 능력이 부족하다는 것을 자주 느꼈다.

③ 4차에 걸친 영상관법 : 내 뜻대로 따라주지 않는 아이에게 화내는 사례

본 회기의 영상관법은 아이에게 가혹한 기준을 적용해서 내 뜻대로 되지 않으니 연구 참여자가 화를 내게 되는 사례를 4차에 걸쳐 다루었다.

1차에서는 감정형으로 접근해 불편한 느낌이 앞이마 40%→20%, 가슴 70%→30%로 옅어졌다. 2차에서는 사고형으로 진행하여 생각의 근거인 "내가 그런 거 아닌데"를 옆에서 들려주고 '판단을 중지하고 있는 그대로 들어보기'를 시도하였는데 '공격하는 소리'로 들린다고 하여, 집착된 생각으로부터 거리 두기가 어려웠다. 3차에서는 갈망형으로 진행하여 1차 영상과 유사한 과거의 기억으로 초등학교 저학년 때 집 마당에서 엄마에게 빗자루로 맞고 있는 장면을 떠올렸다. 뒤의 〈갈망형 영상관법의 개입결과〉에서 3차의 축어록이 예시되어 있어, 여기서 그 부분은 생략하고, 4차 영상관법 부분만 제시하였다.

4차 영상관법

T137: 자, 다시 한 번 ○○ 얼굴을 떠올려 보겠습니다. ○○의 큰 눈, ○○의 얼굴을 떠올려 보세요. ○○ 영상이 잡히면 얘기하세요.

P137: 얼굴이 떠오르는데요. 밝은 모습이 보이네요. 웃는 모습.

T138: 밝은 모습, 웃는 모습이 떠올라요?

P138: 네. 걔가 칭찬을 해주면 해맑게 웃고 좋아하거든요.

T139: ○○의 웃는 모습을 보면서 그 아이에 대한 생각, 느낌은 무엇이죠?

P139: 쟤는 어려, 생각이 짧아.

T140: 또요. 아이에 대해서 밝은 모습이나 웃는 모습을 보면서 떠오르는 생각이나 느낌은?

P140: 쟤는 단순한 애야.

T141: 그러면 아이에 대한 느낌은 어때요? 쟤는 어린애야, 단순한 애야, 이렇게 판단이 올라오면 아이에 대해서는 어떤 느낌이 들죠?

P141: 좀 만만한 느낌.

T142: 만만하다! 만만한 느낌이네요. 아이에 대해서 특별히 부담이 없네요. 그 아이에 대해서 힘겹게 씨름을 해야 할 아이로 안 보이네요.

P142: 네.

자신의 행동에 대해 공감받기를 원한 갈망을 알아차리고, 좌절된 갈망을 충족시키는 새로운 행동을 하여서 편안해지니 상대를 긍정적인 영상으로 떠올리고, 자신을 공격한다는 집착된 생각도 바뀜을 알 수 있었다.

(8) 제 8회기 상담: 가치탐색과 목표설정

우울증은 일종의 도둑처럼 에너지, 생명력, 자존심, 그 이전에 즐겼던 기쁨들을 빼앗아 간다. 연구 참여자 역시 삶의 질을 논할 수 없을 만큼 '죽느냐, 사느냐'로 버거웠고, 꿈을 잃어버린 지 오래되었다. 고통스러운 경험과 싸우느라 소중한 것을 향한 생동감 있는 삶이 아니라 고통을 피하려고 전전긍긍하는 소극적인 삶을 살아왔다. 그리고 고통이 줄어들기를 바라면서 원하는 삶을 유보해왔다.

이제 마지막 회기를 맞아 좀 더 건강해진 연구 참여자가 회기가 끝나고 자신이 원하는 삶을 적극적으로 살아갈 수 있도록 삶의 방향, 즉 나침반 역할을 하는 삶의 가치를 명료화하여 구체적인 목표설정을 하였고, 미래의 목표행동에 대한 영상관법을 하였다.

연구 참여자는 전체 소감으로 "제가 대인관계가 편안하고 소통이 잘 되는 것에 가치를 두면서 실제 행동은 대인관계를 멀어지게 하고 차단하고 불편하게 하고 이런 식으로 행동했다는 것을 절감하고, 실제 행동과 가치에 너무나 괴리감이 심했다는 그런 생각이 들고, 그래서 참 버겁고 힘들었나 봐요."라고 말하였다. 자신이 생각 못 한 것을 조언 받아 시너지 효과를 느꼈고 상담자와 협력하는 것의 중요성을 알게 되었다며, 실천할 수 있는 자신감이 생긴다고 표현하여, 연구 참여자에게 도움이 되었음을 확인하였다.

① 가치명료화 작업

ㄱ. 내 장례식에 참석하기

연구자의 멘트를 통해 자신의 장례식에 참석해서 가까운 가족과 친구가 자신에게 하는 축사를 말하도록 유도해 삶의 가치를 찾도록 하였다. 연구 참여자는 관계에서 사랑과 믿음, 진실과 충실함을 중요한 가치로 삼았다.

(연구 참여자가 말한) 가족들의 축사

남편: 나를 사랑하고 나에게 충실한 아내였어.

딸들: 우리 엄마는 우리를 사랑했고 끝까지 믿어주셨어.

형제자매: 우리 언니, 누나는 우리를 사랑했고 언제나 우리를 걱정하고 챙겨주었어.

직장동료: 그 사람은 진실했고 늘 노력하는 사람이었어.

ㄴ. 가치평가지 작성

10가지 가치영역에서 연구 참여자가 가치를 두는 내용(원하는 대로 삶이 이루어진다면)을 적고 그것이 자신에게 얼마나 중요한지, 현재 얼마나 이 가치에 따라 살고 있는지, 중요도와 실현도의 차이를 생활편차로 적어 〈표 30〉으로 다음과 같이 제시하였다.

〈표 30〉 가치 평가

영역	나의 가치	중요도	실현도	생활편차	우선순위
부부/친밀한 관계	서로의 상처를 보듬어주고, 상대방의 행복한 삶을 도와주는 역할	10	6	4	1
자녀양육	자녀의 감정을 알아차리고 수용하며, 행복한 삶을 살 수 있도록 도와주는 역할	10	5	5	2
가족관계	가족의 희노애락을 함께 하며 어려움이 있을 때에도 불편해하지 않고 함께 극복해 갈 수 있는 사람	9	4	5	3
사회적 관계	가족보다도 애증 없이 마음을 터놓을 수 있는 관계, 서로의 힘듦을 보듬어주는 역할	8	5	3	4
직업/직장	초등교육이라는 장에서 학생들의 지적, 정서적, 신체적 성장을 돕고 행복한 사람, 사회에 보탬이 되는 사람을 만드는데 기여하고 싶음	8	4	4	5
교육과 훈련	배움을 통해 삶의 의미와 자신감을 회복하며, 다른 사람들의 삶에도 신선한 자극이 되고 싶음	8	4	4	6
오락과 재미	몸과 마음이 하나 됨을 느낄 수 있는 치유적인 활동을 통해 재미를 느끼고 있음. 몸이 건강해야 마음도 건강할 수 있다고 느낌.	8	4	4	8
영성	자연과 인간(나와 다른 사람 포함)이 서로 소통하며 생명의 소중함, 삶의 고마움을 함께 느끼고 싶음. 이러한 소망이 없다면 세상에 존재하는 의미가 너무 가벼움.	8	4	4	9
시민의식	인간은 사회적 동물이기에 사회의 발전에도 관심을 두어야 함. 재활용이나 직업 활동 속에서 소극적으로 활동하나 자원봉사 등의 의지 있음.	8	4	4	10
신체적 건강	운동, 잠, 휴식을 통해 신체적 건강을 유지하려 노력함. 신체적 건강을 확보하지 않고는 다른 가치에 대한 노력도 어려워진다고 봄.	8	6	2	7

가장 중요도가 높은 순서로 보면 부부〉 자녀양육〉 가족관계이지만 생활편차에서 부부관계는 상대적으로 만족도가 높기에 자녀양육과 가족관계가 5점으로 가장 높은 점수가 나왔다. 연구 참여자가 가정과 친척 등 가족과의 대인관계에 제일 중요한 가치를 두고 있으므로, 계속해서 지속적인 노력이 필요한 부분으로 평가되었다.

② 목표 설정하기

ㄱ. 목표 설정할 것 경청하기

연구 참여자는 대인관계 부분에 일보다 더 중요한 가치를 두고 있는데 상대를 평가해서 지적하는 태도로 인해 대인관계에 어려움이 있다고 하여 손익계산서를 통해 이익과 손해를 알아보고, 효과적인 대인관계를 어떻게 할 것인지 모색하는 기초로 삼았다.

평가 결과 손해가 더 크다고 나왔는데, 특히 딸과의 관계에서는 이익이 거의 없어, 지적하는 대처행동이 가장 악영향을 미치는 것으로 나타났다.

〈표 31〉 대처행동 손익계산서 작성

행동	대상	손해	이익	평가
지적한다 / 평가한다	교사	1. 지적해도 상대가 쉽게 바뀌지 않는다. 2. 잘못을 지적받은 사람은 나를 불편 하게 여긴다. 3. 관계가 악화되면 불안해진다.	1. 공론화시켜 개선된 부분이 많다. 2. 해결되면 마음이 편안해 진다. 3. 일이 수월해진다. 4. 일 쪽의 성취나 인정을 받을 수 있다.	단기적 이익이 클 수 있지만, 장기적으로 손해가 더 크다.
	학생	1. 아이들이 피곤해진다. 2. 아이들이 나에게 거리감을 가진다. 3. 나도 피곤해진다. 4. 심하면 적내적으로 나온다. 5. 누적되면 불안하고 우울해진다.	1. 아이들이 행동질서나 규칙을 잘 지킨다. 2. 잘했다는 만족감이 생긴다.	손해가 크다.
	딸	1.말을 안 들어 부모의 권위가 약해진다. 2. 관계가 악화된다. 3. 불안이 증폭되어 심리적으로 취약해진다.	1. 그 순간의 불편한 감정이 약간 해소된다.	이익이 거의 없다.

ㄴ. 목표설정과 실천계획

가치평가에서 좋은 대인관계를 유지하는 것을 목적으로, 자녀와 학교의 학생들을 구체적인 대상으로 삼아, 지적하고 평가하는 대신 감정을 잘 수용해주는 것을 목표로 정하였다. 정리해서 표현하면 〈타인(자녀, 학생)의 감정을 잘 수용해서 좋은 관계를 유지 한다.〉이다. 목표와 실천계획을 구체적으로 정리한 내용은 다음 〈표 32〉와 같다.

〈표 32〉 목표와 실천계획

목표	실천 행동	장애물	전략
셋째 딸과 신뢰를 갖고 수용적인 대화를 할 수 있다.	1) 숙제나 학원 시간에 대해 재촉하는 말을 하지 않는다.	불안, 의심	• 감정에 이름 붙이기 • 호흡과 함께 몸느낌 지켜 보기 (1분 이상) • 대처생각하기
	2) TV 보기 등 딸의 여가활동에 대해 긍정적으로 반응한다.	불안, 의심	
	3) 자녀의 친구관계 등 대인관계를 인정해 준다.	불안, 의심	
말을 잘 안 듣는 학생들의 행동을 수용하여 편안한 관계를 유지한다.	1) 현재 사안에 대해서만 얘기한다.	판단, 평가	
	2) 판단하지 않고 상대방을 수용해 주는 말이나 행동을 한다.	판단, 평가	
	3) 검사의 종류와 횟수를 20% 줄인다.	불안	

ㄷ. 영상관법으로 미래 목표행동 연습하기

학교에서 학생에 대해 불편한 감정이 올라올 때 공격하지 않고, '상대를 수용하는 말과 행동하기'를 할 수 있도록 미래에 발생할 일을 영상관법으로 떠올려 미리 연습하였다.

T34:　　　이제 새로운 행동을 해 보세요. 자, 그 아이가 앞에 있어요. 또 안 가져왔어요.

P34(교사):　무슨 일 있었니?

T35(학생):　또 잃어버렸어요, 선생님.

P36(교사):　아, 속상했겠구나. 왜 잃어버렸는데?

T37(학생):　넣어놨는데 어디로 가버렸어요. 저도 모르게

P37(교사):　그래, 속상했겠구나. 찾아봐도 없었나 보구나?

P38(교사): 그래, 선생님도 잘 잃어버려. 선생님이 또 한 장 줄게.

T39(학생): 네, 선생님. 고맙습니다.

T39:　　　 자, 그렇게 얘기하는 영상을 다시 떠올려 보세요. 아이에게 선생님이 잔소리를 안하고 편안하게 대해주는 장면이에요. 어떻게 보여요? 그 영상이?

P39:　　　 저는 별로 화가 덜 나고요. 어차피 뭐 벌어진 일이고 그래서 화를 안 내는 게 더 나았다는 생각도 들고요.

회신서를 안 가져온 학생에게 공격하는 장면에서는 "화"와 "짜증"이 났지만, 잔소리 안하고 편안하게 해 주는 장면에서는 "화"가 덜 났고, 아이는 더 미안해하는 반응을 보였다. 영상관법을 해 본 소감은 "화"를 낸다고 상황이 변하는 것이 아니고 관계만 더 나빠지므로 상황을 인정하고 객관적으로 처리하자고 하였고, 앞으로 노력할 수 있겠다고 하였다.

ㄹ. 행동계약서 작성하기

지금까지 연습한 내용을 일상생활에서 실천할 수 있도록 계약서를 작성하고, 옆에서 지켜볼 수 있는 남편의 점검을 받기로 하였다.

행동 계약서

1. 행동목표 : 셋째 딸에게 공격적인 행동(말)을 줄이고, 수용적인 말과 행동을 한다.

2. 행동계약기간 : 1개월(2012년 4월 8일~ 5월 5일)

3. 보상방법 : 4주 중 3주를 잘하면 5월에 있는 결혼기념일에 남편이 '명품 가방'을 사 줌

4. 위반할 때 벌칙 : 남편에게 안마해 주기

5. 관찰 방법 : 매일 점검표를 만들어(5일-1주)중 3번(3일) 이상 잘했을 때 '상',

　　　　　　　 못하면 '벌'을 줌

6. 감독관찰자 : 남편

　　　　　　　　　　　　　　　 2012 년 4월 7일

　　　　　　　　　　　　　　　 작성자:

---

3. 축어록 코딩작업에 의한 해석

1) 연구 참여자의 우울증에 대한 해석

연구 참여자에게 나타난 우울증의 특성을 고찰하는 것이 본 연구의 목적 중 하나이므로 ABAB 설계에 따라 진행한 전체 상담과정을 사례연구 방법으로 분석하여 해석하였다. 이를 위해 앞에서 축어록을 코딩하여 우울증 특성요인에 따라 범주를 만들고 유형을 찾아 분류하였다.

연구 참여자의 우울증 특성요인은 우울증의 원인과 우울증의 증상으로 분류되었다. 각 유형은 2개씩 4개의 범주로서 신경증적 불안, 발달사적 취약성, 버거움, 대인관계 문제가 해당된다. 이것을 〈그림 19〉로 제시하면 다음과 같다.

〈그림 19〉 우울증의 특성 요인 분류

연구 참여자의 우울증의 특성에 대해 전체적인 구조와 맥락을 살펴보기 위해 자료 분석 결과를 토대로 각 범주와 하위범주를 참고하여 다음 〈그림 20〉과 같이 구조화시켜 해석하였다.

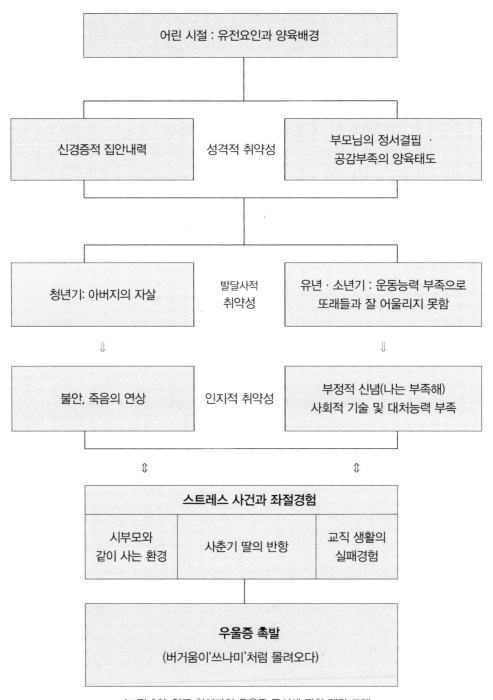

<그림 20> 연구 참여자의 우울증 특성에 관한 맥락 모델

연구 참여자의 우울증은 2가지 측면에서 독특한 맥락의 특징을 지니고 있다.

첫째는 유전적 요인으로 보이는 집안 내력과 아버지의 자살과 연관되는 '불안신경증적 취약성'이다.

둘째는 정서 결핍과 공감이 부족한 부모의 양육 태도 및 유년기부터 드러난 운동능력 부족으로 말미암아 사회성 발달, 대인관계 기술, 현실 대처능력 등이 심각하게 손상된 '발달사적 취약성'이다. 이 둘이 결합해 강박, 의존, 회피의 성격적 취약성이 발달하여 작용하고 있다. 이런 취약성을 지닌 연구 참여자가 시부모를 모시고, 세 딸을 양육하며, 교사로서 일하는 등 슈퍼우먼 역할을 강요당하니 그 버거움이 자신이 감당할 한계를 넘어섰고 '쓰나미[8]'처럼 우울증으로 촉발된 것이다.

다음에서는 우울증의 원인과 우울증의 증상의 2가지 유형으로 분류한 연구 참여자의 우울증 특성요인을 구체적으로 해석하고자 한다.

(1) 우울증의 원인

연구 참여자의 우울증의 원인은 신경증적 불안과 발달사적 취약성으로 분류되었다.

① 신경증적 불안

연구 참여자의 불안은 증조 벌 되시는 분이 신경증을 앓았고, 당숙과 당숙의 딸, 아버지가 신경증을 앓다가 자살을 선택했던 집안 내력과 연관이 있으며, 일상생활 전반에 만연되어 연구 참여자의 삶을 지배하고 있다. 이러한 불안은 몸의 긴장감으로 이어져 신체화로 나타나며 이로 말미암은 불편함 때문에 작은 생활 스트레스에도 취약하고 남들보다 우울감이 잘 촉발된다.

이런 불안에서 벗어나고자 하는 연구 참여자의 역기능적인 대처 행동은 삶을 버겁게 만들고, 그 버거움은 연구 참여자를 압도하여 우울증을 촉발했기에, 불안은 연구 참여자가 겪은 우울증의 가장 중요한 원인이면서 동시에 증상이기도 하다.

---

8 쓰나미 [tsunami, 津波] 해저에서 지진이 발생하거나 화산이 폭발하여 긴 주기의 파도가 일어나는 현상. 네이버 브리태니커 사전에서 참조하였다.

• 불안을 늘 몸으로 느끼다

연구 참여자는 오래전부터 일상생활 전반에서 긴장감과 불안감을 느끼며, 그것이 몸으로 각인되어 가슴에서 허전함, 먹먹함, 두근거림 등을 자주 느낀다. 이러한 증상은 아침에 더욱 심한데, 우울증이 심하게 왔던 2월에는 안절부절못할 정도의 초조감과 공허감으로 가슴에 신체화가 심하여 자주 가슴을 문질러 주어야만 하였다.

> T41: 음⋯⋯. 허전한 불안 증상, 먹먹하다는 표현도 썼고요. 푹 내려앉으며 두근거린다는 느낌. 그때 2월 이후에 강하게 나타났던 거죠?
> P46: 네. 그때는 굉장히 심했죠. 울고 싶고 그냥 안절부절못할 정도로. 지금은 알아차리는 정도? 약간의 긴장, 시험 때 긴장하는 것처럼 그런 긴장이 있다는 거죠.
> T47: 그 이전에도 있었나요? 아니면 자각을 못 했나요?
> P47: 묵직하게 일상 전반에 있었는데 기운이 있어서 그런 거를 별로 못 느낀 거라 생각이 들어요. 지금은 더 느껴지고 한번 강하게 경험했던 것 때문에 빨리 없어지지 않는다든가 쉽게 느껴진다든가 이런 게 있는 것 같아요.
>
> (1차 본상담 6회기 축어록 중에서)

• '그런 쪽으로 결론이 나면 어떡하나' 하는 불안

게다가 이런 불안은 죽음에 대한 연상과 관련이 깊기에 치명적이다. 버거움이 밀려올 때면 가까운 사람들이 그런 상태에서 했던 선택이 연상되기 때문에 '그런 쪽으로 결론이 나면 어떡하나'라는 생각이 불안과 두려움을 역으로 촉발해 안절부절못하게 하고, 좌절감과 무력감에 빠지기 때문이다. '불안'을 탐색하면서 그린 그림과 그 감정에 관한 간단한 특징 설명, 축어록을 제시한다.

*감정이름: 불안
- 장면: 불안하고 막막할 때 15층 아파트에서 유리창으로 아래를 내려다본다.
- 감정의 특징: 길을 잃어버려 허둥거린다.

- 소리로 표현하면: 서편제의 판소리
- 관련된 생각: '죽음'
- 관련된 행동: 망연자실하게 서 있다. 발버둥 치다. 가슴을 문지른다.

〈그림 21〉 불안한 감정

전 불안이 확실히 있는 것 같아요. 아빠에 대한 취약이 있고 주변에 원래 많으니까. 우울증이 한 번 있었고 남 일이 아니니까 그 부분이 저한테는 큰 부분이죠. (중략) 저한테는 그렇게 들렸어요. 아파트에서 뛰어내렸다고……. 그래서 그런지 막막한 것, 불안한 것 떠올리라고 하니까 갑자기 그것이 떠오르네요. 막연히 내가 '그런 쪽으로 결론이 나면 어떡하나.'하는 그런 불안이 있는 거죠. 내가 사는 걸 힘들어하잖아요. 즐겁고 자신감이 넘쳐서 사는 게 아니라 현상유지 하는 걸 힘들어하는 거잖아요. 그거 가지고 내가 노력하는 것도 버거워하는 거잖아요. 내가 그런 거에 대한 불안이 있죠. 지금은 힘든 일이 별로 없는데도 나한테 어떤 자극이 온다면 나는 어떡하지? 예를 들어 남편이 몸이 아프다고 해도 불안하고……. 모든 게 다 그렇죠. 내가 몸이 안 좋거나 내가 힘들다고 느끼거나 그래도 불안하고 또 아이들 같은 경우에도 아이들이 힘들어하는 모습을 보면 애들이 또 속을 썩이게 되면 인생이 잘 돌아가면 괜찮은데 아이들 인생에서 힘들어하는 모습이 있으면 그런 걸 잘 못 이겨내면 어떡하지? 그래서 다 불안하죠.

(1차 본상담 6회기 축어록 중에서)

② 발달사적 취약성

- 어린 시절의 정서적 결핍, 공감의 부족: '나는 부족하다'는 신념 형성

어린 시절, 연구 참여자는 삶이 버거운 엄마와 딱딱하고 거리감이 있는 아빠로 기억 되는 정서적 결핍이 있는 부모의 양육 환경에서 공감과 이해를 충분히 못 받고 성장했다. 상대를 푸근하게 품어주지 못하는 연구 참여자의 정서적 결핍은 대인관계의 어려움으로 작용하고, 또 다른 양육자였던 할머니한테서 자주 들은 '밴댕이 소갈딱지'라는 말은 '속이 좁다'는 자신에 대한 비난으로 연구 참여자에게 각인되어 '나는 부족하다'는 핵심신념을 형성시키는데 영향을 주었다.

> 많이 잘하는 거는 당연한 거고, 못하는 거가 있으면 그거는 좀 안 된다고. 스스로에게나 타 인에게 안 됐던 거 위주로 얘기하지, '내가 이래서 잘했어.' 이런 건 잘 안 되잖아요. 제가 부 족하다는 쪽의 원인이 된 게 할머니가 저한테 하는 얘기가 '밴댕이 소갈딱지'라고 그런 말을 많이 하셨어요. 그러면서 '나는 속이 좁아.' 이러면서 규정을 하게 된 거죠. 지금 생각해보면 감정수용을 못 받고 오히려 비난을 받으니깐……

(2차 본상담 4회기 축어록 중에서)

• 과잉보호와 운동능력 부족: 사회적 기술과 대처능력의 발달이 미흡함

과잉보호에 의한 양육 방식의 영향은 잘 받아주는 어른들과 어울리고, 또래들과 같 이 놀아본 경험을 거의 갖지 못한 것이다. 언어능력이 발달하여 말을 잘하는 까닭에 어른 들과 얘기하는 것이 편안하고 어른들이 잘 받아주었지만, 아이들은 몸으로 통하기 때문 에 운동능력 부족은 또래들과 어울려 노는 것에 큰 장애가 되었다. 아이들에게 놀림도 많 이 당해서 소외감, 고립감, 부적절감으로 대인관계의 힘듦과 함께 몸으로 하는 것에 관해 좌절경험을 많이 겪게 되었다. 과잉보호와 운동능력이 부족한 문제는 발달과정에서 매우 심각한 취약성으로 작용해 연구 참여자의 대처능력과 사회성 발달을 해쳐서 '나는 부족 하다'는 핵심신념을 형성하게 하여 낮은 자존감 문제와 대인관계에서 어려움을 겪는 것 으로 나타나게 되었다. 또한, 언어적 능력과 운동능력의 간극이 너무 커서 이상은 높은데 현실에서는 대처가 안 되니 상대적으로 좌절감이 높을 수밖에 없다. 이런 실패와 좌절경 험의 누적이 우울증으로 발병하게 된 것이다. 신경증적 불안과 함께 유년 소년기의 운동 능력의 부족은 발달사적인 심각한 취약성으로 작용해 연구 참여자의 우울증의 원인이 되 고 있다.

어렸을 때부터 누구랑 머리 잡아당기면서 싸우고 피 터지게 뭔가 그런 경험이나 그 자체가 별로 없는 것 같아요. 대처능력 같은 것들이 저한테는 형성이 안 되어 있는 거 같아요. 어렸을 때부터 놀이라든가 아이들 그룹에 참여하는 게 없었고, 어른들하고 놀고 애들이랑 안 놀고 있었거든요. 놀이 부분 형성이 잘 안 된 거가 그런 것 같아요. 사회성 발달이 어딘가 부족한 것 같아요. 초등학교 이전에 유치원 시기부터 차단이 되었던 것 같고, 제 기질적인 측면이나 부모의 과보호 측면이 맞아떨어진 것 같아요. 어렸을 때부터 어른들이 끼고 살아왔고, 제가 초등학교에 다닐 때 잘 못 놀아서 놀림을 많이 당한 것 같아요. 그래서 점심시간에 안 나갔고 책 보고 그랬던 것 같아요. 나가면 어차피 잘 어울리지 못하니까. 제가 체육적인 기능이 상당히 떨어지잖아요. 신체적인 부분이 떨어지니까 그래서 교실에만 있고 그때부터 그런 부분이 생겨나지 않았나 싶은 생각이 있어요. (중략) 그런 점에서 나는 부족하다고…

(1차 본상담 8회기 축어록 중에서)

(2) 우울증의 증상

① '버거움'

• 버거움으로 인해 우울증이 발생하는 메커니즘

연구 참여자가 겪는 우울증의 특징을 '버거움[9]'이라고 해석한다. 연구 참여자는 '어금니를 꽉 깨물 정도의 힘듦'이라고 한다. 이런 '버거움'이 발생하는 메커니즘은 신경증적 불안과 결합한 발달사적 취약성이 스트레스 사건이라는 외부조건을 만나면 강박, 회피, 의존적인 성격적 취약성과 작용해 '버거움'을 겪게 되고, 연구 참여자는 마치 어린아이처럼 '울컥'해진다. 울음을 연구 참여자는 '장애[10]'라고 얘기하고, 남편은 '유전[11]'이라고 말한

---

[9] '버거움'은 사전적으로 버겁다 [형용사]에서 파생된 용어로. '물건이나 세력 따위가 다루기에 힘에 겹거나 거북하다.'는 의미가 있고, 이겨내기 [힘들다][힘에 부치다]의 경상도 사투리이기도 하다. 본 논문에서는 불안신경증과 함께 다양한 취약성을 지닌 연구 참여자가 책임감, 성실함으로 자신의 부족한 점을 만회하려고 강박적으로 애쓰다가 자신의 능력으로 감당하기에 어려운 힘듦의 한계상황을 겪는 이런 상태나 증상을 일컫는 말이다.

[10] 연구 참여자는 우는 것에 대해 '통제할 수 없다, 못난 것이다.'라는 2가지 의미로 생각한다.

[11] 유전이라는 말은 연구 참여자 가족 중에 마음이 약해 울컥하는 사람(연구 참여자의 남동생, 여동생

다. 이런 표현은 연구 참여자가 '버거움'을 불가항력처럼 벗어나기 어려운 반복된 패턴으로 겪었다는 것을 의미한다. 우울증으로 촉발된 것은 '버거움'이 '쓰나미'처럼 감당하기 어려운 한계로 몰려와 좌절감과 무력감을 느끼게 된 상황에서다[12].

위의 설명을 좀 더 부연하면 연구 참여자에게 부모 양육 태도와 운동을 못해 사회성 발달의 미숙함과 대처능력의 부족함이 '나는 부족하다'는 부정적인 신념으로 형성되었다. 그것을 촉발시키는 상황에서 수치심과 소외감, 부적절감을 느끼며 남한테 드러날까 봐 불안하고 긴장을 하면서 실수하지 않으려 지나치게 강박적으로 애쓰고, 경중을 가리지 않고 모든 일을 열심히 하려다 보니 삶이 버겁고 재미가 없다. 마음이 더 불안하고 초조해지는 악순환을 겪으면서 실패와 좌절감을 맛보게 되고 이것이 누적되어 우울증이 된다.

나는 부족하니까 실수하면 안 된다. 실수하면 꼭 그거에 대해서 뒤끝으로 곱씹죠. 불안하여 실수하고 초조한 상태에 있으니까 더 실수를 많이 하게 되는 것 같아요. 부족하다고 하니까 나는 실수를 하면 안 되는 거고. 느리고 부족하니까 더 남들보다 시간이 필요한데 할 일은 많고, 이런 것들이 모든 것들을 크게 본다고 할까요. 뭔가 다 부담되는 일인 거예요. 큰 일이건 작은 일이건 부담을 가지고. 내가 잘할 수 있는 사람이 아닌데 왜 이렇게 할 일이 많지? 굉장히 힘들어요. 어떤 일을 할 때 즐겁게 하는 사람이 있잖아요. 하지만 전 그 일을 '또 내가 하나 해치웠구나, 넘어갔구나!' 이런 기분 있잖아요. '간신히 넘어왔구나!' 이런 느낌이요. 더 젊었을 때는 빨리 늙어서 쉬고 싶다는 생각이 있었어요. 애들 어릴 때는 확 빨리 늙어서 쉬고 싶다. 그런데 그 우울증이 올 때까지는 그것에 대해 계속 압도당하고 있었던 거지요. '빨리 쉬고 싶다, 빨리 시간이 갔으면 좋겠다, 늙고 싶다, 책임이 좀 없었으면, 책임에서 좀 놓여났으면 좋겠다.' 나는 잘하는 사람이 아니니까, 해도 끝이 없죠. (T:나는 굉장히 노력했네요. 노력했기 때문에 좌절감도 크네요.) 네, 쌓이고 쌓여서 우울증으로. 환경뿐만 아니라 저의 어떤 유전적인 문제들에 운동을 잘 못 한다거나 이런 것들이.

(1차 본상담 8회기 축어록 중에서)

일부, 외삼촌 등)이 많은 것을 보고 남편이 하는 말이다.

12 자료 해석에 대한 의미탐색을 점검할 때 연구 참여자가 한 말 (5월 31일)

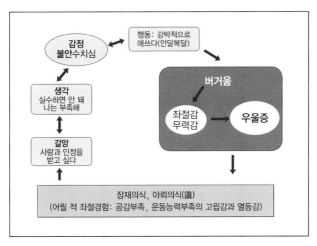

〈그림 22〉 '버거움'의 발생 메커니즘

• '버거움'으로 특징되는 우울증 증상

우울증은 한 인간이 생각하고 느끼고 행동하는 방식에 어떤 특정한 일련의 변화를 가져오는 것으로 나타난다(김종주, 2007, p23). 연구 참여자에게 나타나는 우울증의 증상이 사고와 감정, 행동, 그리고 신체 상태에 어떤 영향을 주는지 다음 〈그림 23〉과 같이 자료 분석에 따라 설명하고자 한다.

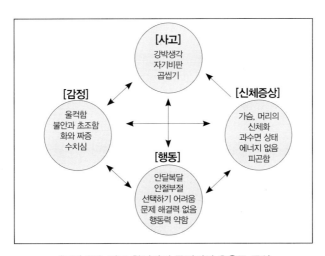

〈그림 23〉 연구 참여자의 특징적인 우울증 증상

ㄱ. 특징적인 사고

연구 참여자에게 나타나는 사고는 첫째, 강박적이고 부정적인 생각이다. 실패한 부분이나 결함에 초점을 맞추어 집착해서 생각한다. 그리고 '못 한다.', '약하다', '부족하다'라는 부정적인 자기개념과 미래에 대한 부정적 인식을 하고 있다. 따라서 생각이 많고 자주 산만해져서 집중이 잘 안 된다. 둘째, 자책하는 자기 비판적 생각으로 자신이 잘못되어 있다고 생각하면서 자신의 단점을 많이 생각한다. 셋째는 반추적인 사고로 곱씹기이다. 특히 실수하면 계속해서 곱씹는다. 역으로 골치 아프다고 생각하는 문제에 대해서는 마음 속에서 지우려고 회피를 해서 한편으로는 심사숙고해서 고민하는 것이 부족하다고 느낀다.

ㄴ. 특징적인 감정

연구 참여자에게 나타나는 여러 가지 감정 중에 가장 특징적인 것은 '울컥함'이다. 상담 중에 어떤 얘기에 자극받으면 눈시울이 붉어진다. 고학년 담임할 때 학생들 앞에서 몇 차례 눈물을 보인 것은 연구 참여자 스스로 자신이 부족하다고 여겨 매우 수치스럽게 생각한다. 프로그램 개입을 철회한 제 2 기저선 단계에서 두 차례 크게 울컥한 우울 삽화 경험이 있었다. 집안 청소를 하다 버거워서 갑자기 우울해지면서 히스테릭하게 계속해서 울게 된 일, 두 딸이 티격태격하는 상황을 힘겨워하면서 몸이 주체가 안 될 정도로 울게 된 일이다. 우는 것에 대해 '못났다, 나약한 모습이다, 이기적이다'라고 생각하며 자괴감을 느낀다.

둘째로 '불안'의 감정이다. 신경증적 불안이 있기에 늘 느끼는 불편한 감정으로 유사한 여러 감정이 드러난다. 사소한 변화에도 강박적으로 긴장되고 위축된다. 편안치 않다. 미리 걱정하고, '감정조절이 잘 될까?'하는 염려와 건강에 대한 염려, '실수하면 어쩌지, 실패하면 어쩌지?'하는 불안과 초조가 나타난다.

셋째는 '화'와 '짜증'이다. 영상관법을 할 때 가장 많이 접촉한 감정이었다. 불안이나 불편한 감정을 회피할 때 주로 '화'나 '짜증'을 내게 된다.

넷째는 '수치심'이다. 부정적인 자기개념과 낮은 자존감 탓에 영상관법에서 두 번째로 많이 접촉한 감정으로 "부끄러움, 창피함, 무안함, 쑥스러움" 등으로 표현된다.

ㄷ. 특징적인 행동

연구 참여자에게 나타나는 가장 특징적인 행동은 '안달복달'이다. 사소한 것에 신경을 많이 쓰고, 일에 경중을 가리지 않고 다 중요하게 집착해서 시간을 많이 써 능률적이지 못한 모습과 대충 넘어가지 못하며 안달복달하는 모습이다. 이런 태도가 누적되면 버겁고 결국 중요한 일을 실패하게 되어 좌절감을 겪을 수 있어 우울증의 촉발요인이 될 수 있는 행동특성이다.

자잘한 것에 신경을 엄청나게 많이 쓰면서 시간을 많이 써 능률적이지 못하고, 어떤 핵심적인 거부터 해결하는 게 아니라, 덜 중요한 게 없고 더 중요한 게 없어요. 쉬운 거부터 하다 보니깐 덜 중요한 거에 집착하게 돼서 시간을 거기에 뺏기게 되는 거 같아요. 그거를 넘어가지 못하고 '이렇게 할까요, 저렇게 할까요?' 이러면서 다른 사람들과 의논을 나누고 자료를 보내고 부산스럽게 구는 거예요. 근데 조금 능률적이지 못 하더라고요. 대충 넘어갈 걸 넘어가야 되는데, 안달복달하는 모습이.

둘째로 사소한 불안도 없애려고 하는 '안절부절'이다. 마음이 불안하고 초조할 때 어찌할 줄 모르는 우왕좌왕으로 나타난다. 문제 해결력이 없고, 선택하기 어려움과 행동력이 약함으로 나타난다.

ㄹ. 특징적인 신체증상

연구 참여자에게 나타나는 가장 특징적인 신체증상은 가슴과 머리로 나타나는 것이다. 영상관법을 통해 불편한 경험에 접촉되면 이 부위의 신체화가 제일 많이 드러났다. 가슴부위는 "답답함, 허함, 묵직함, 초조해지는 느낌, 쿵 내려앉는 느낌, 뻐근함, 쑤심"으로 느껴지고, 머리는 "띵함, 어지러움, 조이고 눌린" 느낌, 특히 앞머리와 관자놀이 주변의 통증으로 느껴졌다.

둘째로 특징적인 신체증상은 과다수면이다. 앉아서도 쉽게 잠이 들고, 심할 때는 순간적으로 코를 골아 '우울증이 더 심해지지 않을까?'하는 위기의식을 느끼게 한 문제이다. 우울증이 발생한 2월 이후 오후 시간이면 꾸벅꾸벅 조는 증상이 점점 심해졌다.

셋째로 특징적인 신체증상은 평소에 긴장되고 안달복달하다 보니 쉬 피로해지고 에너지가 고갈되는 것이다. 아침에 기운이 없을 때도 있고 손발이 저리고 무기력해질 때가 있다.

(2) 대인관계 문제

연구 참여자의 우울증의 특징은 대인관계 문제로 양상이 드러나는 것이다. '버거움'을 겪는 문제가 일 문제보다는 대인관계 문제에서 좌절과 실패를 겪으면서 우울증으로 촉발되었다. 이런 대인관계 문제의 원인은 앞에서 살펴본 바와 같이 어릴 적 발달과정에서 과잉보호와 운동능력 부족으로 말미암은 사회성 부족, 대처능력 미숙함의 취약성, 신경증적 불안과 성격적 특성인 강박, 회피, 의존의 대처방식으로 인한 것이다. 연구 참여자의 대인관계 방식을 다음 〈그림 24〉와 같이 제시한다.

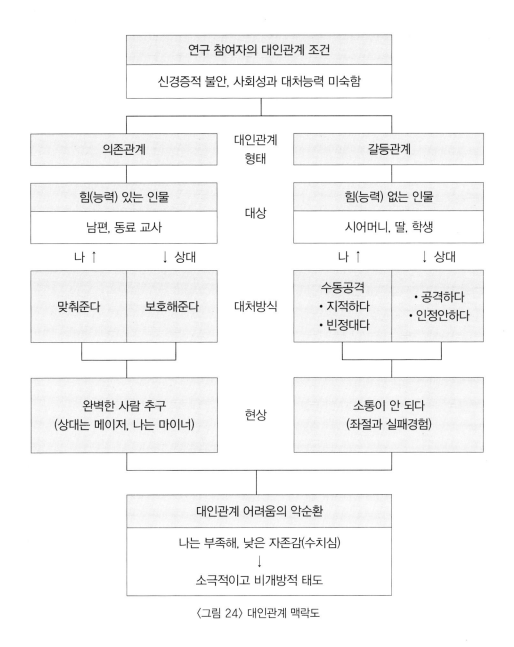

〈그림 24〉 대인관계 맥락도

연구 참여자의 대인관계 형태는 2가지로 드러난다. 힘(능력) 있는 인물과는 의존관계로 나타나고, 자신보다 힘(능력)이 없는 보살펴 주어야 하는 인물과는 갈등관계로 나타나고 있다. 남편이나 능력 있는 동료 교사에게는 의존하고, 가족 중에 시어머니와 딸, 학교에서 학생과의 관계에서는 소통의 어려움을 겪고 있다.

의존관계에서 대처방식은 상대에게 순응하고 맞춰준다. 이런 결과로 상대로부터 도움을 받거나 안전감을 느낀다. 그래서 더욱 대인관계를 지향하는 방식이 완벽한 사람을 추구하고, 그런 사람 옆에 있기를 원하는데, 반면에 상대와 자신을 비교하게 되면서 '나는 초라하고 부족하다'는 것을 더욱 많이 느끼고 부적절감, 수치심 등 낮은 자존감을 갖게 되는 원인으로 작용하고 있다.

갈등관계에서는 불안에 대한 회피, 시부모와 오랫동안 살면서 '화'를 많이 참고 살아왔던 것이 자신보다 약한 상대에게 수동공격적인 대처방식으로 나타나는데 주로 빈정대거나 비꼬는 형태이다. 강박적 성격과 교사라는 특성이 작용해서 지적하고 싶은 것을 참기가 어렵고 꼭 지적하고 넘어간다. 이런 모습은 상대를 푸근하게 품는 것이 아니므로 상대와 친밀한 관계를 유지하기 어렵고, 소통이 안 되어 갈등관계로 나타난다. 둘째 딸의 반항에서는 부모 역할의 좌절로, 고학년 학생들과의 불편한 관계는 학급경영의 실패 경험으로 누적되어 우울증의 촉발로 연결되었다.

2가지 대처방식은 모두 연구 참여자가 낮은 자존감과 수치심을 경험하여 다른 사람에게 자신의 부정적인 모습을 드러내기를 꺼려서 소극적이고 비개방적인 태도를 보이게 되므로 결국 대인관계 어려움의 악순환을 겪는 부적절한 대처방식이라고 볼 수 있다.

2) 영상관법 프로그램의 개입에 관한 해석

본 연구의 목적 중 다른 하나는 연구 참여자의 우울증에 '영상관법 프로그램'이 어떤 영향을 미치는지 고찰하는 것이다. 이에 ABAB 설계에 따라 진행한 전체 상담과정 자료 분석 결과로 나온 영상관법의 영향 요인을 '개입'과 '평가'로 분류하였다. 개입 유형에 포함되는 범주는 문제파악, 감정형 영상관법, 사고형 영상관법, 갈망형 영상관법의 4개이고, 평기 유형에 포힘되는 범주는 영상관밉 회기소감, 선제병가, 남은 과제의 3개가 해당한다. 〈그림 25〉으로 제시하면 다음과 같다.

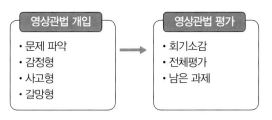

<그림 25> 영상관법 프로그램의 영향요인 분류

다음에서는 영상관법의 영향요인을 개입과 평가의 2가지 유형으로 분류한 것에 따라 구체적으로 해석하고자 한다.

(1) 영상관법 프로그램의 개입

① 주호소 문제파악

1차 영상관법 프로그램과 2차 영상관법 프로그램 개입에서 드러난 주호소 문제는 크게 대인관계와 어린 시절 문제이다. 1차 개입 프로그램에서는 현재의 대인관계 문제 위주로 파악되었다. 2차 개입 프로그램에서는 심리도식과 연관된 주호소 문제 또는 어린 시절과 연관된 주호소 문제가 파악되어 심층 심리로의 탐색을 시도한 것이 1차 개입 프로그램과 차이가 있다.

주호소 문제파악을 통해 연구 참여자가 가진 문제의 양상과 비중, 문제에 대한 접근 정도를 확인할 수 있었다.

ㄱ. 1차 영상관법 프로그램 개입에서 나타난 주호소 문제의 특징

1차 영상관법 프로그램 개입에서 주로 다룬 대인관계는 가족을 압도적으로 많이 다루었다. 우울증의 촉발원인인 둘째 딸 사례가 가장 많았고, 시어머니 사례는 둘째 딸 문제보다 덜 중요하고 연구 참여자의 태도 변화에 따라 달라질 수 있다고 하였는데 그 이후 사례에서 등장하지 않는 것을 통해 많이 해소된 것으로 보인다. 첫째 딸 사례는 딸들에게 하는 수동 공격적 대처방식이 드러난 전형적 사례이다.

독서 선생님 사례는 낮은 자존감으로 대인관계에서 불안을 느끼는 사례이고, 마지막 8회기에 학생을 대상으로 교사로서 좌절경험을 다루었다. 학교문제가 드러나지 않은 이유는 상담 기간이 방학 중에 많이 걸쳐 있었고, 연구 참여자가 교과전담을 하고 있었기 때문이다. 대상별로 다른 주호소문제와 그것의 의미를 〈표 33〉에 다음과 같이 제시하였다.

〈표 33〉 1차 영상관법 프로그램 개입에서 나타난 주호소 문제

분류	대상	회기	주호소 또는 핵심장면	의미
가족	시어머니	1	시어머니 말투가 거슬리는 장면	다른 곳에서 못한 얘기를 하고 나니 시원하고 감정이 해소가 됨.
		4	시어머니가 둘째 딸 다리 주물러 주는 장면	
	둘째 딸	1	둘째 딸이 게임을 하고 있는 장면	연구 참여자가 가장 힘들어하고 좌절하는 대인관계문제
		3	둘째 딸이 피부과 예약하고 바람맞힌 사례	
		5	둘째 딸이 밝은 갈색머리로 염색하겠다는 사례	
		7	둘째 딸이 반응이 없자 '내가 뭘 잘못했나?' 생각한 장면	
	첫째 딸	6	내가 한 말에 첫째 딸이 대화를 거부하는 장면	수동 공격적 대처방식문제
학교	독서 선생님	7	'내가 독서선생님에게 잘못 말하지 않았나?' 하는 불안한 장면	낮은 자존감문제
	학생	8	도전했던 아이, 인사를 안 하고 가는 장면	학급경영 좌절경험

ㄴ. 2차 영상관법 프로그램 개입에서 나타난 주호소 문제의 특징

2차 영상관법 프로그램 개입에서 나타난 주호소 문제의 특징을 시제에 따른 대상별 주호소 문제와 그와 연관된 심리도식으로 다음 〈표 34〉에 제시하였다. 구체적인 내용은 〈표 34〉의 내용에 기초해 다양한 시점과 다양한 대상으로의 변화, 심층 심리의 탐색이라는 3가지 특징으로 이어서 설명하였다.

분류	대상	회기	주호소 또는 핵심장면	심리도식
현재	셋째 딸	1	셋째 딸이 엄마한테 짜증을 내는 사례	위해/취약성
현재	둘째 딸	2	둘째 딸에 대한 불안과 두려움	위해/취약성
어린 시절	어린 나	2	위협적인 상황에서 불안과 두려움을 느낀 사례	위해/취약성
현재	나	3	졸업식장에 참석하지 않은 장면	위해/취약성
과거	나	3	놀이 연습 때 아이들이 거슬리는 장면	결함/수치심
과거	딸들	3	집에 들어왔는데 딸들이 쳐다보지 않는 장면	결함/수치심
어린 시절	어린 나	4	할머니의 비난하는 말 '밴댕이 소갈딱지'	결함/수치심
현재	교장 선생님	5	모른척한 채 쌩하고 지나가시는 교장 선생님	유기/불안정
과거	시외삼촌	5	내 얘기는 안 하고 남편만 칭찬하는 시외삼촌	결함/수치심
과거	남편	5	남편 떠올리기(상대는 메이저, 나는 마이너)	결함/수치심
현재	학생	6	학생에게 화를 내는 장면	위해/취약성
현재	학생	7	내 뜻대로 안 되는 아이에게 화내는 장면	가혹한 기준
어린 시절	어린 나	7	어릴 적 엄마에게 혼난 기억(초등 저학년)	정서적 결핍
미래	학생	8	학생에게 화내는 장면	가혹한 기준

첫 번째 특징은 문제를 다루는 시점의 다양한 변화이다. 1차 프로그램 개입 때는 현재의 주호소 문제와 장면을 영상관법으로 다루었기에 가족과 학교로 분류를 했다면, 2차 프로그램 개입에서는 현재에서 과거로 연결해 핵심장면을 탐색하고, 좀 더 어린 시절의 결정적인 경험을 찾아 아뢰야식(종자), 핵심신념을 만나고 내면의 어린아이 치유를 시도하였다. 또한, 미래의 예상되는 장면을 떠올려 영상관법으로 대처행동을 연습하는 등 과거와 현재, 미래에서 다각도로 접근하였다.

두 번째 특징은 다양한 대상으로의 변화이다. 1차 개입에서 주요 갈등대상이었던 둘째 딸의 사례가 한 번 등장하고, 시어머니 사례는 아예 나오지 않은 것으로 보아 1차 개입 때 다룬 가까운 가족의 문제가 많이 해소되었음을 알 수 있다. 딸들, 남편, 친척 등 가족관계로 얽힌 사람들과 교장 선생님, 학생 등 좀 더 다양한 대상으로 접근되었고, 자신을 만나고 어릴 적 내면아이를 만나 문제의 핵심에 직면하는 등 안팎에서 동시에 접근이

된 점이 의미 있다.

세 번째 특징은 심리도식과의 연관을 탐색해 주호소 문제를 아뢰야식(종자)과 핵심신념의 심층 심리로 접근한 점이다. 불안, 두려움과 연관된 위해/취약성 도식을 가장 많이 다루었고, '나는 부족하다'는 핵심신념과 연관된 결함/수치심 도식을 2번째로 많이 다루었다. 정서적 결핍 도식과 유기/불안정 도식은 공감과 이해부족의 부모의 양육태도와 성인기 초반 아버지의 자살과 연관이 있는 것이다. 후반부에 나타나는 가혹한 기준은 연구참여자가 수치심과 열등감을 만회하고, 인정받고자 하는 갈망과 연관해서 자신감이 생기면서 나타났다.

② 감정형 영상관법

전체 영상관법 상담과정을 코딩 작업하여 분류한'감정형 영상관법 범주'의 개입내용에 대한 반응결과로 분류된 하위범주는'감정이름', '몸느낌', '오감을 접촉한 몸 느낌','몸느낌 변화', '호흡의 변화'이고 도식화하면 다음 〈그림 26〉과 같다.

감정에 이름붙이기
감정이름

⇩

불편한 몸느낌 알아차리기
몸느낌

⇩

오감을 통해 몸느낌에 머물러 느껴 보기
오감으로 접촉한 몸 느낌

⇩

호흡과 함께 몸느낌 지켜보기
몸느낌 변화

⇩

호흡 지켜보기
호흡의 변화

〈그림 26〉 감정형 영상관법의 개입 결과

감정형 영상관법 상담과정의 구체적인 내용을 축어록을 참조해 개입과 반응결과를 예시하고자 한다.

• 불안 회피로 첫째 딸에게 공격적 태도를 보인 사례 (1차 6회기)

주호소 경청에서 첫째 딸이 자원봉사를 통해 스펙을 쌓는다는 얘기를 듣고 영어, 수학 공부에 신경 쓰지 못할 거라는 불안감에 공격적인 태도로 얘기했고, 그에 대해 딸이 마음의 문을 닫은 사례를 다루었다. 딸이 대화를 거부하고 앞서서 가고 있고, 연구 참여자가 뒤에서 따라가는 장면을 떠올렸다. 감정형 영상관법은 감정을 재접촉해 회피하지 않고 직면하여 감정을 다스리기 위한 것이다. 감정에 이름을 붙이고, 몸느낌과 호흡관찰을 통해 있는 그대로 지켜보기를 하였다. 영상관법 후 몸느낌이 엷어지고, 2차로 영상이 선명하게 떠오르지 않아 불편한 감정에서 벗어났음을 알 수 있었다. 감정형 영상관법의 반응결과는 다음과 같다.

〈표 35〉 감정형 영상관법 개입의 결과 (1차 6회기)[13]

감정 이름	부끄러움, 창피함, 위축됨						
몸느낌	가슴(명치) 답답함, 머리 어지러움						
오감으로 접촉한 몸 느낌	오감명상(가슴의 답답함)					호흡명상	
	모양	색깔	감촉	맛	냄새	들숨	날숨
	돌	검정	축축함	씁쓸함	퀴퀴함	부딪치는 느낌	몸 느낌이 완화됨
몸느낌, 호흡 지켜보기	가슴(명치)부위의 불편함이 나아짐, 강도가 70%→30%로 엷어짐. 호흡은 조금 무거우나 괜찮음						
평가	몸느낌이 엷어진 것과 2차로 영상을 떠올렸을 때 영상이 선명하게 떠오르지 않기 때문에 불편한 감정에서 벗어났음을 알 수 있다.						

---

13 이 사례의 축어록은 회기별 상담과정 분석 '1차 6회기 상담'에 예시되어 있으므로 여기에서는 생략한다.

• 남편과 비교되면서 울컥한 사례, 생각이 바뀌다 (2차 5회기)

주호소 문제는 남편과 비교되면서 울컥한 사례로 시외삼촌이 남편을 치켜세우면서 칭찬을 많이 하는데 연구 참여자에 관한 얘기는 한마디도 하지 않은 장면을 선택하였다. 이 장면에서 '존재감 없음', '무시당함', 자신이 못났다는 '자책감'과 함께 울컥하여 몸느낌이 많이 드러났다. 감정형 영상관법으로 몸느낌에 머물러 회피하지 않고 지켜보기를 통해 불편한 느낌이 많이 완화되었다. 2차로 다시 떠올린 시외삼촌의 표정이 웃는 얼굴로 바뀌었고, 생각도 변하여 자신에게 집착해서 보지 않고 상대방을 있는 그대로 보게 되었다. 감정형 영상관법으로 감정에서 벗어나니까 생각이 저절로 바뀌고, 역으로 생각이 바뀌니 상대에 대한 감정과 영상이 바뀐다는 것을 다음 〈표 36〉과 축어록을 통해 제시하였다.

〈표 36〉 시외삼촌의 말씀에 남편과 비교되어 울컥한 사례

	감정형 영상관법(1차)	영상관법(2차)	
장면	시외삼촌과 시외숙모의 얼굴	시외삼촌의 웃는 모습	
불편한 요인	존재감 없고 무시당하거나 비난받는다는 생각	불편하지 않음, 신경이 안 쓰임	
감정이름	존재감 없음, 울컥함, 안쓰러움, 답답함, 자책	담담함	
몸 느낌	울음, 가슴의 먹먹함, 코 막힘, 숨 잘 안 쉬어짐	생각의 변화	그냥 그런 분이다. 생각이 깊거나 속이 깊은 분은 아니다. 자기의 어떤 관점에 따라 좋아하는 거랑 싫어하는 거가 좀 분명해서 그런 거에 의해서 말이 나오는 분이다.
몸 느낌 지켜보기	코 불편함 70%→30%로 감소, 가슴의 무거움 40%→20%로 약해짐		
호흡 지켜보기	불편함이 약간 약해짐, 호흡이 깊지는 않음		
평가	자신의 존재감 없음에 접촉해 울컥해 신체회기 심하게 드러남, 몸 느낌을 있는 그대로 회피하지 않고 지켜보면서 불편감이 감소함	불편한 감정에시 벗어나면서 2차에서는 영상이 바뀌고, 생각의 변화가 저절로 일어남	

1차 감정형 영상관법: 시외삼촌에게 위축감을 느끼는 장면

T86: '무시한다.' 이런 느낌을 받으셨네요. 그와 관련해서(남편은 치켜세우면서 칭찬을 많이 해주고, 내 얘기는 한마디도 안 하시는 거예요.) 영상을 떠올려보세요.

C87: 그분 얼굴이 떠오르고 외숙모님도 떠오르고.

T88: 이 장면에서 무엇이 나를 불편하게 하나요?

C88: 또 역시 존재감이 없구나. 그분이 내가 조금 잘하지 못한다고 생각을 하고 있다는 거를 느끼는 '나를 무시하거나 비난하는구나!'하는 느낌. 저 자신에 대해서 못났다 이런 자책을 많이 하게 되죠.

T91: 자책감이 올라오네요.

C91: 그 울컥하는 게 상대방에 대해서 상대방이 나를 인정을 안 해주는 것에서오는 울컥일수도 있고 그게 인정을 못 받아서 그러는 거겠죠. '내가 못났다' 그런 걸 생각하면 울컥하는 느낌이 드는 거 같아요.

C93: 안쓰러운 느낌도 있죠. (중략)

C94: 울컥하는 거는 답답함 때문에 그런가! (중략)

C97: 답답하다고 그러나 나도 길을 잘 모르겠어요. (눈물이 남)

T98: 지금 이렇게 눈물이 많이 나네요. 다른 신체부분은 어떠세요?

C98: 울음이 나오면 가슴이 먹먹하잖아요. 그거가 계속 있는 거 같아요.

T99: 아까 한 50% 정도인데 지금은 어떠세요?

C99: 지금은 눈물이 나고 있기 때문에 더 심해졌죠.

T100: 가슴이 답답하세요?

C100: 네.

T101: 힘껏 그 먹먹한 부위를 들숨과 함께 느껴보세요. 내쉬면서 충분히 느껴보세요. 들숨일 땐 어떤 느낌이고 날숨일 땐 어떤 느낌인지.

C101: 코가 막혀서 숨이 잘 안 쉬어져요.

T102: 코가 막혀있으니깐 코 있는 부분에 주의를 두고 느껴보세요. (......)

C102: 코가 뚫리면서 진정돼요. 지금은 한 30%. 내쉴 때 좀 가슴이 많이 아파요. 그냥 쓰리다고 해야 될까! 40% 정도라고 해야 될까! (중략)

T106: 조금 더 호흡과 같이 지켜봅니다. 불편한 느낌을 회피하지 말고 충분히 인내심 있게 지켜보세요. 들숨 날숨과 함께.

C106: 약간 무거운 느낌이 가슴 속에 계속.

T107: 그 무거움의 강도를 뭐라고 표현할까요? 비유적으로 표현하면?

C108: 마치 무거운 커다란 절에 있는 종 같은 느낌.

T109: 계속해서 힘껏 그 부위의 무거운 느낌을 들이쉬고, 그 무거운 느낌을 내쉬고, 좀 더 지켜보세요.

C109: 그 부피가 좀 작아진 거 같아요.

T110: 무거운 정도의 강도는 어떠세요?

C110: 부피가 작아진 만큼 어느 정도 약해진 거 같아요. 20%

T112: 이제 아랫배 호흡으로 돌아갑니다. (중략) 지금 호흡상태가 어떠세요?

C112: 아주 약간. 많이 약해진 건 아니고.

2차 영상관법: 시외삼촌의 변화된 영상

T115: 잘하셨어요. 다시 외삼촌 얼굴을 다시 떠올려 보세요.

C115: 지금은 그 장면은 별로 신경 안 쓰이고요. 웃으시는 모습이.

T116: 그 장면을 보면서 그분에 대해서 올라오는 생각, 판단을 얘기해보세요.

C116: 그냥 그런 분이시다는 느낌.

T117: 그게 무슨 뜻이죠?

C117: 그분 자체도 그렇게 생각이 깊은 건 아니다. 생각이 깊거나 속이 깊으신 분은 아니고. 그분도 자기의 어떤 관점에 따라서 좋아하는 거랑 싫어하는 거가 좀 분명해서 그런 거에 의해서 말이 나오는 분이다. (중략)

T120: 객관적으로 그분의 모습을 보게 되었네요.

C120: 별로 신경을 안 쓰고 싶어요.

T121: 근데 일단은 영상이 바뀌고 내안에서 그분에 대한 생각의 변화가 있네요.

C121: 네.

(2차 5회기 축어록에서 발췌함)

③ 사고형 영상관법

축어록 코딩 자료 분석에서 '사고형 영상관법 범주'의 개입 결과로 분류된 하위범주는 '중심생각', '판단의 근거인 감각자료', '생각의 변화'로 3가지이다. 핵심적인 개입내용과 결과를 도식화하면 다음과 같다.

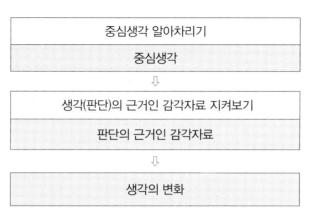

〈그림 27〉 사고형 영상관법 개입 결과

사고형 영상관법 상담과정의 구체적인 내용을 실패사례와 성공사례로 나누어 축어록을 참조해 개입과 반응결과를 구체적으로 예시하고자 한다.

• 사고형 영상관법의 실패사례: '나는 부족하다' 핵심신념 다루기

연구 참여자의 핵심신념인 '나는 부족하다(모자라다)'를 사고형 영상관법으로 다루었다. 가장 대표적인 방법인 '생각(판단)의 근거 자료를 있는 그대로 지켜보기' 기법을 사용하지 않고 '생각을 있는 그대로 지켜보기' 방법을 시도해보았는데 감정에 압도당하여 연구 참여자에게는 적합하지 않았다. 그러나 핵심감정을 촉발시키는 데는 효과적이었다.

이 회기에서는 사고형 영상관법을 학교에서의 경험과 유사한 가정의 사례에서 탐색한 중심생각을 사실과 의견 구별하기, 생각을 있는 그대로 바라보기, 집착된 갈망 탐색하기로 진행하였다. 연구 참여자는 '나는 모자라다'는 신념이 객관적 증거를 많이 갖고 있다는 생각을 떨쳐내기 어려웠고, '생각 바라보기'에서는 생각 분리가 안 되어 울컥하는 감정을 촉발했다. 그래서 갈망형 영상관법으로 불편한 감정을 표현하도록 유도하고, 새롭게 행동하기를 역할교대로 진행하였다.

먼저 감정형 영상관법으로 충분히 감정을 정화하고, 그다음에 사고형 영상관법을 진행했어야 했다는 평가와 '감정을 그 자체로 바라보는 것'이 감정에 압도되어 버릴 위험이 크듯이 '생각을 그 자체로 바라보는 것'이 연구 참여자에게는 효과적이지 못한 것을 확인했다. 감정형 영상관법에서도 감정을 몸느낌으로 환원해서 지켜보듯이, 사고형 영상관법에서도 생각의 근거가 되는 감각자료를 명상의 대상으로 삼는 이유가 분명해졌다.

영상관법을 하고 난 평가에서 연구 참여자는 '나의 성격으로 말미암은 문제라서 알아차림으로 가능할까? 하는 의심이 든다.'라고 소감을 말해주어 핵심신념을 제대로 다루지 못하면 연구 참여자에게 부정적인 인식을 줄 수 있다는 것을 알 수 있었다.(이 사례의 축어록은 앞의 '2차 3회기 상담'에 예시되어 있음으로 이곳에서는 생략함)

• 사고형 영상관법의 성공사례: 판단하지 않고 '소리'로만 듣기 (2차 6회기)

이 사례는 완벽함을 추구하면서 학생에게 화를 내는 사례이다. 목표 설정한 것에 집착하면서 따르지 않는 학생을 미워하게 되고, 특히 도전하고 반항하는 느낌이 들면 화와 분노가 올라와 공격을 하게 되는 사례이다.

장면은 남학생이 여학생에게 따지는 장면이고, 감정은 "분노, 화, 실망감"이다. 생각은 '욕심 부리고 고집 부린다, 믿을 만한 아이가 아니다, 인재가 없는 것에 힘들겠구나!'이다. 이런 생각의 근거로 아이가 따지는 목소리, "내 것 먼저 해줘야 해, 왜 걔 거를 먼저 하니?"를 억양과 소리로만 '판단하지 않고 듣기'를 4회에 걸쳐 시도했다.

〈표 37〉 판단하지 않고 '소리'로만 듣기 (사고형 영상관법)

횟수	반 응
1회	도전하고 반항하는 것 같음 (화, 짜증)
2회	나한테 부정적인 감정을 가진 게 아닌가 (불안)
3회	불만을 제기한다.
4회	여자아이에게 화낸다. 긴장된 몸느낌으로 나에게 하는 느낌도 반은 있음

생각(판단)의 근거 자료인 소리, 남자아이가 했던 말을 상담가가 반복해서 들려주었더니 4번째에는 '여자아이에게 화를 낸다.'라고 생각이 바뀌는 것을 확인할 수 있었다. '거리를 두고 지켜보기' 하니 생각의 집착으로부터 분리되어 통찰되고, 생각의 변화가 일어

났다. 다만 연구 참여자가 긴장된 몸느낌으로 생각이 완전히 떨어져 나가지 못함을 자각해 보고한 것은 의미가 있다. 연구 참여자에게 긴장된 몸 느낌으로 생각이 왜곡될 수 있다는 것과 생각의 왜곡을 바로 잡는데 몸느낌 지켜보기로 감정을 정화하는 것의 중요성을 확인할 수 있는 매우 중요한 대목이다. 이어서 감정형 영상관법을 하여 불편한 몸느낌이 전체적으로 완화되었고, 호흡이 편안해지고 마음이 안정되었다.

T81: 이 아이가 고집부리고 욕심 부리고 그러는 판단은 내가 뭘 보고 그렇게 판단을 하는 거죠? 눈으로 내가 지금 어떤 모습을 보고 있죠? 귀로는 뭘 듣고 있죠?

P82: 그 아이가 따지는 모습, 내 것 먼저 해야 돼! 왜 걔 거를 먼저 하니? 라고 따지는 말.

T84: 좋아요. 소리를 들어 주세요. "내 것 먼저 해줘야 돼, 왜 걔 거 먼저 하니?"

P88: 화가 나고요. 짜증이 나요.

T89: 자, 지금 나는 이 아이를 어떻게 판단하고 있죠?

P89: 욕심 많은 아이, 성질 급한 아이

판단하지 않고 소리로만 듣기 1차

T90: 판단을 하지 말고 소리 자체를 들어보세요. 내용이나 상황을 보지 말고 목소리 억양만 들어보세요. "내 거를 먼저 해줘야 돼,"(반복)

P90: 저한테 도전하는 거 같고요. 저한테 반항하는 거 같아요.

T91: 기분이 어때요? 이렇게 생각을 하니깐?

P91: 화나고 짜증이 나요.

판단하지 않고 소리로만 듣기 2차

T92: 자, 다시 한 번 들어보세요. 그 아이 표정하고 소리를 들어보세요. 판단하지 마시고 목소리 억양하고 목소리 톤만 들어보세요. "내게 위에 있고 그 아이 것이 아래 있었거든! 내거를 먼저 해줘야 돼"(반복)

P92: 지금 말투가 차분해져서 내가 예민했나? 하는 생각이 좀 드는데 그러면서도 한편으로는 내가 애들한테 요즘 굉장히 예민하고 까다롭게 굴어가지고 애들이 나한테 뭔가 부정적인 감정을 가지게 된 게 아닌가? '나는 짜증나는 선생님이다' 이런 생각을 가지게 되는 게 아닌가? 불안도 한쪽에 보이네요.

판단하지 않고 소리로만 듣기 3차

T93: 네. 그래요. 잘 보셨어요. 다시 한 번 할게요. 판단하지 마시고 소리로만 들어보세요. "그 아이 거 아래 있었고 내 것 먼저 해줘야 돼"(반복)

P93: 그래도 아직도 뭔가 불만이 있고, 불만을 문제제기하는 느낌으로

T94: 누구한테요?

P94: 걔한테 하는 거지만 저는 저한테 하는 걸로 느껴져요.

판단하지 않고 소리로만 듣기 4차

T98: 지금 현재 모습으로 보세요. 과거에 했던 판단은 내려놓으시고 다시 제가 말씀 드릴게요. 내 안에 있는 이미지나 판단은 내려놓고 이 아이를 보면서 소리 자체를 들어보세요. "내 것 위에 있는데 아래 있는 아이 거부터 하면 안 되지. 내 거 먼저 해줘야 되잖아. 내 거 먼저 해줘야지?"(반복)

P98: 이제는 조금 그 여자아이에게 화내는 느낌이 들긴 하는데 제가 몸느낌이 긴장된 게 사라지지 않아서 그런지 저한테 하는 것도 반은 있는 거 같아요.

다시 같은 장면을 떠올리도록 시도했는데 영상이 안 잡히고 기억에만 남아있다고 하였다. 영상이 사라진 것을 통해 생각이 바뀌고, 불편한 감정에서 벗어났음을 확인할 수 있었다. 상황의 장면이 아니라 아이 얼굴 떠올리기를 시도하여 접촉된 영상에서 아이표정이 선하고, 편안해 보인 것으로 영상이 바뀌었다. 생각탐색에서도 '아이 엄마와 애가 정신없다. 아이가 얼마나 힘들까!'라고 1차와 2차에 비해 생각이 변화되었음을 확인하였다.

④ 갈망형 영상관법

축어록 코딩 자료 분석에서 '갈망형 영상관법 범주'의 개입 결과로 분류된 하위범주는 '갈망', '대처행동', '새로운 행동', '새로운 행동 후 변화' 4가지이다. 구체적인 개입내용과 결과를 도식화하면 다음의 〈그림 28〉과 같다.

핵심갈망 알아차리기
갈망

⇩

행동평가 – 했던 행동은 무엇인가? – 대처행동은 효과적이었나?
대처행동

⇩

원하는 새로운 행동 모색하기 하고 싶은 말이나 행동으로 표현하기 어린 시절: 재 양육하기(내면아이치유)
새로운 행동

⇩

새로운 행동 후 변화

〈그림 28〉 갈망형 영상관법 개입 결과

● **갈망형 영상관법: 회피하고자 했던 실패경험을 몸느낌에서 직면함 (1차 8회기)**

연구 참여자가 최근에 후배교사와 자신을 비교하게 된 경험을 통해 학급경영의 실패경험이 곱씹어졌다고 했다. 영상관법으로 떠올리도록 유도했는데 연구 참여자는 잘 떠올려지지 않고 생각이 안 난다고 하였다. 이후의 연구 참여자의 반응을 통해 그것이 회피였다는 것을 알게 되었다.

연구자는 회피하는 연구 참여자에게 몸의 불편한 느낌을 알아차리도록 하였고, 가슴이 긴장되어 있다고 해서 그 느낌에 집중하면서 실패경험을 떠올리도록 다시 유도하였다. 일반적인 영상관법에서는 불편한 영상에서 느낌을 접촉하도록 하는데, 그 반대의 방식으로 접근한 것이다. 연구 참여자는 다른 사람들에게는 얘기하지 못했던 부분이라고 하면서 고학년 담임할 때 버거워서 아이들 앞에서 울컥했던 경험에 접촉해 마음현상을 알아차리게 되었다. 우울과 좌절감을 접촉하고, '나는 부족하다'라는 역기능적인 핵심신념을 찾아냈다. 상황에 잘 대처하고 싶은 갈망이 강했는데, 실제 상황에서는 '나는 부족하다', '나는 능력이 없다'라는 부정적 생각에 압도되어 감정조절을 못 하게 되고, 어릴 적

울기를 잘했던 연구 참여자가 유사한 경험을 다시 하면서 자신에 대한 부정적인 신념이 더 강하게 굳어지게 되었다. 자존감이 낮기에 자기 노출을 극도로 꺼리고, 창피하게 생각해 주변의 도움을 받지 못했다. 그동안 이 문제에 직면하지 못했기 때문에 작년에 고학년을 맡으면서 또 좌절경험을 겪게 된 것이다.

T109: 아이에게 내가 가장 많이 감정이 쌓였던 장면이 어떤 장면이에요?

P109: 엄청나게 그 아이들 혼냈던 적이 있는데 2학기 때…….

T110: 그 장면을 떠올려 보세요?

P110: 그게 잘 떠올려지지 않아요. 그게 잘 생각이 안 나요.

T111: 생각이 안 나요?

P111: 걔에 대해서 엄청나게 쏟아 부은 적이 있는 것 같은데 잘 생각이 안 나요.

T112: 좋아요. 일단 지금 몸을 전체적으로 느껴보세요. 지금 불편하게 느껴지는 데가 있나요?

P112: 가슴에 긴장이 좀 있어요.

T114: 어떤 느낌이죠? 표현한다면.

P114: 가슴이 약간 조인다고나 할까?

T115: 가슴에 있는 조이는 느낌을 충분히 한번 느껴보세요. 가슴이 이렇게 긴장되고 조이는 것을 느꼈던 과거의 일을 몸느낌을 통해서 떠올려 보세요. 가슴의 불편한 느낌에 집중하면서.

P115: 떠오르는 경험이요?

T116: 네, 이 느낌을 느끼면서……. 그 아이하고도 좋고…….

P116: 다른 사람들한테 이야기를 못 했던 부분인 것 같은데 담임하면서 고학년을 할 때, 아이들과 갈등이 있잖아요. 이런 일이 있을 때 전체적으로 훈화 비슷하게 얘기할 때 아이들 앞에서 눈물을 보이거나 울음 섞인 얘기를 한 적이 있는 것 같고요. 울컥하면서 콧등이 시큰하다든가 목소리가 울컥한다든가, 심할 때는 며칠이 길 때가 있었어요. (중략)

T125: 부족하다. 나는 능력이 없다. 그 당시 느꼈던 거네요. 내가 원했던 것은 나는 잘 대처하고 싶었는데 잘 안 되었네요. 그럴 때 나는 어떻게 행동하셨나요, 그런 상황에서는?

P126: 그것에 창피해서 누구한테 말을 못 했고 내가 이런 부분 때문에 힘들었다고 말했지만 내 감정은 말을 못 했던 것 같아요. 그것까지는 굉장히 자존심이 상하는 일이어

서 그런 거는 좀 당당하게 맞서지 못하는 거죠. 보이는 거는 당당하게 못 하더라도 담담하게 하면 좋겠는데, 그런 게 감정조절이 잘 안 되는 거예요. 눈물을 비추고 그런 부분을 어렸을 때부터 더 창피하게 느끼고 그런 것 같아요.

T129: 지금 가슴 한 번 느껴 보세요. 가슴 느낌이 어때요? 긴장하고 조인다는 느낌이 있었는데 지금은 어떠세요?

P129: 좀 남아있었는데 그 얘기를 하니까 좀 편안해진 것 같아요.

T130: 그럼 몇%지요?

P130: 한 10%.

연구 참여자는 갈망형 영상관법으로 마음현상을 알아차려 집착된 갈망을 탐색하고, 대처행동을 파악했다. '새로운 행동하기' 기법을 별도로 적용하지는 않았지만 누구에게도 말 못하고 창피하게 생각했던 일을 연구자에게 노출하여 표현한 것이 '새로운 행동하기'라고 볼 수 있었다. 연구 참여자는 자신의 문제에 직면하여 평안해졌고, 몸느낌이 많이 옅어짐을 보고하였다. 의도적이지는 않았지만, 연구 참여자에게 이 장면은 연구자에게도 노출하고 싶지 않을 만큼 무의식적으로 회피했던 문제인데 1차 마지막 회기에 직면하게 된 것은 연구 참여자가 심리적으로 건강해져서 억압과 방어기제가 많이 약해진 것이라 판단되었다.

• 갈망형 영상관법: 어린 시절 좌절된 욕구충족으로 생각이 바뀌다 (2차 7회기)

이번 회기의 영상관법은 가혹한 기준을 적용해 불편함을 겪고 있는 학급 학생과의 갈등문제를 4차에 걸쳐 다루었다. 사고형 영상관법으로 감각자료인 소리를 '있는 그대로 듣기'가 안 될 때는 생각에 집착된 갈망을 탐색하는 것이 효과적이라는 것을 어린 시절 영상과의 연결에서 확인할 수 있었다. 엄마로부터 이해받고, 자신이 듣고 싶은 칭찬과 격려를 통해 편안해지니 상대를 긍정적인 영상으로 떠올리고, 자신을 공격한다는 집착된 생각도 바뀜을 알 수 있었다. 현재의 문제는 과거의 잠재된 심층 심리에서 비롯되기 때문에 무의식적으로 패턴화 되어 나타나는 습기를 없애려면 결국 심층의 아뢰야식 종자를 여실히 보았을 때 가능하다는 것을 확인시켜주는 사례였다. 4차의 영상관법 진행 결과를 다음과 같이 〈그림 29〉에서 간략히 제시한다.

〈그림 29〉 4차에 걸친 영상관법의 개입 결과

1차에서는 감정형 영상관법으로 학생이 두 번째 창가 쪽 자리에 앉아있는 장면을 떠올려 화와 짜증의 감정과 가슴 답답함, 머리 띵함의 불편함을 경험하였다. 몸 느낌 지켜보기를 통해 앞이마는 40%→20%, 가슴은 70%→30%로 불편한 느낌이 완화되었지만 계속 불편한 느낌이 남아 있었다.

2차에서는 사고형으로 진행하여 1차와 같은 장면을 떠올렸고, 학생의 큰 눈이 부각되었다. 생각의 근거인 "내가 그런 거 아닌데"를 옆에서 들려주고 판단하지 않고 소리로만 들어보기를 시도하였는데 '공격하는 소리'로 들린다고 하고, 불편한 감정에 접촉되었기에 과거의 사건과 연관이 있다고 판단되어 3차에서 어릴 적 과거영상으로 연결하게 했다.

3차에서는 갈망형으로 진행하여 공격받은 과거영상으로 초등학교 저학년 때 집 마당에서 엄마에게 빗자루로 맞고 있는 장면을 떠올렸다. 서러움과 억울한 감정에 접촉되었고, '엄마가 너무하다'는 생각의 기저에 있는 갈망은 자신의 행동을 이해하고 공감받기를 원했다. 당시에 제대로 표현하지 못한 것을 새롭게 행동하도록 역할 교대 기법으로 유도하였다. 표현하고 나서 마음이 편안해졌다. 또 칭찬받고 싶은 갈망에 대해서는 자신에게 칭찬과 격려를 해주었다.

4차에서는 1차와 같은 영상을 떠올리도록 유도하였는데 밝고 웃는 학생의 모습으로 영상이 바뀌고, '저 아이는 어려, 생각이 짧아, 단순한 아이야'라는 생각으로 변화된 것을 확인할 수 있었다.

연구 참여자는 어릴 적에 수용 받지 못한 감정 때문에 생긴 잘못된 신념 탓에 현재의 관계에 문제가 생기고, 현재 자신이 하는 공격적, 방어적 행동이 자녀나 학생에게 부정적인 영향을 주고 있음을 깨달았다.

1차 영상관법(감정형)

좀 짜증이 나는데요. 화도 나는 게 있어요. 약간 등이 뻐근하고요. 가슴도 좀 답답하고 앞이마도 좀 띵한 거 같아요. 앞이마 40% 정도. 20% 정도로 약해지는 거 같아요. 가슴에 무거운 게 70% 정도로. 무거운 돌덩이 같아요. 30% 정도로 크기나 무게나 정도가 준 거 같아요. 호흡도 약간 가쁘기도 하고 답답하기도 한 느낌이 있어요.

2차 영상관법(사고형)

짜증, 분노. 고집을 피운다는 생각이 들고요. 내가 그만큼 영향력이 없나? 쟤 정말 내 손에 안 들어온다. (증거가 뭐예요?) 그 아이의 말투. (소리로만 들어 보세요.) 마치 저를 공격하는 소리로 들리고요. 앞머리가 조금 지끈거리고요. 가슴도 좀 답답하고요. 등도 좀 조여오고

3차 영상관법

(내가 공격을 받았던 과거 영상을 떠올려 보세요.) 갑자기 어렸을 때 엄마에게 혼난 기억이 떠오르네요. 초등학교 저학년. 빗자루 같은 거로 맞은 거 같아요. 억울하다. 엄마에 대해서 좀 너무하다. 너무 심하시다. 행동을 이해해주기를 원한 것 같은 생각이 들어요. 얘기를 못 했을 거 같아요. (표현을 한번 해 보죠. 내 앞에 엄마를 초대해서.) 잘못했다는 죄책감도 있는 것 같아요. 엄마 ○○해서 잘못했어요. 나도 모르게 그렇게 했어요. 다음부터는 안 그럴게요. (딸을 위로하고 받아주는 엄마로 역할을 바꿔서 말해보세요). 참 속상했을 거 같구나. 엄마가 때려서 미안하다. 때리고 화내서 놀랍고 아팠지? 엄마를 속상하게 해서 죄송해요. 엄마가 저를 이해해주시니깐 제가 더 잘못한 거를 느끼는 거 같아요. 정말 죄송해요. 얘기하니깐 마음이 편안해지는 거 같고요.

4차 영상관법

얼굴이 떠오르는데요. 밝은 모습이 보이네요. 웃는 모습
쟤는 어려, 생각이 짧아. 좀 만만한 느낌.

소감나누기

영상관법을 하니깐 마음이 풀어지고 자기를 이해하고 격려하게 되고 이런 게 효과가 있다는 게 재밌는 거 같아요. 그때 힘이 없어서 비난이나 공격에 대응하지 못했다면 아니면 대응을 했더라도 제 성에 차지 않았다면 지금 힘이 있을 때 그 공격을 가만두지 못하

는 거죠. 공격이라고 생각하니깐 싸워서 이겨야 한다는 느낌이 드는 거죠. 위로를 받았기 때문에 어떤 상황이 오면 조금 그 부분이 떠오르기도 할 것 같고 영향을 줄 거 같아요. 걔도 나처럼 느낄 수가 있겠군요.

3) 영상관법 프로그램이 연구 참여자의 우울증에 미친 영향

앞서 우울증과 영상관법의 개입에 대한 해석을 토대로 연구 참여자의 우울증에 영상관법프로그램의 개입이 미친 영향을 살펴보고자 한다.

(1) 감정과 몸느낌에 미친 영향

연구 참여자가 우울증과 관련해 경험하는 특징적인 감정은 "울컥함, 불안, 화와 짜증, 수치심(부끄러움, 창피함 등)"이고, 특징적인 신체증상은 가슴과 머리로 나타나는 신체화 증상이다. 감정형 영상관법으로 개입해 연구 참여자의 감정(몸느낌)에 나타난 영향에 대해 정리하면 다음 〈표 38〉과 같다.

〈표 38〉 감정과 몸느낌에 미친 영향

감정	사례	신체 느낌의 변화	영상관법의 영향
울컥함	우울과 좌절감의 사례 (1차–8회기)	가슴이 긴장하고 쪼이는 느낌이었는데 편안해 짐.	눈물, 가슴과 머리의 신체 느낌이 약해지면서 울컥한 감정이 가라앉고, 감정이 해소되면서 생각이 바뀌고, 다시 영상을 떠올렸을 때 떠오르지 않거나 영상이 바뀌었다.
	나(2차–3회)	눈물, 가슴 먹먹함 70% → 30%. 앞머리가 띵하고 조인 느낌 80% → 20% 사라짐.	
	남편과 비교 당함(2차–5회)	눈물, 코 막힘, 숨 잘 안 쉬어짐은 진정이 되고 코가 뚫림. 가슴의 쓰라림과 두근거림은 강도가 약해지고 불편하지 않게 됨.	

감정	사례	신체 느낌의 변화	영상관법의 영향
불안 (초조, 위축)	독서선생님 (1차–7회)	가슴 답답함이 왔다 사라짐. 한기 올라옴. 등 뒤쪽 저림. 왼손 저림 40~50%강도에서 10~20% 로 약해짐.	머리와 가슴, 손이 저리는 몸느낌이 완화되고 호흡이 편안해짐. 영상이 사라짐으로 감정이 해소됨을 확인함. 셋째 딸을 수용할 타이밍이 보임 (통찰).
	셋째 딸 (2차–1회기)	관자놀이 약간 지끈거리고 가슴의 느낌이 약간 있다 가라앉음.	
	둘째 딸 (2차–2회)	가슴 두근거림과 통증 40% → 20% 으로 옅어짐.	
화 (짜증)	시어머니, 둘째 딸 (1차–1회)	머리 통증 20% → 10%로 감소. 왼쪽 가슴의 쑤심(20%)이 왔다 사라짐. 명치끝 답답함(30~40%)→ 10%.	머리와 가슴의 불편한 느낌이 옅어짐. 2차를 시도할 때 '화'의 감정이 드러나지 않아 해소됨을 확인함. 감정을 직면함. 편안해짐.
	둘째 딸 (1차–8회)	팔에 힘 빠짐. 이마 쪽이 띵했다가 가벼워짐. 위 가슴과 명치 아프다 편안해짐	
수치심	첫째 딸 (1차–6회기)	머리 어지러움이 완화됨. 명치가 답답한 가슴부위가 나아짐. 숨도 잘 안 쉬어진 것이 조금 편안해짐.	다시 떠올린 영상이 희미하거나 선명하게 떠오르지 않아 감정이 해소됨을 확인함.
	어린 시절 두려웠던 장면 (2차–2회기)	머리 관자놀이는 40%→20%, 가슴의 두근거림은 40%→10%로 진정되고 편안해짐.	

감정형 영상관법의 개입으로 울컥함, 불안, 화와 짜증, 수치심의 감정이 접촉되었을 때 공통으로 가슴과 머리의 몸느낌이 발생하였다가 옅어지거나 사라졌다. 울컥함의 감정은 눈물과 코 막힘, 불안은 한기와 손의 저림, 화와 수치심은 명치의 답답함이나 아픔이 더 드러났다가 옅어지거나 사라졌다.

몸느낌이 완화되면서 감정이 해소되었는데, 그것은 다시 영상을 떠올렸을 때 그 감정에 접촉되지 않는 것 또는 떠올린 영상이 선명하지 않거나 떠오르지 않는 것으로 확인할 수 있었다. 감정의 해소로 생각이 바뀌고 통찰이 일어났다.

(2) 생각(사고)에 미친 영향

연구 참여자가 우울증과 관련해 경험하는 생각(사고)은 자기개념과 미래에 대한 강박적이고 부정적인 생각, 자책하는 자기 비판적 사고, 곱씹는 반추적인 사고가 특징이다. 여기서는 사고형 영상관법을 개입해 연구 참여자의 생각에 미친 영향에 대해 나타난 사례를 중심으로 정리하면 다음 〈표 39〉와 같다.

〈표 39〉 생각(사고)에 미친 영향

생각	사례예시	영상관법의 영향
나는 부족하다	교과실에 있는 나 2차‒ 3회기	'부족하다'는 생각을 탐색하여 '그 자체로 지켜보기' 하니 울컥해지는 감정에 압도가 됨. 교사로서 좌절하고 실패한 경험으로 연구 참여자의 가장 취약한 부분에 접근한 것에 의미가 있음. 생각바라보기가 안되었지만 이것과 관련된 핵심감정에 접촉된 것에 의미가 있었고, 감정형 영상관법으로 가슴 먹먹함은 70%→30%, 앞머리가 띵하고 머리의 조여 옴은 80→20%로 사라지고, 호흡은 안정됨. 울컥한 감정도 가라앉음.
고집 부린다. 욕심 부린다	남학생이 화내는 장면 2차‒ 6회기	4차례에 걸쳐 '판단을 중지하고 있는 그대로 듣기'에서 아이가 나에 대한 부정적인 태도를 가졌다고 인식했던 것에서 '여학생에게 화를 낸다.'로 생각이 바뀌었다.
나를 비난한다	남학생의 얼굴 2차‒ 7회기	'판단을 중지하고 말투나 소리로만 있는 그대로 듣기'에서 공격하는 소리로 들리고 짜증나고 싫은 감정이 접촉됨. 과거의 유사한 사건으로 가서 갈망형 영상관법으로 이어지도록 유도함.

사고형 영상관법을 두 가지 전략으로 접근하였다. 첫째는 생각을 탐색하여 '그 자체를 지켜보기' 하였는데 집착된 생각에서 분리가 안 되고, 되레 감정에 압도되었다. 둘째는 생각의 경험적 근거인 판단이나 해석의 감각적인 자료를 '소리'로 찾고 판단을 중지하고 감각자료를 존재하는 그대로 4차례 바라보게 하여 생각이 바뀌었다. 그다음 같은 방법으로 실시한 사례에서는 1회기 시도해서는 생각이 바뀌지 않았다.

사고형 영성관법에서는 감각사료를 '있는 그대로 바라보기'를 여러 차례 반복한 것이 연구 참여자의 생각을 변화시키도록 영향을 미친 것을 알 수 있었다.

(3) 갈망과 행동에 미친 영향

갈망은 내적 기대나 의지로서 행동과 연결되어 있다. 갈망형 영상관법의 개입으로 연구 참여자의 갈망과 행동에 미친 영향에 대해 어린 시절 결정적인 경험 3가지로 나타난 것을 정리하면 다음 〈표 40〉과 같다.

〈표 40〉 갈망과 행동에 미친 영향

갈망	사례예시	영상관법의 영향
치명적이지 않은 일이었으면 함	어린 시절 두려웠던 장면 (2차–2회기)	부정적인 자기개념을 형성한 어린 시절의 결정적인 경험을 떠올려 수치심, 부적절감 등의 미해결된 감정을 만나 내면의 어린아이를 수용하여 위로하고 안정시켰다. 마음이 편안해지고 내면아이의 성장으로 대처능력과 긍정적인 자기개념을 발전시킬 수 있다는 자신감을 갖게 하였다.
할머니의 비난이 아닌 공감을 원함	할머니가 한 '밴댕이 소갈딱지'라는 말 (2차–4회기)	부끄럽고 옳지 못한 거라 생각했던 것이 공감과 인정을 받으니 문제가 없는 것으로 생각되어 마음이 편안해졌다(생각과 감정이 변화됨). 자신의 무능과 결함을 비난했던 것을 바꿀 수 있는 시도를 할 수 있다고 하였다. 할머니가 비난했던 말이 마음에 박혀 있어 비꼬는 대처방식으로 패턴화 되어 반응하고 있다는 것을 통찰하고 자녀와 학생에게 상처주지 않게 행동해야 한다는 것을 깨달았다.
엄마가 이해해주기를 원함	엄마에게 맞은 경험 (2차–7회기)	좌절되었던 갈망에 대해 자기이해와 격려를 해주면서 마음이 풀어지고 생각이 바뀌었다. 어릴 적 수용받지 못한 감정으로 생긴 잘못된 신념 때문에 현재에 비난받는 것이라 생각해 공격적이고 방어적으로 행동했던 것이 대인관계에 부정적인 영향을 준 것을 깨달았다.

갈망형 영상관법의 개입으로 연구 참여자의 우울증과 연관된 심층 심리로 드러난 것은 수치심, 부적절감의 핵심감정과 무능하고 결함이 있다는 핵심신념과 연결된 부정적인 자기개념이다. 양육자의 공감과 수용을 받지 못한 좌절된 갈망을 알아차리고, 공감과 이해의 새로운 행동하기로 내면아이의 치유와 성장을 통해 좌절된 갈망을 충족하니 연구 참여자의 감정과 생각이 바뀌었다. 이것은 과거와 연관된 핵심신념으로 패턴화된 대처방식의 잘못된 점을 깨달아 개선하고자 하는 동기를 불러일으켰다.

4) 영상관법의 평가

평가 유형에는 영상관법 회기소감, 전체평가, 남은 과제의 3개 범주가 포함되며, 이 범주들에 나타나는 영상관법의 효과와 대상별 평가, 변화요인을 살펴보고자 한다.

(1) 영상관법의 효과

• 영상관법을 통해 지혜가 생기다

영상관법을 하고 난 후 각 회기에서 통찰을 통해 자각한 것 중에서 중요한 것 몇 가지를 영상관법 회기소감문을 근거로 정리하면 다음과 같다.

① '모자라다'는 생각에 집착하는 것이 나를 모자라게 하는 것임을 깨우쳤다.

② 괴로웠던 일들이 두 번째 영상관법을 하면서 옅어지는 것을 통해 '이것 또한 지나가는 것'이라는 자각이 생겼다.

③ 막내딸의 감정을 수용하지 못하고 부적절하게 대응했고, 그 때문에 막내딸이 더 화를 내게 되는 악순환이 되는 패턴을 발견했다.

④ 감정을 회피하는 패턴으로 두통이 많고 기억도 희미하다는 것을 알아차렸다.

⑤ 어릴 적 경험한 사건들에서 미해결된 감정이 현재의 사건에 개입하여 적절한 대처를 못 하게 한다.

⑥ '나는 모자라다'는 핵심신념을 알아차리지 못하고 붙들려 있음을 알게 되었다.

⑦ '나는 못났다'와 '마이너다'는 생각도 결국은 나 자신이 규정한 것이며, 자신을 비난하고 자책하지 않고, 오히려 위로하고 지지해 줄 수 있음을 깨달았다.

⑧ 마음 속에 뿌리 깊게 박혀있는 생각도 알아차리고 깨어 있으려 하면 그 모습을 제대로 통찰하게 되어, 그것으로 말미암은 고통에서 벗어날 수 있음을 깨달았다.

⑨ 어릴 적에 수용 받지 못한 감정 때문에 생긴 잘못된 신념 탓에 현재의 관계에 문제가 생긴다는 것, 비난을 공격으로 여겨 싸워서 이겨야 한다는 신념이 생겼고 현재

내가 하는 공격적, 방어적 행동이 내가 상대하는 자녀, 학생에게 부정적인 영향을 줌을 깨달았다.

⑩ 불안한 감정에 의한 완벽에 대한 욕구가 가혹한 기준을 불러 과거 사건과 현재 사건을 섞어 공격하게 됨을 깨달았다.

• **회피했던 것을 노출하다**

1차 개입에서 연구 참여자는 사건 떠올리기를 어려워하고, 지난 경험을 다시 만나는 것에 관해 부담스럽게 생각했다. 몸느낌이 강한 것과 영상이 선명치 않은 것이 또한 힘든 부분이었다. 그러나 상담자와의 신뢰 관계 속에서 경험을 구체적으로 드러내고 문제해결에 대한 의지를 굳게 하니 힘든 부분이 해소되고, 문제를 면밀하게 통찰할 수 있는 계기가 된 것 같다고 하였다.

연구 참여자의 억압이 강해 과거 힘든 장면에 접촉이 안 되는 것은 몸느낌을 통해 마음현상에 접촉하도록 유도하여 노출할 수 있었다. 고학년 담임할 때, 아이들 앞에서 눈물을 보이거나 울음 섞인 얘기를 한 적이 있는 것도 다른 사람들한테 이야기를 못 했던 부분인데 1차 개입 마지막 8회기에 영상관법 중에 유도되어 노출하였다. 시부모와의 불화 역시 자존감이 낮아 얘기할 수 없었는데 얘기하니 시원하고 해소가 되었다고 하였다. 회피했던 것을 노출해서 얘기하니까 마음이 좀 편안하다고 하면서 자신이 얘기할 수 있는 건 건강해진 때문이라고 스스로 자각을 하였다. 2차 개입에서는 1차에 못했던 어릴 적 내면아이 만나기를 하였는데 어릴 적 경험 꺼내기가 훨씬 쉬워짐을 확인하게 되었다.

• **영상관법을 통해 심신의 치유를 경험하다**

영상관법이 반복될수록 연구 참여자의 신체화가 현저히 줄었다. 처음 영상관법을 할 때는 매스꺼움, 머리 어지럼증이 심해 앉아있지 못할 정도로 드러나는 통증 강도가 심했는데 이제는 드러나는 통증이 견딜만하고 지켜보고 있으면 통증이 옅어지고 없어진다. 축어록에서 연구 참여자는 "영상관법을 하면서 처음에는 몰랐는데 두 번째 영상이 떠오르지 않는 것을 보면서 불편한 감정으로부터도 벗어나 심신이 같이 치유되는 부분이 있다고 느꼈다."라고 했다. 또한, 영상관법에서 내면아이와의 대화를 통해 치유와 성장의 경험이 되었다고 하였다.

• 부정적 자기개념에서 긍정적 자기개념으로 생각이 바뀌다

연구 참여자는 영상관법을 통해 심층 심리와 핵심신념을 발견하게 되어 긍정적 자기개념을 찾아내고 적절한 대처방식을 실천하는 것이 수월해졌다.

자신의 모습을 있는 그대로 보게 되면서 '나는 못난 사람도 아니고 못된 사람도 아니구나! 내가 못나서 그런 것이 아니고, 내가 어쩔 수 없어 그런 거야.'라고 인정하게 되어 부정적으로 보았던 자신을 긍정적으로 보게 되었다. 또한, 자신감이 생겨 매사에 적극적으로 활동하면서 주변의 인정을 받게 되는 것도 자신을 긍정적으로 생각하는 계기가 되었다.

> 반대로 너무 부정적으로 생각했던 것 같아요. '나는 못났어. 나는 못해.'에 대해 '이제 그렇게 보지 않아도 되는구나!'라고 생각하게 된 것 같아요. 내가 그동안 못한다고 생각하고, 우울이나 불안하다고 생각했던 것이 '별거 아니었구나!'라고 생각했어요. 내가 얼마든지 바꿔나갈 수 있다는 통찰이 생겼어요. 대인관계나 일의 측면에서 남들에게 '굉장히 능력 있다. 진짜 앞서 간다.' 라는 인정을 받게 되는 거죠. '어떻게 그런 것까지 생각하게 되나.' 제 주변에서 그러면 '아, 내가 잘하나?' 뭐 이런 생각도 들고.
>
> (2차 개입 후 연구 참여자 인터뷰 축어록에서 발췌함)

• 소극적 대처방식에서 적극적 대처방식으로 행동이 바뀌다

"영상관법을 통해 대처행동을 연습해보니까……. 자신에게 하고 싶은 말, 상대에게 하고 싶은 말을 미리 해보니 방법을 알아차린 거예요." 연구 참여자는 대인 관계에서 대응 방법을 연습하여 일상생활에서 상대방과 갈등 상황이 있을 때 적극적인 대응을 시도해 보게 되었다. 수업 중에 부정적인 반응을 보이는 아동에게나 가족에게 대응하는 자세가 적극적으로 변하였다. 대인관계에서 표현하지 않았거나 수동 공격적이었던 대처방식이 공감과 수용, 적절한 자기표현의 방식으로 현저하게 변화하였다. 특히 둘째 딸과 시어머니, 학교에서 학생들을 대하는 태도에서 나타났다. 대인관계에서 적극적으로 자신의 생각을 표현하는 것은 우울증 이전보다 무척 좋아졌다고 한다.

> 대인관계에서 말하는 것, 그 사람에 대해서 좋은 말을 하는 것과 나쁜 말을 하는 것 등 옛날에는 이것을 할 지 저것을 할 지 자신감이 없었는데 지금은 제 할 말을 하는 것 같아요. 지금은 아부를 능청스럽게 하기도 하고, 애들한테는 충고하는 것도 트러블이 무서워 못한 것을 '이런 방법으로 하면 괜찮겠다.'고 생각해서 말을 하는 것 같아요. 그런 것 때문에 대화가 편해진 것 같아요. 조금 이것저것 생각하면서 여유 있게 대처도 하고. 옛날에는 감정적인 것에 치달아서 꾹 참거나 참지 못해서 공격하는 식이었는데, 지금은 여유를 가지고 앞뒤를 재기도 하고 할 수 있는 것이 생긴 것 같아요. 감정이 해소되고 대인관계가 좋아지니까 자존감은 저절로 생기는 것 같아요.
>
> 가까운 선배 교사에게 우울증이 있는데 힘든 상황이 있는 것을 이해하면서 제가 계속 챙기고 있어요. 본인이 딴 사람한테 마음을 못 열면 나라도 해줄까?' 하는 적극성이 생겼어요. 학부모나 아이들 힘든 것 있으면 얘기해주고, 학교 상담 주간에 막 얘기해주고. 싱글맘 엄마 두 명이 있는데 한 명은 전화로 상담해주고, 한 명은 만나서 상담해주었는데 좋아하더라고요. '나도 남들한테 도움을 주는 사람이구나!'라고 자신감이 생겼어요. 내담자에서 상담자가 되고 싶은 것을 느끼면서 1년 사이에 많은 변화가 있다는 것을 절감하고 있어요.
>
> (2차 개입 후 연구 참여자 인터뷰 축어록에서 발췌함)

(2) 대상별 평가

① 연구 참여자의 평가

1차 영상관법 프로그램 개입 후와 2차 영상관법 개입 후에 상담 목표에 근거해 연구 참여자의 자기보고식 평가서에 의해 평가한 내용은 다음 〈표 41〉과 같다.

〈표 41〉 상담 목표 달성도

상담 목표	1차 개입 후 달성도	2차 개입 후 달성도
1. 불편한 감정 완화하기	• 우울감소: 70% • 불안감소: 60%	• 우울감소: 90% • 불안감소: 90%
2. 대인관계 개선	• 둘째 딸: 40% • 시어머니: 30%	• 둘째 딸: 50% • 시어머니: 60% • 첫째 딸: 80% • 셋째 딸: 60% • 학생들: 60%
3. 문제 해결력을 위한 자존감향상	• 자존감 향상: 30%	• 자존감 향상: 80%

첫째, 우울과 불안이 매우 감소하였다.

우울은 1차 개입 후에는 70%가 감소하였고, 2차 개입 후에는 90%가 감소하여 지금은 우울증 증상 자체가 거의 없다고 보았다.

불안은 1차 개입 후에는 60%가 감소하였고, 2차 개입 후에는 90%가 감소하여 불안은 불편하지 않을 정도로 미약하게 느껴진다고 하였다.

연구 참여자는 영상관법을 통해 핵심 감정인 '불안'을 만나게 되어 대처하는 능력이 향상되었고, 행동에 자신감이 생기면서 우울이 감소하였다고 한다. 그뿐만 아니라 우울과 불안의 감정에 대한 통찰이 이루어져서 이제는 불편한 감정을 스스로 관리할 수 있는 수준까지 올라온 느낌을 받는다고 평가하였다.

우울증이 심했을 때 괴로웠던 것이 다른 시간에도 힘들지만, 아침에 뭔가 가슴에 허한 느낌이 너무 선명하게 칼날처럼 느껴지는 것이었는데 '지금은 언제 그랬냐!' 그러죠. 1차를 끝낼 때인 작년 11월에도 남아있었고, 조금 약해졌을 뿐 없어지지는 않았는데 2차를 하면서 어느 순간 그런 것이 없어졌어요. 또 잠을 더 건강하게 자는 거예요. 요즘 같으면 눈 감으면 아침이죠. 지금은 우울증 증상 자체가 거의 없는 것 같아요. 좋아진 것은 과정이었고, 지금은 우울 증세를 못 느끼는 것 같아요.
불안함도 많이 감소하였는데 제가 긴장감이 전혀 없지는 않아요. 아침 출근할 때도 불안감이 완전히 없어졌다고 할 수 없고, 어떤 일을 하거나 사람 만날 때 굉장히 많이 감소하였어요. 그다지 불안감은 느끼지 못하는 것 같아요. 몸의 긴장감은 있는데 심적으로 불안해서 무엇을 못한다거나 그런 것은 없는 것 같아요.

(2차 개입 후 연구 참여자 인터뷰 축어록에서 발췌함)

둘째, 대인관계가 개선되었다.

대인관계 개선에서는 1차 개입에서는 둘째 딸과 시어머니와의 관계에서 각각 40%, 30%의 달성도를 나타내 둘째 딸과의 관계개선에서 약간 더 높은 점수를 주었지만 둘 다 50% 미만의 달성도를 보였고, 그 이유에 대해서 연구 참여자는 "시어머니와의 관계에서 보이는 행위만을 보면 높은 향상을 보이는데도 아직 마음 속으로 인정하지 못하는 측면도 있는 것 같아서……"라고 하였다.

2차 개입에서는 세 딸과 시어머니, 학생들과의 관계개선에서 모두 50% 이상의 달성도를 보였다. 2차시기 후반부에 들어서면서 대인관계에서도 알아차림이 빨라져 50% 이상의 향상을 보였다고 하였다. 시어머니나 둘째 딸을 비롯하여 가족을 이해하려는 마음도 향상되었다.

셋째, 자존감이 향상되었다.

문제 해결력 향상을 위한 자존감은 1차 개입에서는 30% 달성으로 낮은 수준이었다. 그 이유에 대해 연구 참여자는 "아직 있는 그대로의 자신의 모습을 사랑하고 받아들이는 데 익숙하지 못한 측면이 있는 것 같다."라고 했다. 2차 개입에서는 80%로 높은 자존감 향상의 달성도를 보였는데 그 이유는 불편한 감정이 감소하고, 대인관계 문제가 개선되니 저절로 문제 해결력 및 자존감이 향상되어 능력 발휘가 쉬워졌기 때문이라고 한다.

지난겨울 이후 혹독하게 맞닥뜨려야 했던 우울의 터널에서 벗어나 비교적 담담한 마음으로 이 글을 적고 있는 나의 모습을 보며 장하다는 마음과 함께...(중략)

다양한 각도로 나를 관찰하여 복잡한 내면을 들여다볼 수 있게 해 주신 선생님의 노력 덕분에 어린 시절의 결핍, 아버지의 자살, 시어머니와 딸에 대한 나의 마음을 밝은 영상으로 볼 수 있었다. 또 적절한 과제를 주시고 꼼꼼히 지도해 주셨고 불편한 경험에 대한 대응 방법을 연습하게 해 주셔서 일상생활에 적용할 수 있었다. 문자와 메일로 격려해 주시기도 하여 자주 상담을 받는 안전한 느낌도 있었다.

몸과 마음이 매우 밝아진 요즘, 나의 생활은 자신감이 무척 향상되었다. 하지만 현재도 크고 작은 감정의 일렁임이 늘 일어나고 있으며 언젠가 또 힘든 상황이 올 수 있으리라는 것도 알고 있다.

(1차 영상관법 프로그램 개입 후 소감문에서 발췌함)

지난 일을 돌이켜보니 선생님의 도움으로 많은 노력을 한 결과, 자신을 알아차리려 노력하는 부분에 자신감이 생겨 적극성을 되찾아 가는 단계였다는 생각이 든다. 그럼에도 아침이면 가슴 속 긴장감을 몸느낌으로 느끼거나, 표정이 편안하지 않고 웃음이 잘 안 나는 등 우울증의 증세들이 남아 있었다.

하지만 2차 상담을 통해 요즈음은 객관적으로 봐도 무척이나 활력 있는 모습으로 생활하고 있는 나 자신을 발견한다. 상담자께서 조증 상태임을 걱정하실 만큼 업(up)되어 있는 모습으로 나타나기도 한다. 그러나 이것도 알아차리며 바라보아서 또 함께 갈 수 있음을 발견하고 크게 걱정하지 않는 나의 모습을 보며 많은 성장을 하였다는 흐뭇함을 가져본다.

또한, 더 나아가 가정과 직장에서, 또 지인들과의 만남에서 내 마음 알아차리기의 중요성을 역설하고 나 자신부터 실천하려는 모습을 보며, 이제는 죽느냐, 사느냐의 존재를 고민하던 한 내담자가 다른 사람의 삶을 보듬어 함께 행복하게 살아가고자 하는 상담자가 되고 싶어 하는 모습까지 본다.

(2차 영상관법 프로그램 개입 후 소감문에서 발췌함)

② 남편의 평가

인터뷰 면담 축어록과 평가서에 근거한 남편의 평가 내용은 다음과 같다.

첫째, 우울증이 거의 없어졌다고 한다. 제 1 기저선 단계(A_1)에서 남편은 아내가 아주 힘들 때는 자다가 일어나 호소하고 자신을 괴롭히니까 힘들었다고 하며, 아내가 자신을 추스르지 못하는 것을 이해하지 못했으나 상담선생님의 "사람 잃고 후회하지 말라"는 말에 경각심을 갖게 되었다고 하였다. 2차 개입(B_2) 후에는 전혀 문제가 없어 보인다며, 작년과 비교해 엄청난 차이가 있는데 남편 자신이 '두렵다' 농담을 할 정도로 적극적으로 변했다고 보고하였다.

둘째, 대인관계에서 행동이 적극적으로 변화하였다고 한다. 제 1 기저선 단계(A_1)에서 남편은 아내가 우울증에 걸린 이후로 적극성과 자신감이 회복되지 못한 모습이며, 딸들을 못 이기면서도, 딸들을 풀어주지 못하는 모습에 안타까워했다. 1차 개입(B_1)후에 남편은 아내가 자신의 의사 표현에 적극적인 면이 생겼으며 이것이 내면적인 불만 요소 해결에 도움이 되는 것으로 보인다고 하였다. 2차 개입(B_2)후에는 대인관계가 향상되었는데 여유가 생겼고 예전에는 전혀 없었던 모습인데 상대방을 대할 때 '이렇게 행동하면 이렇게 되겠지!'라고 생각하고 대하는 것 같다고 보고하였다.

셋째, 자존감이 많이 향상되었다고 한다. 제 2 기저선 단계(A₂)에서 남편은 아내가 학생을 가르치는 것에 학생들한테 미안해하는 것 같았고, 직장생활을 오래 못 하겠다 했는데 이제는 연금 나올 때까지는 하겠다는 생각으로 바뀐 것 같다고 하였다. 2차 개입(B₂) 후에는 자존감이 많이 향상되었다고 하면서 어떤 일에 결정을 하고 잘되었든 잘못되었든 진행을 해서 일을 일찍 끝낸다는 것과 잘못된 것에 대해 크게 생각하지 않고 행동하는 면이 예전에 비해 무척 좋아진 것 같다고 보고하였다.

③ 상담자의 평가

첫째, 울컥하고 눈물 흘리는 일이 현격히 줄었다. 개인 상담 중에 약간 힘든 얘기를 하거나 우울증과 관련된 얘기가 나올 때 울컥해지면 눈가가 붉어지면서 자주 눈물이 나왔다. 심할 때 숫자를 헤아려보면 10번 이상 눈물을 보인 경우가 있었다. 2차 개입 프로그램을 끝낸 시점에는 눈물을 보이는 경우가 매우 드물어졌다.

둘째, 표정이 밝아지고 젊어 보인다. 처음 개인 상담을 할 무렵에는 표정이 어두웠다. 가끔 얘기 중에 웃는 모습을 보일 경우가 있었지만 조금 침울한 표정이었다. 그래서 그런지 나이에 비해 얼굴도 나이 들게 느껴졌다. 그러나 2차 개입 프로그램을 마칠 무렵에는 얼굴에 나타난 침울한 표정이나 어두운 그림자가 사라지고 없어졌다. 표정이 밝고 목소리도 쾌활하다. 외모도 전에 비해 젊게 느껴지고, 본래 지닌 자신의 예쁜 얼굴이 드러나 보였다.

셋째, 연구 참여자가 상담과정에서 자신의 문제를 인식하고, 요약해서 표현하는 능력이 향상되었다. 1차 개입단계의 상담과정에서 핵심을 얘기하기보다 지엽적인 문제를 길게 얘기하는 경향이 많았던 반면에 2차 개입단계의 상담과정에서는 문제의 핵심을 인식하고 그것을 요약해서 표현해 주어 영상관법으로 쉽게 연결할 수 있었다. 자신의 문제에 대한 알아차림이 빨라지고 통찰이 깊어짐을 확인할 수 있었다.

5) 변화요인

● 증가한 알아차림, 수용, 통찰

연구 참여자는 2차 개입 전 인터뷰에서 '내 감정이나 생각, 갈망이 무엇인지 제대로 알아차리면 그것이 바로 해결방법인 것 같은데...'라는 말을 하였다. 자신의 변화요인이 무엇인지 핵심을 짚고 있다고 느꼈다.

알아차림은 '비판단적으로 현재 순간에 의도적으로 주의를 기울임으로써 일어나는 자각'을 일컫는다(Didonna, 2008, p6). 영상관법에서는 치료자와의 공동의 협력으로 파악한 자신의 과제를 적극적으로 두려움 없이 정확하게 영상을 떠올려서 알아차리는 것으로 심층의 경험정보가 마음에 선명하게 현현하는 것이 바로 알아차림이다(인경, 2011). 1차 개입에서는 영상이 선명하지 않아 영상을 반복해서 보고 통찰하는 것이 어려웠는데 2차 개입에서는 알아차림이 증가하여 영상이 점점 더 선명하게 떠올랐고 3회~4회까지 반복해서 영상을 떠올릴 수 있었다. 선명하게 반복해서 떠올렸기 때문에 감정에서 벗어날 수 있었고, 부정적인 핵심신념을 찾아 있는 그대로 바라볼 수 있어 통찰할 수 있었고, 어릴 적 결정적인 경험인 종자를 보게 되고, 좌절된 갈망을 충족시켜 주어 집착된 감정과 생각에서 벗어날 수 있었다. 연구 참여자는 하루하루의 생활이 늘 알아차림 공부라고 할 수 있을 만큼 꾸준한 노력을 하였다고 보고하였다. 자신의 마음을 들여다보고 행동을 되돌아보니 직장이나 가정 내에서의 불편한 감정들이 완화되었고 또 불편한 감정들에 동요하지 않을 자신감도 형성되었다고 한다.

머물기의 심리치료나 상담적인 함축은 혐오적인 노출에서 감정적인 회피를 방지하고, 직면하게 하는 것이다(인경, 2011). 주로 억압과 회피의 방어기제를 많이 썼던 연구 참여자가 자신의 문제를 직면하여 있는 그대로 수용하는 과정을 통해 변화가 일어남을 확인할 수 있었다. 영상관법으로 문제와 감정에 직면하게 되어 정리되고 편안해지면서 통찰력이 생겨 잘해 볼 수 있다는 자신감을 갖게 됨을 축어록을 통해서도 확인할 수 있었다. 1차 개입 8회기에 연구 참여자가 말한 "저의 모자라는 부분을 인정하고 나는 원래 그러니까, 다른 곳에서 만회한다든지, 그거를 인정하고 들어가면 편했을 것 같았는데"라는 얘기는 수용에 대한 뛰어난 통찰이다.

지켜보기는 '거리를 두고 보다'는 의미로서 심리적인 동일시의 현상에서 벗어나서 객관적으로 자기문제를 바라보는 것을 말한다(인경, 2011). 몸느낌과 호흡의 지켜보기를 통해 감정의 탈융합, 생각의 근거인 감각자료를 지켜보면서 생각의 탈융합, 갈망을 지켜보면서 갈망의 탈융합이 되어 집착에서 벗어나기가 가능하였다. 그것이 본래 존재하지 않음을 경험하면서 고통에서 벗어났다. 연구 참여자는 우울이나 불안하다고 생각했던 것이 '별거 아니었구나!'라고 생각하면서 얼마든지 바꿔나갈 수 있다는 통찰이 생겼다고 했고 적극적으로 그것을 실천하는 모습으로 변화되었다.

알아차리고, 머물러 수용하고, 지켜보기를 하는 것은 영상관법의 기술적인 방법이기도 하지만 그로 인해 증가된 알아차림과 수용, 통찰의 힘이 연구 참여자의 변화를 이끌어 준 핵심적인 변화요인이 되었다.

• 과제를 실천하고 꾸준히 점검하다

정서평가지를 매일 점검하면서 느낌에 대한 알아차림 능력을 꾸준히 증가시켰고, 불편한 경험일지를 함께 작성해서 불편한 느낌의 맥락을 스스로 통찰하는 힘을 키워주었다. 과제를 통해 불편한 경험일지를 꾸준히 작성했기 때문에 영상관법에서 먼저 주호소 경청이 자연스럽게 이루어지고, 핵심장면을 선명하게 영상으로 떠올리는 것이 가능했다. 연구 참여자가 과제를 꾸준히 실천한 것은 영상관법의 효과를 높이고, 우울증의 자기관리에 도움이 되었으며, 스스로에 대한 자긍심, 자존감을 갖게 하는 데에도 큰 도움이 되었다.

• 연구 참여자의 강한 문제해결 의지와 안전한 치료관계

중년기에 처음 맞는 우울 삽화는 연구 참여자에게 공포 수준의 힘든 경험이라 우울증에서 벗어나고자 하는 의지가 강했다. 지속해서 둘째 딸과의 갈등을 겪고 있고, 학교현장에서 학생들을 대할 때 계속 반복되는 갈등과 자신감 부족은 연구 참여자가 성실하게 상담에 임하게 하는 동기가 되었다.

연구자가 개인상담 전 집단 워크숍을 통해 연구 참여자에 대한 사전 이해를 하였던 점이 상담자에 대해 신뢰하게 되었고, 문자나 메일을 통한 의사소통도 병행하여 상담에 안전한 치료관계가 이루어졌다.

　　상담자가 계속 저를 깊이 있게 2차에 걸쳐 하시면서 저에 대한 이해도가 높아져서 저에 대
해 어떻게 적절하게 이끌어줄지에 대한 계획이 되어있는 것 같아요. 거기에 저도 열심히 따
라서 과제도 열심히 하고, 생활에서 실천하려고 노력한 것. 이것이 맞아떨어진 것이 힘이
된 것 같아요. 일단 상담자에 대한 믿음이 있고, 또 저에 대해 잘 파악을 하시면서 있는 대
로 하시지 않고 계속 공부하면서 더 좋은 방법을 모색해가니까 저도 따라가는 것이 편하고
그 효과를 금방금방 느끼는 것이 큰 힘이 되는 것 같아요.

(2차 개입 후 연구 참여자 인터뷰 축어록에서 발췌함)

제5장

논의

본 연구는 영상관법 프로그램이 중년 여성의 우울증 감소 효과에 어떤 영향을 미치는지 탐색하고자 단일사례 ABAB설계의 실험연구와 질적 사례연구 방법을 혼합하여 진행하였다. 이 연구결과에서 드러난 몇 가지 주안점에 대해 다음과 같이 논의하고자 한다.

첫째, 단일사례 ABAB설계의 실험연구에서 영상관법이 중년 여성의 우울증 감소에 미치는 효과를 규명하기 위해 우울증 척도의 변화 추이를 시계열로 분석한 결과 1차 프로그램 개입(B_1)과 2차 프로그램 개입(B_2)에서 모두 뚜렷한 우울증 척도의 감소세를 보이고, 제 2 기저선기(A_2)에 개입을 철회한 상태의 우울증 척도가 높이 상승한 것으로 보아 영상관법 프로그램 중재가 우울증 감소에 유의미하게 영향을 미친 것으로 볼 수 있다. 또한, 우울증 감소와 관련된 상태-특성 불안 척도와 자아존중감 척도도 영상관법 프로그램 중재가 유의미하게 영향을 미친 것으로 나타났다.

연구 참여자가 ABAB 설계의 시간 순서대로 부정 정서와 긍정 정서, 몸느낌 변화를 자기관찰방법으로 측정한 결과 부정 정서는 1차와 2차 영상관법 프로그램의 개입과 철회에 따라 유의미하게 변화된 것이 관찰되었지만 긍정 정서와 머리의 몸느낌은 2차 영상관법 프로그램의 개입에 의해서만 유의미하게 변화를 보여주었다. 연구자는 이와 같은 시계열분석 결과를 종합해 영상관법 프로그램이 우울증 감소에 척도검사나 자기관찰 측정방법 모두에서 유의미하게 영향을 미쳤다고 보았다. 이것은 2차 개입이 끝난 후의 인터뷰 면담에서 우울증 증상을 거의 느끼지 않을 정도로 우울증이 호전되었다고 연구 참여자와 연구 참여자의 남편이 일치된 의견을 말한 것과 같은 결과라 볼 수 있다. 다만 제 2 기저선기(A_2)에 개입을 철회한 상태의 척도변화 점수가 너무 상승하거나 하강한 것으로 뚜렷하게 나타난 까닭은 연구 참여자의 개방성과 민감성이 높아져 측정점수에 영향을 주었고, 또 이 시기가 최초 우울증이 발병했던 겨울이라는 환경적 요인이 작용했으며, 약한 수준의 우울 삽화가 2회 일어났기 때문이다.

둘째, 질적 사례연구 방법에서 영상관법의 개입이 우울증 감소와 연관해 미친 영향을 문제파악과 관련하여 탐색하였다. 1차 개입 영상관법 프로그램에서는 연구 참여자의 우울증 증상으로 나타나는 현재의 대인관계 문제가 파악되어 주로 표층적인 마음현상을 다루었고, 2차 개입 영상관법 프로그램에서는 심리도식과의 연관을 탐색해 주호소 문제를 잠재된 종자(아뢰야식)의 심층 심리로 접근한 점이다. 인지행동치료에서 '도식'은 유식 심리학에 기초한 마음작동모델에서 '종자'와 같은 개념이다(인경, 2011, p63). Young(2003)은 어린 시절과 아동기에 충족되지 못한 핵심적 정서욕구 때문에 부적응적인 도식이 만들어진다고 하였다. 연구 참여자에게서는 분리되지 못함에서 오는 '손상된 자율성'과 관련이 있으면서 두려움과 연관된 위해/취약성 도식이 가장 많이 나타났고, 그다음으로 많이 나타난 것은 공감과 지지를 지속해서 받지 못한 '단절과 거절' 영역에서 '나는 부족하다'는 핵심신념과 연관된 결함/수치심 도식이다. 인지행동치료의 심상작업과 유식불교의 영상관법은 공통으로 영상을 통해서 고통의 뿌리인 도식과 종자를 진단하고 처치하는 기법들이다. 그러나 도식과 종자에 접근하는 태도에서 인지행동치료자들이 도식을 발견하여 그것과 싸우고 수정하고 통제하려는 입장에서 접근한다면, 유식 심리학은 종자를 제거하거나 통제하는 대상으로 보는 것이 아니라, 명상수행을 통해 그것을 통찰하여 지혜의 힘으로 전환하는데 관심을 둔다(ibid., p64). 따라서 본 연구에서는 영상관법을 통해 영상을 그대로 수용하고 지켜보는 명상적 전략을 주전략으로 사용했다.

셋째, 감정형 영상관법, 사고형 영상관법, 갈망형 영상관법의 3가지 유형을 개입했을 때 연구 참여자에게 미친 영향에 대한 탐색이다. 감정형 영상관법에서는 감정을 재접촉해 회피하지 않고 직면하여 감정에 이름을 붙이고, 감정과 몸느낌을 호흡관찰하면서 '있는 그대로 지켜보기'를 하였다. 그 결과 몸느낌이 옅어지고, 감정과 생각이 저절로 변화하니 영상이 사라졌다. 이것은 불편한 감정을 억제하거나 무시하지 않는 제 3의 명상적인 방법이다. 감정이 발생하면 그것을 충분히 느끼고, 지나가는 심리적 현상으로 지켜봄으로써 저절로 거리두기와 탈융합이 이루어지고 불편한 감정과 생각에서 벗어날 수 있었다.

사고형 영상관법에서는 중심생각을 알아차리고 그 중심생각을 불러일으킨 판단의 근거인 감각자료를 대상으로 '판단을 중지하고 있는 그대로 바라보기' 하였다. 그 결과 집착된 생각으로부터 분리되어 통찰과 사고의 변화가 일어났으며 영상이 바뀌거나 사라졌다. 이것은 영상관법을 여러 번 시행했을 때 가능한 것이었다.

갈망형 영상관법에서는 감각자료인 소리가 '있는 그대로 듣기'가 안 될 때에는 생각에 집착된 갈망을 탐색하는 것이 효과적일 수 있다는 것이 확인 되었다. 어릴 적에 수용 받지 못한 감정 때문에 잘못된 신념이 형성되었고, 그것이 현재에까지 영향을 미쳐 대인관계문제를 야기했다. 영상관법을 통해 연구 참여자가 이러한 사실을 확실히 통찰하게 되자 연구 참여자의 행동이 바뀌었다. 이것은 인경(2011)이 "영상은 아직 해결되지 못한 미해결된 상태로 마음(제 8식)에 남겨진 경험정보로 감정, 생각, 갈망과 같은 압축파일"이라고 언급하면서 "그것을 충분하게 그대로 경험하면서, 객관적으로 마치 다른 사람의 일처럼 지켜보기가 되면 지혜가 생겨 그 장면의 영상은 더 이상 실재하는 것도 아니고, 더 이상 고통을 발생시키지도 않는다."고 한 것과 일치한다.

넷째, 평가와 관련하여 영상관법이 연구 참여자에게 미친 영향을 탐색하여 보았다. 영상관법의 효과는 심신의 치유 경험, 새로운 지혜와 긍정적 자기개념의 형성, 관점의 변화, 적극적 대처행동 등이다.

상담 목표와 관련해 연구 참여자가 평가한 것은 우울증 증세가 거의 느껴지지 않고 불안이 감소한 것, 대인관계가 개선된 것, 자존감이 향상된 것 등이다. 이것은 남편의 평가와도 일치되었다. 김정호(2002)는 '통찰명상의 한 방법인 마음챙김명상(mindfulness meditation)이 주의집중의 대상이 한정된 집중명상과는 달리 의식에 떠오르는 어떤 종류의 사고나 감각들을 무시하려고 하지 않고 그것들을 비판단적으로 정확히 관찰하여 자신과 세계에 대한 통찰을 얻는 것을 목적으로 한다.'고 하였다. 그리고 이런 통찰명상의 치료적 시사점은 명상으로 훈련받은 환자들에게서 현재의 통증 감소, 우울증 등 기분장애의 감소, 자존감 향상 등(김정호 외, 2002, p28)이라고 했는데 이것은 본 연구의 결과와 일치한다.

통찰명상으로서의 영상관법은 마음 속의 미해결 과제를 영상으로 떠올려 알아차림 상태를 유지하며(Sati, 念), 그 마음현상에 머물러 경험 자체를 온전히 수용하면서(samatha, 止), 지켜보기(vipassana, 觀)하는 염지관(念止觀)명상의 과정을 적용한 것이다. 여기에서 관(觀)은, '거리를 두고 바라보기'하는 위빠싸나(vipassana)로 깨달음의 지혜를 얻고, 그 지혜에 의하여 번뇌를 끊을 수 있는 단계이다. 치료적인 효과에 있어 다른 통찰명상과 유사점이 있지만 영상관법의 독특한 특징은 심층 심리의 아뢰야식 종자를 보게 하여 현재 드러나는 문제의 근본적인 원인을 깨달아 고통의 소멸을 가져오게 한다는 점이다.

다섯째, 연구 참여자에게 긍정적인 변화가 일어난 요인에 관한 것이다. 증가한 알아차림과 수용, 통찰, 안전한 치료관계 그리고 연구 참여자의 강한 문제해결 의지가 그것이다.

알아차림과 수용능력: 1차 개입프로그램에서는 영상을 떠올리지 못하거나 그 영상이 선명하지 않아 영상관법 시행이 어려웠는데 2차 개입프로그램에서는 3회~4회까지 반복해서 영상을 떠올릴 수가 있어 현재문제와 관련된 어릴 적 경험의 종자를 볼 수 있게 되었다. 그 영상이 비록 고통스러운 장면이었지만 회피하지 않고 직면할 수 있었던 것은 알아차림과 수용능력이 증가하였기 때문이다.

통찰: 머물기(止) 단계는 다섯 가지 장애인 미혹, 성남, 탐욕, 의심, 졸음이 억제되고 이것과 상반되는 표상이 나타나는 단계이다. 이 상반된 표상은 선명하게 떠올린 미해결 과제로서 영상을 말하는데, 이 영상이 선명하게 나타나는 것은 다섯 가지 장애가 사라졌음을 표시하는 증거가 된다. 이때서야 비로소 우리는 대상을 온전하게 수용하여 그 자체로 체험하게 된다(김진, 2011). 온전한 수용으로 지켜보기를 하면 통찰이 되어 좌절된 갈망이 해소되고 집착된 감정과 생각에서 벗어날 수 있었고, 영상 그 자체에서도 벗어날 수 있다.

치료관계: 좋은 치료관계는 안전한 장소가 될 뿐만 아니라 변화의 원인으로써 도움이 되는 것이 틀림없다(Arnoud Arntz, 2009, p35). 영상관법은 자발적으로 자신의 깊은 상처를 부끄러워하거나 수치스럽다고 감추지 않고 다시 기억해내는 작업이다. 연구 참여자는 자신의 상처를 회피하는 경향이 있었고, 다시 상처받지 않을까 하는 염려가 많아서 연구자와의 관계가 더욱 중요하였다. 연구자와는 개인상담 이전의 3회기의 집단워크숍을 통한 신뢰관계가 형성되어 있어 연구 참여자가 상담자와의 관계를 안전하다고 느꼈던 것 같다.

연구 참여자의 강력한 문제해결의지: 우울증으로 인해 마음의 고통과 생활의 불편함이 극심했기에 연구 참여자의 극복하고자 하는 의지는 매우 강렬했다. 본래 회피하려는 성향과 내향적인 성격 그리고 집안 내력의 신경증적인 요소로 인해 그 모든 것을 자각하고 통찰하여 극복하는 데는 시간이 걸릴 수밖에 없다. 그럼에도 불구하고 연구 참여자에게 이런 변화가 일어난 데는 남다른 문제 해결 의지가 있었기 때문이라고 본다.

제6장

결론

1. 결론

본 연구는 현대 사회에서 가장 흔한 심리적 문제로 유병률, 자살률, 재발률이 높은 우울증에 주목하여 중년 여성 연구 참여자가 겪고 있는 우울증의 특성을 깊이 고찰하고, 영상관법 프로그램이 우울증을 겪고 있는 연구 참여자에게 어떤 영향을 미치는지 탐색하는 것이었다. 이를 위해 유식불교의 심리학적인 성격을 강하게 띠고 있는 영상관법 프로그램을 연구 참여자에게 적용하기 위해 단일사례 실험연구 ABAB 설계와 질적 사례연구를 혼합하여 단일사례연구를 실행하였다. 연구자는 연구 참여자에게 9개월간에 걸쳐 1차 기저선 단계(A₁, 34일간 시행/ 진단평가 4회기), 1차 영상관법 프로그램 개입단계(B₁, 64일간 시행/ 개입 8회기), 2차 기저선 단계(A₂, 97일간 시행/ 개입 철회, 진단평가 2회기), 2차 영상관법 프로그램 개입단계(B₂, 66일간 시행/ 개입 8회기)로 구분하여 운영하였다. 이러한 전 과정에 걸쳐 수집한 자료를 분석하고 해석한 결과 다음과 같은 결론을 얻었다.

가. 연구문제 1에 대해서: 연구 참여자의 우울증의 특성을 고찰하는 것으로, 본 연구에서는 연구 참여자의 우울증의 특성을 '우울증의 원인'과 '우울증의 증상' 2개의 유형으로 분류하였고, 각 유형은 다시 2개의 하위 범주로 분류하였다. '신경증적 불안', '발달사적 취약성'은 우울증 원인의 하위 범주로, '버거움', '대인관계문제'는 우울증 증상의 하위 범주로 놓았다. 이러한 분석과 분류에 기초한 연구 참여자의 우울증의 특성에 대한 해석은 다음과 같다.

연구 참여자의 우울증 특성요인을 내적요인과 외적요인으로 구분하여 설명하면, 내적요인은 신성승적 불안과 발달사적 취약성이 원인으로 작용한 강박, 회피, 의존적 성격과 '나는 부족해'라는 인지적 편향, 그리고 낮은 자아강도라는 것이다. 외적요인은 시부모와 함께 살며 세 딸을 양육하고 교사 역할까지 수행해야 하는 환경이다. 이런 환경의 강요된 슈퍼우먼상은 연구 참여자에게 가히 '쓰나미'라고 할 만큼의 엄청난 스트레스와 감당할 수 없는 '버거움'을 느끼게 했고, 여기에 대인관계의 잦은 실패로 인한 좌절감은 우울감을 더욱 증폭시켰다.

연구 참여자의 대인관계문제는 '자신보다 힘 있는 사람과의 관계'와 '자신보다 힘 없는 사람과의 관계'의 2가지 유형으로 드러났다. 전자의 경우 의존적인 경향을 보였는데, 예컨대 남편이나 능력 있는 동료교사에게는 의존하며 완벽하게 맞추려고 하면서 상대와 자신을 비교하며 '나는 초라하고 부족하다'는 신념을 강화하는 것이 그것이다. 여기에서 갖게 되는 부적절감, 수치심등은 다시 자존감이 더 낮아지는 원인이 되었다.

후자의 경우 즉 자신보다 힘이 없는 인물과는 갈등관계 양상을 보였는데, 이를테면 시어머니와 딸 그리고 학생과의 관계에서는 수동공격적인 대처방식(주로 빈정대거나 비꼬는 것 같은)으로 소통의 어려움을 겪고 있는 것이 그것이다. 특히 둘째 딸의 반항적인 태도에 대해서는 부모로서의 무능감과 좌절감이, 고학년 학생들과의 관계 맺기와 학급경영의 실패에 대해서는 교사로서의 실패감이 연구 참여자를 더욱 우울하게 했다. 이러한 역기능적인 2가지 대인관계 방식은 악순환이 되어 우울증의 촉발요인과 증상이 되었다.

나. 연구문제 2에 대해서: 영상관법 프로그램이 연구 참여자의 우울증 감소에 미치는 영향으로 본연구에서는 '개입'과 '평가'의 2개 유형으로 분류하고 '개입'은 4개의 하위범주로 '평가'는 3개의 하위범주로 분석한 것을 해석하면 다음과 같다.

감정형 영상관법의 개입은 연구 참여자의 울컥함, 불안, 화, 짜증, 수치심의 감정과 접촉하게 했는데, 몸느낌은 공통적으로 가슴과 머리에서 발생했다. 연구 참여자는 '있는 그대로 바라보기'를 통해 그러한 감정이 옅어지거나 사라지는 경험을 했다. 감정의 해소는 생각의 변화와 통찰을 갖게 했다.

사고형 영상관법의 개입은 판단의 근거인 감각자료를 '있는 그대로 바라보기'를 여러 차례 반복하여 연구 참여자의 생각을 변화시키는데 영향을 미쳤다.

갈망형 영상관법의 개입은 연구 참여자의 우울증과 연관된 심층 심리로 수치심과 부적절감의 핵심감정과 무능하고 결함이 있다는 핵심신념과 연결된 부정적인 자기개념을 발견하게 하였다. 양육자의 공감과 수용을 받지 못한 좌절된 갈망을 알아차리고, 연구자의 공감과 이해를 바탕으로 '새로운 행동하기'를 하여 내면아이의 치유와 성장을 통해 좌절된 갈망을 충족하니 연구 참여자의 감정과 생각이 저절로 바뀌었다. 또한 왜곡된 신념에 의해 무의식적으로 패턴화 된 대처방식의 잘못된 점을 '있는 그대로' 보게 된 것이 행동변화의 계기가 되었다.

영상관법의 개입은 연구 참여자가 감정, 생각, 갈망의 마음현상을 '있는 그대로 바라보기'를 가능하게 하였다. 또한 거리두기와 탈융합이 이루어지고 불편한 감정, 생각, 갈망의 변화와 소멸을 경험하게 하여 고통스런 심리현상에서 벗어날 수 있게 하였다. 특히 연구 참여자가 현재 문제의 근원이 되는 어린 시절의 핵심적인 장면, 잠재된 종자(아뢰야식)로서의 핵심감정, 핵심신념, 핵심갈망을 있는 그대로 바라보게 되고, 무의식적인 행동 패턴에 대한 통찰을 한 것은 우울증의 재발을 방지하는데 결정적인 영향을 주었다고 본다. 연구 참여자가 내면아이를 수용하고 자신의 모습을 있는 그대로 바라보게 된 것은 즉 '나는 못난 사람도 아니고 못된 사람도 아니구나! 내가 못나서 그런 것이 아니고, 내가 어쩔 수 없어 그런 거야'라는 자기 긍정은 내면아이의 치유와 성장을 가능하게 했다. 영상관법의 개입유형에서 '문제파악'과 영상관법의 평가유형은 앞서 논의의 둘째, 넷째부분에 언급한 바 있어 결론에서는 생략한다.

심리치료 분야에서 주요 우울증을 겪고 있는 중년 여성에 대한 질적 단일사례연구가 보고된 바가 없기 때문에, 이상의 연구 결과는 임상적으로 의미 있는 자료라 할 수 있겠다. 본 연구는 한 연구 참여자가 겪고 있는 우울증의 고유한 특징과 내면세계와 삶을 어떻게 맥락적으로 이해할 수 있는지를 보여준 사례이다. 단일사례이지만 이것은 한국의 중년 여성이 겪고 있는 일반적인 우울증을 이해하는데 매우 도움이 될 것이며, 효과적인 또는 비효과적인 개입과 처치의 방법을 보여주었다는데 그 의의가 있다. 또한 우울증과 관련하여 영상관법 프로그램의 임상적인 효과에 대해 보고된 바가 없어 앞으로 우울증 분야의 명상상담치료 프로그램 개발에 참고자료가 될 수 있겠다. 특히 영상관법 프로그램이 3가지 유형으로 개입한 구체적인 사례가 제시되어 임상현장에서 실제적인 참고자료가 될 수 있겠다.

2. 제언

후속연구를 위해 본 연구를 수행함에 있어서 확인된 점이나 몇 가지 제안을 다음과 같이 밝히고자 한다.

첫째, 영상관법은 마음 속에 저장된 미해결된 심리적 과제의 영상을 의도적으로 떠올려 '있는 그대로 바라보기(to see)'하는 것이고, 이 '있는 그대로 바라보기'가 다른 심리치료 기법과의 두드러진 차이점이다.

연구 참여자는 '생각을 있는 그대로 바라보기'를 가장 어려워했는데, 이것은 자신의 문제를 객관적으로 바라볼 힘이 없을 때 사고형 영상관법이 어려울 수 있다는 것을 시사한다. 이때 연구 참여자를 돕기 위해 연구자가 의도적으로 인지 치료적 방법(손익계산서 같은)을 응용했는데, 이것은 영상관법 고유의 특징을 희석시키는 요인이 될 수 있다. 방법론에 있어 감정형 영상관법을 여러 차례 반복해 충분히 감정을 해소한 후 다시 사고형 영상관법을 시도한다면 더 효과적일 것이다.

둘째, 심리적 장애가 심한 내담자에게 영상관법을 바로 적용하게 되면, 다시 말하면 감정이 지나치게 억압되어 있는 내담자는 '불편한 몸느낌'을 견디기 힘들어 할 수가 있다. 그래서 처음 몇 회기 동안은 공감과 적극적 경청을 통해 상담자와 신뢰관계를 맺고, 자신의 문제파악이 어느 정도 된 상태에서 영상관법을 시도하는 것이 안전할 수가 있겠다. 또 영상이 떠오르지 않는다고 억압이나 회피를 할 경우 몸느낌 알아차리기로부터 감정을 탐색하고, 감정과 관련된 영상을 찾아내어 영상관법을 시도할 수 있겠다.

셋째, 영상관법 프로그램의 효과를 검증하기 위해서 연구 참여자의 주관적 자기보고에 의한 정서와 몸느낌의 관찰측정 내용이 신중하게 검토되지 못한 면이 있다. 부정 정서와 긍정 정서 각각 10가지에 대해 평점을 측정하도록 하였는데 좀 더 빈도수가 높은 정서 몇 가지를 정하거나 관찰 가능한 행동, 예를 들면 '울컥하면서 우는 행동' 등을 연구 참여자의 관찰뿐만 아니라 상담자의 관찰로 측정하면 좀 더 구체적인 효과검증이 가능할 것이다. '불편한 몸느낌'을 측정하는 것도 강도를 %로 나타냈다면 변화정도를 선명하게 확인할 수 있었을 텐데 평점으로 측정하다 보니 연구 참여자의 구체적인 신체화 변화를 드러내는데 적절하지 못함을 확인하였다.

넷째, 영상관법의 측정도구를 개발하지 못해 알아차림 주의자각 척도와 비수용 억압 검사지 등을 사용하였는데, 후속연구에서는 영상관법의 효과성을 검증하는 측정도구가 개발되었으면 한다.

부록

참고문헌

영문초록

찾아보기

참고문헌

국내 도서 및 논문

고려대학교 부설 행동과학연구소 (1998). 심리척도 핸드북Ⅰ. 서울: 학지사.

고미영 (2009). 질적사례연구. 서울: 청목출판사.

권석만 (1996). 우울과 불안의 관계: 유발 생활사건과 인지내용에 있어서의 공통점과 차이점. 심리과학지. v.5 no.1, pp.13-38.

권석만 (2000). 우울증: 침체와 절망의 늪. 서울: 학지사.

권석만 (2003). 현대이상심리학. 서울: 학지사.

권영주 (2009). 마음챙김 명상에 기초한 인지치료가 전문계 여고생의 정서조절과 행동조절에 미치는 영향. 영남대 대학원. 석사학위논문.

권정혜 (1991). 임상에서의 단일사례 실험연구법. 현장연구방법론 각론. 한국심리학회.

김계현 (2000). 상담심리학연구: 주제론과 방법론. 서울: 학지사.

김길영 (2011). 비밀입양모의 양육 스트레스에 관한 상담사례연구. 명상치료연구. 제 6집. 한국명상치료학회.

김남재 (2005). 불안과 우울의 관계에 대한 이론적 모형 고찰. 한국동서정신과학회지. v.8 no.2, pp.39-62.

김윤주 (2011). Dr. Kim의 성격심리학 recipe. 서울: 조명문화사.

김은정 (2011). 불임스트레스와 우울에 관한 미술치료 단일사례연구. 동국대 문화예술대학원. 석사학위논문.

김인주 (1999). 명상훈련이 아동의 스트레스와 우울수준 감소에 미치는 효과. 울산대 교육대학원. 석사학위논문.

김인희 (2012). 영상관법 프로그램을 활용한 명상상담이 불안정서를 가진 내담자에게 미치는 효과에 관한 개인사례연구. 명상치료연구. 제7집. 한국명상치료학회.

김정현 (2010). 중년 여성 우울증 완화를 위한 레크레이션 프로그램 개발 및 효과 검증. 고려대학교 박사학위논문.

김정호, 김수진 (2002). 과민성대장증후군을 위한 호흡마음챙김명상 프로그램의 실제. 덕성여자대학 학생생활연구소.

김지영 (2011). 자애명상이 대학생의 우울 경감에 미치는 효과. 가톨릭대 대학원 석사학위논문.

김진 (2011). 유아 염지관 명상 프로그램 개발과 정서지능에 미치는 효과. 동방대학원대학교. 박사학위논문.

남명자 (2003). 부모의 양육태도와 아동의 성격장애. 서울: 학지사.

목경찬 (2012). 유식불교의 이해. 서울: 불광출판사.

문수백 (2003). 학위논문 작성을 위한 연구방법의 실제. 서울: 학지사.

박민석 (2011) 마음챙김에 기반한 인지치료가 역기능적태도, 스트레스대처 및 자아존중감에 미치는 효과 : 만성정신분열병 환자를 대상으로. 성신여자대학교 대학원. 석사학위논문.

박인숙 (2003). 수식관 명상이 중학생의 우울과 불안 수준에 미치는 효과. 창원대 교육대학원. 석사학위논문.

신경림, 조명옥, 양진향 외 (2004). 질적 연구방법론. 이화여자대학교출판부.

신유진 (2011). 자살시도 경험이 있는 가출청소년을 위한 정신역동적 미술치료 단일 사례 연구. 건국대학교 디자인대학원. 석사학위논문.

안도현 (2003). 우울증, 죽음으로 향하는 다리. 서울: 예영커뮤니케이션.

안양규 (2007). 부정적인 사고에 대한 붓다의 가르침과 아론 백의 인지치료. 명상치료연구. 한국명상치료학회지. 창간호.

오정해 (2009). 마음챙김명상에 기초한 인지치료가 기혼 여성의 우울에 미치는 효과. 영남대 대학원. 석사학위논문.

유승연 (2010). 마음챙김 명상이 화병 증상과 우울, 불안, 스트레스에 미치는 효과 : 중년 여성을 대상으로. 덕성여대 대학원. 석사학위논문.

은옥주 (2000). 중년 여성 우울증에 대한 미술 치료 사례연구: 정신 역동적 접근. 연세대연합 신학대학원. 석사학위논문.

이명우 (2004). 상담사례 개념화 교육 프로그램 개발연구. 연세대학교 대학원. 박사 학위논문.

이문희 (2009). 소암 이동식 선생님 치료개입 특성에 대한 질적 사례연구. 이화여자대학교 대학원. 박사학위논문.

이병주 (2007). 우울증과 자존감 상관관계 분석을 통한 우울증 치유 연구. 총신대학교 전문대학원. 박사학위논문.

이상화 (2009). 우울성향을 가진 청소년의 명화감상을 중심으로 한 수용적 미술치료 단일사례연구. 동국대 문화예술대학원. 석사학위논문.

이소현, 박은혜, 김영태 (2001). 교육 및 임상현장 적용을 위한 단일대상연구. 서울: 학지사

이영순 (2007). 호흡과 염지관명상 개인상담 사례연구. 명상치료연구, 창간호. 한국 명상치료학회.

이영순 (2009). 염지관명상이 기혼 여성의 우울과 분노정서에 미치는 영향(단일대상연구). 동방대학원대학교. 석사학위논문.

이용승 (2000). 개인성향에 따른 강박사고 억제에 관한 연구. 심리과학지. v.9, no.1, pp.59-75.

이한상 (2010). 심리도식치료에 기초한 영상관법이 전업주부들의 스트레스와 정서에 미치는 영향(사례연구). 명상치료연구. 제5집. 한국명상치료학회.

인경 (2005a). 염지관 명상. 명상상담연구원.

인경 (2005b). 명상상담 에니어그램 성격유형검사지. 명상상담연구원.

인경 (2008a). 유가행파의 영상유식관법. 보조사상 29집. 보조사상연구원.

인경 (2008b). 영상관법의 심리치료적 함의. 명상치료연구. 한국명상치료학회지. 2.

인경 (2010). 유식 심리학. 서울: 명상상담연구원.

인경 (2012). 명상심리치료: 불교명상과 심리치료의 통합적 연구. 서울: 명상상담연구원.

장금주 (2012). 리다명상이 만성 불안장애 감소에 미친 효과에 관한 단일사례연구. 동방대학원대학교. 박사학위논문.

전미애 (2010). 정서조절을 위한 MBCT의 치료적 과정: 근거이론 연구. 영남대학교 대학원. 박사학위논문.

정동하 (2003). 통찰명상이 고등학생의 상태불안, 우울, 정신건강에 미치는 효과: 여고 1년생의 사례중심으로. 동국대 대학원. 석사학위 논문.

정채기 (2003). 이상심리학. 서울: 학문사.

조용환 (1999). 질적 연구: 방법과 사례. 서울: 교육과학사.

천세경 (2008). 주부 우울증을 가진 중년 여성의 미술치료 단일 사례 연구. 동국대 문화예술대학원. 석사학위논문.

최윤형 (2010). 우울증 치료를 위한 성격적 상담 사례연구. 총신대학교 목회 신학전문대학원. 박사논문.

최정윤 (2002). 심리검사의 이해. 서울: 시그마프레스.

한경옥 (2012). 영상관법 프로그램을 활용한 명상상담이 불안 정서를 가진 내담자에게 미치는 효과에 관한 개인사례연구. 명상치료연구. 제7집. 한국명상치료 학회.

한국심리학회 심리검사심의위원회 (2011). 연구자를 위한 최신심리척도북. 서울: 학지사.

황옥자 (1994). 불교아동교육론. 서울: 불교시대사.

혜타 (2012). 영상관법 프로그램에 의한 개인 사례 연구: 사회공포증 증상 변화 중심으로. 명상치료연구. 제7집. 한국명상치료학회.

번역물

安藤治 (2010). 심리치료와 불교. (인경스님, 이필원 역). 서울: 불광출판사. (원전은 2003년에 출판)

American Psychiatric Association (1995). 정신장애의 진단 및 통계 편람 제 4판.(이근후 역). 서울: 하나의학사. (원전은 1994년에 출판)

Beck, J. S. (2007). 인지치료: 이론과 실제. (최영희, 이정흠 역). 서울: 하나의학사. Christopher K. Germer · Ronald D. Siegel · Paul R. Fulton. (2009). 마음챙김과 심리치료. (김재성 역). 서울: 무우수.(원전은 2005년 출판)

Bennett-goleman, T. (2007). 감정의 연금술. (윤규상 역). 서울: 생각의 나무. (원전은 2001년에 출판)

Berman. P. (2010). 사례개념화 원리와 실제. (이윤주 역). 서울: 학지사.

Creswell, J. W. (2010). 질적 연구방법론: 5가지 접근. (조흥식 · 정선욱 · 김진숙 · 권지성 공역). 서울: 학지사.

Creswell, J. W. (2011). 연구방법: 질적, 양적 및 혼합적 연구의 설계. 시그마프레스. (원전은 2007년에 출판)

Davidson, G, C., Meale, J. M., & Kring, A. M. (2005). 이상심리학(Abnormal Psychology). (이봉건 역). 서울: 시그마프레스. (원전은 2004년에 출판)

Germer, C. H, Sigel, R.D. & Fulton (2009). 마음챙김과 심리치료. (김재성 역). 서울: 무우수. (원전은 2007년에 출판)

Hayes, S. C., Follette, V. M. & Linehan, M. M. (2010). 알아차림과 수용.(고진하 역). 서울: 명상상담 연구원. (원전은 2004년에 출판)

Hayes, S. C., & Smith, Spencer. (2010). 마음에서 빠져나와 삶 속으로 들어가라. (문현미, 민병배 역). 서울: 학지사. (원전은 2005년에 출판)

Michael Free(2003). 집단인지치료. (황걸, 최영희 역). 서울: 하나의학사. (원전은 1999년에 출판)

Monica, M., Gerson, M. R., & Shellenberge, S. (2005). 가계도: 사정과 개입. (이영분외 공역). 학지사.

Raymond J. Corsini · Danny Wedding(2004). 현대 심리치료. (김정희 역). 서울: 학지사. (원전은 2000년에 출판)

Robert, D. Friedberg · Jessica M. McClure(2007). 아동과 청소년을 위한 인지치료. (정현희, 김미리혜 역). 서울: 시그마프레스. (원전은 2002년에 출판)

Segal, Z. V, G. William, J. M., & Teasdale, J. D. (2002). 마음챙김 명상에 기초한 인지치료 (이우경, 조선미, 황태연 역). 서울: 학지사. (원전은2002년 출판)

Stake, R. E. (2000). 질적사례연구. (홍영희 외 공역). 서울: 창지사. (원전은 1995년에 출판)

Tony Bates(2007). 우울증의 회복일지. (김종주 역). 서울: 하나의학사.(원전은 1999년 출판)

Wedding, D. & Corsini, R.J. (2009). 심리치료 사례연구(제3판). 서울: 학지사.(원전은 2006년에 출판)

Yin, R. (2005). 사례연구방법. (신경식, 서아영 공역). 서울: 한경사. (원전은 2003년에 출판)

Young, J. E., (2005a). 성격장애의 인지치료. (문성원 역). 서울: 하나의학사. (원전은 1990 출판)

Young, J. E., Klosa, J., & Weishaar, M. E.(2005b). 심리도식치료. (권석만 외 공역). 서울: 학지사. (원전은 2003 출판)

Young, J. E. & Klosko, J. S. (2009). 새로운 나를 여는 열쇠. 서울: 열음사. (원전은 1993년에 출판)

외국도서 및 논문

玄裝 (1973). 成有識論 上券. Dai Nippon Printing Co., (Hong. Kong)

Analayo (2003). *Satipatta na the direct path to realization.* Windhorse Publications.

Anees, A. Sheikh. (2002). *Therapeutic Imagery Techniques.* Baywood Publishing Company, Inc., Amityville, New York.

Arnoud Arntz & Hannie van Genderen (2009). *Schema Therapy for Borderline Personality Disorder.* John Wiley & Sons Ltd.

Barnhofer Thorsten · Crane Catherrine(2009). Mindfulness-Based Cognitive Therapy for Depression and Suicidality. *Clinical Handbook of Mindfulness.* Springer.

Coffman, S. J ,Dimidjian, Sona. & Baer, R. A.(2006). Mindfulness-Based Cognitive Therapy for Prevention of Dpressive Relapse . *Mindfulness-Based Treatment Approaches.* Elsevier: Academic Press.

Didonna, F.(2008). Foreword . *Clinical Handbook of Mindfulness.* Springer.

Eifert, G. H. & Forsyth, J. P.(2005). *Acceptance & Commitment Therapy for Anxiety Disorders.* Oakland: New Harbinger Publication.

Germer, C. K.(2005). Mindfulness: What is it? What does it matter? *Mindfulness and Psychotherapy.* The Guilford Press.

Gove, Michael(2003). Terminal depression - Fear and loathing in Tory ranks. *Spectator-Romford* page 14-15.

Hayes, S. C., Follette, V. M. & Linehan, M. M. (2004). *Mindfulness and Acceptance.* The Guilford Press.

Hick, S. F (2008). Mindfulness and the therapeutic relationship. The Guilford Press.

McCown, D., Reibel, D. & Micozzi, M. S (2010). Teaching mindfulness; a practical guide for clinicians and educators. Springer.

McKay, M. wood, J. C. & Brantley, J. (2007). *The dialectical behavior theraphy skills* workbook: practical DBT exercises for learning mindfulness, interpersonal effectiveness emotion regulation, and distress tolerance. New Harbinger Publications.

Mcleod, J. (2010). evaluating the effectiveness of therapy: n=1 time-series studies. *Case Study Research. Sage.*

Morgan, S. P.(2005). Depression Turning toward Life. *Mindfulness and Psychotherapy.* The Guilford Press.

Stake, R. E. (1995). *The Art of Case Study Research.* Sage.

Shapiro, L. E., & Sprague, R. K. (2009). The *Relaxation & Stress Reduction Workbook for Kids.* New Harbinger Publications.

Zinbarg, R. E., Barlow, D. H., & Liebowitz, M.(1994). The DSM-Ⅳ field trial for mixed anxiety-depression. *The American journal of psychiatry* v.151 no.8, pp.1153-1162

영문초록

A single case study on Effects of Image-Based Mindfulness Meditation Program(IBMMP) on a middle-aged Woman's Depression

This study is for investigating the characteristics of the depression of middle-aged woman and the effects of Image-Based Mindfulness Meditation Program(IBMMP) on depression. For this purpose, I carried out a single case study with combined methods, single case with experimental design and qualitative research, to apply IBMMP which is strongly characterized by psychological factors from vijnapti-matrata buddhism.

According to ABAB design of single case, this study performed diagnoses and evaluations for 4 sessions(34 days) at the first baseline stage(A_1), and proceeded 8 sessions of IBMMP(64 days) at the first intervention stage(B_1), and then conducted diagnoses and evaluations for 2 sessions(97days) without interventions at the second baseline stage(A_2) and proceeded 8 sessions of IBMMP(66 days) again at the second intervention stage(B_2).

During steps of ABAB plan, I analyzed the time series with repeatedly measured data which the participant produced through self-observing and self-reporting. I aimed to analyze and understand the case with diagnoses and evaluations, counseling records, session worksheets, and the interview data. With the result derived from the combined methods of qualitative and quantitative study, I concluded as below:

First, I interpreted the characteristics of the participant's depression classifying causes and symptoms. She had quite a various elements that caused depression such as obsession, avoidance, reliance and also cognitive vulnerability like "I am not good enough." Her neurotic vulnerability runs in the family and was related with her father's suicide and her developmental vulnerability was caused from lack of emotional relationship with her parents. She also had been very weak in athletic ability, which had caused damages in social nature development, personal relationships, and coping skills with various matters in life.

The external factors of her depression are derived from the environmental situations such as living with parents-in-law, raising three daughters, and working as a teacher imposing superwoman-like role on her. All these roles burdened her, who already had many kinds of weaknesses, and became an extremely stressful task like tsunami.

I interpreted the characteristic of her depression as "too much" which had been made with the mechanism as follows :

First of all, her frustration experience had worked as an inherent seed(alaya). So to speak, reproach experience from her grand mother and mom without emotional sympathy and lack of athletic ability had caused her to feel senses of isolation and inferiority. Consequently, she had made a "believe" herself in "I am not good enough". It had made her feel anxiety and tension all the time being afraid of revealing her emotional matters(shame, left-out, belong nowhere...) to others.

However, the more she felt anxiety, the more she tried obsessively not to make mistakes resulting herself to feel her life as a burden. Her belief- 'Nothing was exciting' raised her depression as a result.

She took an act of compliance with a powerful person and of passive-aggression with a powerless(in authority or ability) person. It, of course, came into conflicts with others and caused problems in relationships of all.

Second, the effects of IBMMP to the participant with depression are: she was able to get out of the painful feelings experiencing the change and disappearance of uncomfortable feelings, thoughts, and cravings as mental phenomenon. It was possible that she made a distance and used cognitive tecniques from matters observing the mental phenomena (feelings, thoughts, and cravings) as they are. It is crucially helpful in preventing the relapse of depression to recall the main experience that caused her to feel frustration and depression and caused her to affect her present problems, contemplate the central feelings, thoughts, and cravings — subliminal seeds(alaya) as they are, which might activate new behaviors and to have insight of unconscious behavioral patterns. That is because she considered herself be a positive person curing and developing her inner child through accepting it and contemplating herself as she is.

According to the assessments from her acquaintances and the participant in this study, the effects of the IBMMP are as follows: It decreased large degree of depression and anxiety, improving the ability in coping with relationships, and promoting self-esteem. She also felt herself almost all the symptoms of depression disappeared. It corresponded with the result of time series analysis. The core of these changes is contemplating things as they are, and the specific changing factors making them possible are increased mindfulness, acceptance, and insight. she could make a imagery more clearly and contemplated it repeatedly with increased mindfulness. In addition, she can accept things as they are, facing themselves directly in contrast of using suppression and avoidance before. Moreover, it became possible for her to separate feelings from problems through body-scan, observing breath, separating thoughts and cravings, contemplating underlying thoughts.

I tried below as a quantitative validity strategy to earn more accuracy and reliability on this study:

First, approached to various ways with combined methods of quantitative and qualitative study utilizing Triangulation by Denzin(1984). Second, reflected the participants' evaluations and opinions called Member checking by Stake(1995). Third, examined by a Ph,.D who majored in meditation therapy and three of specialists in this field about the case analysis and the IBMMP program plan.

The findings of this study might be meaningful materials clinically because there has not been any study by far concerning qualitative single case study of middle-aged women who suffer from major depression. And also relating to mental disorders including depression, these results might be practically helpful references in clinical settings since there are specific instances about how the IBMMP will approach the disorders.

찾아보기